吉外学术

第一辑
2025

Academic Journals

主编　秦和

中国社会科学出版社

图书在版编目（CIP）数据

吉外学术. 第一辑，2025 / 秦和主编. -- 北京：中国社会科学出版社，2025.2. -- ISBN 978-7-5227-4819-1

Ⅰ. G644-53

中国国家版本馆 CIP 数据核字第 2025LP7797 号

出 版 人	赵剑英
责任编辑	王　衡
责任校对	王　森
责任印制	郝美娜

出　　版	中国社会科学出版社
社　　址	北京鼓楼西大街甲 158 号
邮　　编	100720
网　　址	http://www.csspw.cn
发 行 部	010-84083685
门 市 部	010-84029450
经　　销	新华书店及其他书店

印　　刷	北京明恒达印务有限公司
装　　订	廊坊市广阳区广增装订厂
版　　次	2025 年 2 月第 1 版
印　　次	2025 年 2 月第 1 次印刷

开　　本	787×1092　1/16
印　　张	18.75
插　　页	2
字　　数	317 千字
定　　价	108.00 元

凡购买中国社会科学出版社图书，如有质量问题请与本社营销中心联系调换
电话：010-84083683

版权所有　侵权必究

主编简介

秦和 教育学博士、一级教授、博士生导师。吉林外国语大学创办人、校长，第十三届、十四届全国人大代表。

曾任第十一届、十二届全国政协委员，民进第十四届中央委员会委员，民进吉林省委副主委，第十一届国家督学。现任吉林省人大常务委员会委员，民进第十五届中央委员会教育委员会委员，全国妇联执委，吉林省妇联执委会常务委员，中共吉林省委决策咨询委员会委员；兼任教育部高等学校教育评估评价专家委员会委员，全国高等学校设置评议委员会委员，全国翻译专业学位研究生教育指导委员会委员，中国民办教育协会常务副会长，中国翻译协会常务副会长，中国教育国际交流协会民办教育国际交流分会理事长，中国教育学会国际教育分会副理事长，中国高等教育学会外语教学研究分会副理事长、中国高等教育学会常务理事，中国教育发展战略学会国际胜任力培养专业委员会学术委员会副主任，全国普通高校毕业生就业创业指导委员会委员；兼任吉林省高等学校设置评议委员会委员、吉林省翻译协会会长、吉林省巾帼志愿者协会会长。入选"2022中国高贡献学者"，吉林省第一层次拔尖创新人才，吉林省第三、第四批高级专家，吉林省"国家级领军人才"（B类人才）。

曾获第五届"中国十大女杰"、全国五一劳动奖章、全国"三八红旗手"、影响中国民办教育界十大领军人物、全国优秀创业女性"十佳巾帼创业明星"、中国民办高等教育先进个人、民进全国先进个人、全国"学生最喜爱的大学校长"、吉林省优秀教育工作者、吉林省首届黄炎培职业教育"杰出贡献奖"等荣誉。

1995年创办吉林外国语大学。自办学校以来，结合国情、省情和教育发展规律，构建了特色鲜明的育人体系，创立了一整套先进的办学理念和办学思想，走出了一条"民""特""新"的发展道路。坚持办学的公益性原则，2006年，做出了将学校财产"全部留给社会"法律公证；承担了国务院教育体制改革试点项目——探索非营利性民办高校办学模式，为国家对民办学校进行分类管理的研究和探索提供了有益的经验；确立了"知识、能力、人格"全面发展的应用型、复合型、外向型高级外语外事人才的培养目标；构建了"德育为首，育人为本"的以"七个一"为主要内容的科学完整的育人体系；创建了"双外语""外语+专业""专业+外语"等应用型、复合型人才培养模式；创造性制定并实施了"本科全套人才培养规格及方案"，有效推进了教育教学改革；创造性地提出建设大型国际语言实习实训基地——"地球村"的构想，地球村的建设在全国属于首例，被吉林省教育厅和教育部确定为省级和国家级实验教学示范中心，被联合国教科文组织命名为"世界多元文化教育中心"，成为实践教学的典范；培育并构建了学校制度文化和大学文化，形成了具有吉外特色的管理体制和吉外精神，创造了良好的育人环境，为国家、为社会培养了2万多优秀的应用型人才。

长期从事高等教育研究与管理，先后主持《对提升我国民办高校发展水平的认识》《民办高校落实德育为首，提高学生培养质量的研究与实践》《民办高校构建"德育为首"育人体系的研究与实践》《民办高校的文化建设》《大学文化——民办高校可持续发展的原动力》《坚持内涵式发展 培养高素质应用型外语外事人才》《民办高校外语类应用型人才培养模式的改革与实践》《非营利性民办高校办学模式的研究与构建》《关于构建吉林省民办高等教育政策支撑体系问题的研究》《吉林华桥外国语学院国际化人才培养大学校园文化建设的研究与实践》等国家及省级重点科研课题多项；独著及合著《大学生养成教育》《应用型人才培养理论与实践探索》《探索 创新 发展》等学术著作多部。在国家重点及核心期刊上发表《创新机制体制 探索非营利性民办高校发展路径》《坚持内涵式发展，培养高素质应用型外语外事人才》《新建本科院校应用型人才培养的探索》《翻译专业课程思政的认识理念、实践路径与发展展望》等学术论文多篇。

《吉外学术》编辑委员会

特约顾问 邓建国　冯庆华　罗　林　吴承义
　　　　　　于海洋
主　　任 秦　和
副 主 任 张养志
委　　员（以拼音字母为序）
　　　　　　黄凤志　孟佳娃　潘卫民　秦明利
　　　　　　沈海涛　宋学清　王长海　王建辉
　　　　　　许正良　尹允镇　张克亮　张　旺
　　　　　　张旺喜　周淑娟

主　　编 秦　和
副 主 编 丁　卓　李　平

发刊词

　　精研覃思，启学新章。经过近一年的努力与筹备，辑刊《吉外学术》今日公诸学林。

　　《吉外学术》是吉林外国语大学学报，主编为校长秦和教授，办刊宗旨是：以服务国家战略和区域经济社会发展为目标，推动科研交流与创新，繁荣科研成果，助力"双一流"学科和高水平大学建设。

　　吉林外国语大学是吉林省重点建设高校。学校创办于 1995 年。成立二十九年来，在教育部、吉林省委和省政府及社会各界的大力支持下，学校办学成效显著：是第一所捐资办学的民办高校，是唯一的国家教育体制改革——"探索非营利性民办高校办学模式"试点单位，是第一所获批硕士学位授予单位的民办高校，是唯一一所入选国家中西部高校基础能力建设工程的民办高校，也是唯一一所更名为大学的民办高校。学校相继入选吉林省特色高水平应用型大学（A 类）建设单位和博士学位授予单位 A 类立项建设高校。2020—2024 年连续五年位居软科中国民办大学排行榜第一。学校现已成为全国民办高等教育体制改革示范基地，吉林省应用型高素质外语外事人才培养基地，东北地区语种最多、特色鲜明的世界多语言文化教育中心，吉林省培养"多语种翻译+"人才和创新研究生人才培养的摇篮。

　　《吉外学术》的前身是《吉林外国语大学华桥论丛》，始创于 2004 年，最早冠名《吉林华桥外国语学院学报》，是内部发行的学术季刊。学报前进的每一个脚步，都与吉外的发展齐声相应、同频共振。《吉外学术》面向省情、国情、世情的新变化、新格局、新发展，立足吉外学科优势和研究特色，聚焦区域国别、国际传播、世界多元文化比较、马克思主义、教育教学等研究领域，设置如下专题：外语教学与多语翻译、中国文化遗产与传播、区域国别研究、民办高校教育与研究、比较文学与多元文化互鉴、高校思政与红色文化研究、语料库建设与翻译数智化等。

　　春回大地，万象肇始。正值吉林外国语大学建校三十周年之际，《吉外学术》公开出版是对吉外华诞最好的献礼！三十年风雨兼程，三十载弦歌不辍，展望新时代、新征程，《吉外学术》携春之蓬勃生机，承学校沃土滋养，铸创新交流魂魄，以打造一流学术辑刊为目标，汇集各方之智慧，秉持严谨之态度，传播科研成果、激发知识创新、引领思想探索、镌刻学术印记，为推动学校科研进步贡献绵薄而坚定的力量！

目 录
CONTENTS

专家学术特稿

人工智能时代翻译学科的创新与发展
　　——语言数据、大语言模型与数字技术应用研究　　　冯庆华 / 1

外语教学与多语翻译

产出导向法在英语教学领域中的应用研究综述　　孙　伟　李　卓 / 21
基于典型案例库的翻译案例教学模式探索与实践　　　　赵斌斌 / 40
新文科视域下民办高校外语跨学科教学实证研究
　　——以"日本经济概论"课程为例　　　　　　　　何　欢 / 51

中国文化遗产与传播

北大秦简校读札记（十则）　　　　　　　　　方　勇　温佳润 / 65
傅雷的知识结构与新文科理念　　　　　　　　韩毓泽　宋学智 / 80

区域国别研究

东北三省冰雪旅游目的地形象感知差异研究　　王海燕　王丹凤 / 90
首创环保集团长治污水处理 TOT 项目内部控制研究
　　　　　　　　　　　　　　　　　　刘　静　侯怡雯　张　洋 / 107
吉林省推进智能化汽车研发的策略研究　　　　张　丽　鲁旭航 / 125
催生雁归经济，助力乡村振兴
　　——基于对亳州市外出农民工务工人员的调查　娄淑华　周亚军 / 140
欧盟法律框架下消费者评价的规制研究　　　　　　　　贾路路 / 164

民办高校教育研究

近二十年中国民办高等教育研究热点问题综述
　　——基于 CiteSpace 的可视化分析　　　　　左玉玲　颜晓雅 / 178
教育强国背景下微专业建设的势、道、术　　　　董　政 / 194

比较文学与多元文化互鉴

接受美学视阈下的中国古典诗词日译研究
　　——以牡丹诗词为例　　　　　　　　　　肖传国　荣喜朝 / 206
"地球村"多元文化教育教学具身认知模式研究　　禚　军 / 222
父权规训下的女性困境
　　——韩江《素食者》的一种解读　　　　　　宋学清　刘之钰 / 235

高校思政与红色文化研究

论构建民办高校思想政治工作治理体系　　　　　张会军 / 247
新时代法治教育融入青少年成长的实践路径　　　时万青　柳禹同 / 257

语料库建设与翻译数智化

Sora 文生视频
　　——优势、技术与挑战　　　　　　　　　　周婉婷 / 266

学术同人访谈

国内意大利语翻译界的铿锵玫瑰
　　——张密访谈录　　　　　　　　　　　　　张　密　梁爱中 / 280

征稿启事　　　　　　　　　　　　　　　　　　　　　/ 290

专家学术特稿

人工智能时代翻译学科的创新与发展
——语言数据、大语言模型与数字技术应用研究

冯庆华*

摘　要：在人工智能（AI）技术推动下，翻译学科面临变革与挑战，同时也迎来新机遇。机器翻译、大语言模型及数字技术的应用促使翻译行业与高校教育转型。翻译学科通过加强语言数据应用、引入大语言模型辅助教学、运用数字技术提升教学直观性等措施，适应新时代需求。这些策略不仅提升了翻译效率与精度，还培养了学生人机合作与创新应用能力。研究强调技术创新与教学变革结合的重要性，为翻译教育改革提供参考。

关键词：人工智能；翻译学科；新质生产力；语言数据应用；大语言模型；数字化教学策略

2023年，人工智能进入一个高速发展的时代，在对人类生活带来极大便利、对许多行业产生了很大积极作用的同时，也对部分行业和高校学科提出了较大的挑战。随着机器翻译的不断更新和优化、人工智能翻译的横空出世，翻译行业面临前所未有的困境，高校翻译学科和专业承受了方方面面的压力。

翻译行业与高校翻译学科如何尽快从困境中走出来、高校的翻译人才培养需要做哪些改革以适应人工智能时代的需求，这是近一年来社会与高校都要高度关注的问题。

---

* 作者简介：冯庆华（1958— ），男，上海外国语大学教授，博士生导师，研究方向为翻译学、中国文学外译、语料库翻译。

在过去的一年时间里，各高校纷纷开展人才培养路径改革的研讨，修订人才培养方案，调整毕业生的毕业要求和规格。有的高校把翻译专业与计算机科学与技术专业和法学类专业融合，建设本科双学士学位复合型人才培养项目，还有的高校新开了语料库、人工智能、数字技术课程，开启了新一轮教育改革，呈现出一派令人鼓舞的新气象。

我们认为，课程改革要从所有的外语课程做起，除了原有外语基本功的培养，授课内容与授课形式均应该根据人工智能时代对人才规格的要求进行优化和调整，努力培养和提高新型人才的人机合作能力和创新应用能力。

就翻译学科的改革而言，教师在原有的外语能力的基础上，需要提高语言数据应用的能力、大语言模型的应用能力和数字技术的应用能力。翻译课程的内容与形式必须有质的变化，翻译学科必须实现新质生产力的发展。

一 语言数据的应用

语言数据的应用基于语料库和语料库软件的应用技术。每一位翻译教师都应该掌握语料库的基本知识和语料库的使用技能。语料库技术可以在以下两个方面发挥较大的作用。

（一）定位原文的语言风格

开始做翻译之前，要对原文进行仔细阅读和研究：阅读的目的是彻底理解原文的语义，研究的目的是要分析原文的语言风格。研究文本风格的高效且科学的手段就是提取文本的语言数据，使用语料库的定量分析，从不同角度、不同层面研究文本的语言特色。理解原文语义靠译者的语言基本功和理解力，全面掌握原文风格就必须提取并分析语言数据，以得出科学结论。

对原文的分析可分成词语、成语、句子、修辞四个层面，比较不同语体的文本以研究其语体特色，比较同一语体的文本以研究其作者风格。

我们先从英译汉开始分析，以英国作家培根的"Of Studies"等5篇散文着手。我们选用时代与培根散文比较相近的文学作品，这些作品语体不属于散文，包括莎士比亚的戏剧 *Hamlet*（《哈姆雷特》）、弥尔顿的长诗 *Paradise*

Lost（《失乐园》）和笛福的小说 *Robinson Crusoe*（《鲁滨孙漂流记》）。

我们使用的语料库工具为 AntConc 4.3.1。我们获取了培根 5 篇散文的 61 个关键词，其中用 th 结尾的动词有 5 个，均为动词第三人称单数形式的古体：saith（=says）、doth（=does）、showeth（=shows）、maketh（=makes）、breedeth（=breeds）。

培根的 5 篇散文还包括较为高频的古体词：thou（=you 的主格）、thee（=you 的宾格）、thy（=your，用于以辅音音素开头的名词前）、thine（=your，用于以元音音素开头的名词前；=yours，直接作为名词的代替）、thyself（=yourself）。

培根在散文写作中所采用的语体非常正规，极力避免口语化词语，很多用词都使用了古体，以加强其推理的说服力和严肃性。

下面是通过 Concapp 4.0 获得的古体词 thou 的例句：

（1）And after a time, set before thee thine own example; and examine thyself strictly, whether *thou* didst not best at first.

（2）Seek to make thy course regular, that men may know beforehand, what they may expect; but be not too positive and peremptory; and express thyself well, when *thou* digressest from thy rule.

（3）Therefore always, when *thou* changest thine opinion or course, profess it plainly, and declare it, together with the reasons that move thee to change; and do not think to steal it.

（4）Use the memory of thy predecessor, fairly and tenderly; for if *thou* dost not, it is a debt will sure be paid when *thou* art gone.

（5）If *thou* have colleagues, respect them, and rather call them, when they look not for it, than exclude them, when they have reason to look to be called.

上述例句中除了 6 个 thou，还出现了 thee、thine、thyself、didst、dost、digressest、changest、art 等古体词。

下面是通过 Concapp 4.0 获得的几个 be not 的正规句式例句：

（1）If his wit *be not* apt to distinguish or find differences, let him study the Schoolmen; for they are cymini sectores.

（2）If he *be not* apt to beat over matters, and to call up one thing to prove and illustrate another, let him study 197 the lawyers' cases.

（3）Seek to make thy course regular, that men may know beforehand, what they may expect; but *be not* too positive and peremptory; and express thyself well, when thou digressest from thy rule.

（4）*Be not* too sensible, or too remembering, of thy place in conversation, and private answers to suitors; but let it rather be said.

（5）And though the sects of philosophers of that kind be gone, yet there remain certain discoursing wits, which are of the same veins, though there *be not* so much blood in them, as was in those of the ancients.

上面的两组例句已经充分展示了培根散文的两个语言特点：一是正规，二是古体。

我们再用比培根晚将近300年的作家王尔德与其比较——他们均著有大量的散文作品，他们的散文存在着语体上的可比性。

通过AntConc 4.3.1的语料比较，培根的saith等古体词和be not等古体句式在王尔德的散文里基本上都没有出现。取而代之的是says（5次）、does（18次）、shows（5次）、makes（12次）。而培根5篇散文里动词第三人称单数形式的古体特色词及使用频次如下：saith有6次，doth有11次，showeth有4次，maketh有4次，breedeth有2次，breatheth、changeth、cometh、embaseth、examineth、fireth、giveth、goeth、imposeth、inspireth、lieth、passeth、raiseth、settleth、sinketh、teacheth各有1次。

掌握了培根散文的古体正规语言风格，译者就有了明确的翻译策略，原则上也应该在译文里还原作者原文的语言风格。

（二）比较译文的语体特色

培根散文汉语译文有很多个版本，尤其是"Of Studies""Of Beauty""Of Great Place""Of Marriage and Single Life""Of Truth"5个名篇译本最多。其中最著名的是翻译家王佐良先生翻译的培根散文5篇。我们选另外8个同名散文汉译本与之比较，一起来鉴赏王佐良先生的语体特色。8个译本的译者分别为高健、曹明伦、何新、东旭与林天斗、水天同、水天明、黄宏煦、张毅。[①]

---

① 参见冯庆华《实用翻译教程》，上海外语教育出版社2010年版。

比较语言文本特色最有效的语料库免费工具是 AntConc 与 AntWordProfiler。经过语言数据提取和分析，我们发现王佐良译本的五个特色。

1. 独有词汇均为古体或书面体

王佐良译本独有词汇如下（总数 2 次以上）：

余、一则、弊、体、贪、此辈、臣、择、昔、答、怪、达、率、权贵、亦无、次、施政、善为、拖、安、妄念、始能、判、傅、彩、有可、壮志

2. 未用词汇均为口语体

王佐良译本未用词汇如下（其他译本总数在 20 次以上，共 80 个）：

的（1531 次）、他们（201 次）、他（182 次）、因为（160 次）、和（158 次）、了（135 次）、一个（110 次）、底、如果、这、那、上、人们、学问、有些、没有、地、来、把、都、你、它、这种、然而、这样、那些、但是、就是、的时候、会、也许、自己的、什么、不要、应当、像、并且、而是、一样、一位、地位、儿女、这些、我、东西、创造、都是、假如、为了、的话、那么、生活、研究、将、别人、发现、美的、约束、一件、到、就会、他的、很、们、这个、本身、它们、一些、应该、他们的、那样、才能、乃是、里、不是、永远、光明、给、或者

3. 平均句长最短，语言更简洁

王佐良译本字数最少，而标点符号最多，从而平均句长最短，平均意群组和词组也最短，语言更简洁（见表 1，表中数据单位为使用频次，下同）。

表 1　　　　　　培根散文汉译标点符号统计

标点	王佐良	高健	曹明伦	何新	东旭与林天斗	水天同	水天明	黄宏煦	张毅
，	375	345	287	283	292	273	326	328	335
。	122	128	106	183	154	133	145	161	148
：	19	10	15	13	16	13	15	18	12

续表

标点	王佐良	高健	曹明伦	何新	东旭与林天斗	水天同	水天明	黄宏煦	张毅
；	19	43	34	1	37	72	27	6	27
、	11	18	18	14	20	14	19	26	18
？	4	4	2	6	2	3	3	0	3
！	2	1	1	9	0	0	0	0	0
总计	552	549	463	509	521	508	535	539	543

用文本的总字数除以标点符号的使用频次，我们便可得出文本的平均句长（见表2）。

表2　　　　　　培根散文汉译平均句长统计

	王佐良	高健	曹明伦	何新	东旭与林天斗	水天同	水天明	黄宏煦	张毅
总标点	552	549	463	509	521	508	535	539	543
总字数	4477	6619	5610	5758	6345	6633	7030	6271	6092
平均句长	8.11	12.06	12.12	11.31	12.18	13.06	13.14	11.63	11.22

再看王佐良译本与水天明译本两个例句的字数对比。

例句一：

原文：To spend too much time in studies is sloth; to use them too much for ornament, is affection; to make judgement wholly by their rules, is the humour of a scholar.（31词）

王佐良译文：读书费时过多易惰，文采藻饰太盛则矫，全凭条文断事乃学究故态。(27字)

水天明译文：在治学上耗时过多，兀兀穷年，实际上是在偷懒；把学问过分用于显露才华是装腔作势；完全按照书上的条条框框来判断事情，则是一种学究习气。(59字)

例句一中的王佐良译文比水天明译文字数少了一半多，只占水天明译文字数的45.8%。

例句二：

原文：A man shall see faces, that if you examine them part by part, you shall find never a good; and yet altogether do well.（24 词）

王佐良译文：人面如逐部细察，往往一无是处，观其整体则光彩夺目。（22 字）

水天明译文：我们一定会看到过有些容貌，如果你把它们的局部一一加以观察，你是找不到一点优点的，但是各个局部形成整体，那些容颜就是很美的了。(57 字)

例句二中的王佐良译文比水天明译文字数更少，只占水天明译文字数的 38.6%。

4. 文言字是标志性特点

王佐良译本的文言字是 9 个译本中使用频次最高的（见表 3）。

表 3　　　　　　　　培根散文汉译高频文言字统计

用字	字频	王佐良	高健	曹明伦	何新	东旭与林天斗	水天同	水天明	黄宏煦	张毅
总字数	54873	4477	6622	5610	5778	6345	6639	7036	6274	6092
文言字数	2559	486	491	370	143	172	239	233	200	225
文言字（%）	4.66	10.86	7.41	6.6	2.47	2.71	3.6	3.31	3.19	3.69
文言字类	14	14	13	13	9	10	11	10	9	10
之	694	157	185	99	14	36	63	42	42	56
而	610	53	88	69	49	48	76	92	74	61
其	300	51	71	39	16	22	19	27	17	38
也	299	35	12	0	0	0	7	0	0	0
者	277	42	44	61	27	14	22	31	21	15
则	194	42	27	33	15	20	14	12	18	13
然	193	23	28	19	15	22	26	23	21	16
亦	64	24	17	16	0	1	4	0	0	2
乃	43	3	5	12	1	3	5	3	0	11
令	35	5	7	7	2	1	2	1	1	9
凡	34	8	5	3	4	5	0	1	4	4
皆	26	14	1	9	0	0	0	0	2	0
盖	19	15	1	2	0	0	1	0	0	0
矣	16	14	0	1	0	0	0	1	0	0

表3中的"也"字只统计句尾用字,使用的统计工具是PowerGREP,确保统计用字属于文言字,而非现代汉语里的普通用字。表3显示,王佐良译本的14个高频文言字在整个文本中使用频率的占比为10.86%,远高于其他8个文本的同类数据,高出平均数6.2个百分点,是平均数的2.33倍。

5. 单字词频高,平均词长短

王佐良译本在9个译本中单字词频的使用频率占比最高,双字词频与三字词频占比最低(见表4)。

表4　　　　　　　　培根散文汉译词长统计

译本名称	单字词汇		双字词汇		三字词汇		四字词汇	
	词数	占比(%)	词数	占比(%)	词数	占比(%)	词数	占比(%)
王佐良	1863	59.73	1189	38.12	27	0.87	38	1.22
高健	2184	50.65	1998	46.34	74	1.72	54	1.25
曹明伦	1790	50.07	1621	45.34	74	2.07	89	2.49
何新	1659	45.66	1839	50.62	95	2.61	39	1.07
东旭与林天斗	1755	44.70	1982	50.48	129	3.29	59	1.50
水天同	2120	49.36	2037	47.43	111	2.58	26	0.61
水天明	2001	45.96	2125	48.81	125	2.87	102	2.34
黄宏煦	1761	45.12	1936	50.88	87	2.23	68	1.74
张毅	1878	48.65	1814	46.99	82	2.12	85	2.20

王佐良译本的单字词频居然比排名第二的高健译本高出9.08个百分点,双字词频低了8.22个百分点,而其三字词频的百分比只有高健译本的一半多一些。

王佐良译本上述五个鲜明的语体特色使得该译本成了优秀译本的典范,是每一位翻译学习者和从业者学习借鉴的范本。通过语料库工具对不同译本的语言数据的提取和分析,我们学习借鉴和研究分析原文与译文语体特色、语言风格就更加高效、更加科学、更具说服力。

通过借助语料库工具对语言数据的比较分析,我们不难发现培根散文的王佐良、高健、曹明伦等译者的几个译文与培根的原文在语言风格、语体特色上非常相符,尤其是王佐良的译文十分完美地再现了原文的语言风貌,丝毫没有翻译的痕迹。

语言数据的提取与应用所带来的好处不局限于对原文与译文的分析和研究的促进，其对整个翻译学乃至语言学、文学、比较文学、区域国别研究、跨文化研究都发挥了不可替代的科学作用。

二　大语言模型的应用

人工智能在 2023 年大爆发，又在 2024 年连续迭代升级，除 ChatGPT 与文心一言，又有许多大语言模型的平台像雨后春笋般出现在网络上和手机里，包括讯飞星火、智普清言、腾讯混元、通义千问、云雀大模型、百川大模型以及年末发布的 Deep Seek。大语言模型在翻译学科的教学与研究中日益显现出极大的辅助作用。

（一）翻译教学的范文制作

几年前，我们经常使用网络与手机上的机器翻译平台来做我们翻译实践与翻译教学的辅助工具，也渐渐地看到了它的进步与成长。到 2022 年，我们看到了部分机器翻译平台的显著突破：不再是原先幼稚可笑的小儿科翻译，呈现在我们面前的是质量较高的可靠翻译，给我们的人工翻译带来很好的参考文本，实在是可喜可贺。我们对文学和政论作品以外的一般翻译只要做好译后编辑即可——优质的机器翻译为我们省下了大量的时间和精力。然而，随着人工智能大爆发，大语言模型的翻译能力呈现了跨越式的发展，译文质量在机器翻译的基础上猛然增加了一个至两个段位，有的译文甚至可以与专家的译文媲美。

我们下面来看《红楼梦》第二十八回合的一个例句以及翻译家的 2 个对应译文，同时附上 ChatGPT 4o 的译文：

> 原文：这里宝玉悲恸了一回，忽然抬头不见了黛玉，便知黛玉看见他躲开了，自己也觉无味，抖抖土起来，下山寻归旧路，往怡红院来。
>
> 杨宪益、戴乃迭译文：When Baoyu recovered sufficiently to look up she had gone, obviously to avoid him. Getting up rather sheepishly, he dusted off his clothes and walked down the hill to

  make his way back again to *Happy Red Court*.

霍克斯译文：<u>By the time</u> Bao-yu's weeping was over, Dai-yu was no longer there. He realized that she <u>must have seen him and have gone away in order to</u> avoid him. Feeling suddenly rather foolish, he rose to his feet and brushed the earth from his clothes. Then he descended from the rockery and <u>began to retrace</u> his steps in the direction of *Green Delights*.

ChatGPT 4o 译文：<u>At this moment</u>, Baoyu had wept bitterly for a while, *but* <u>suddenly</u> raised his head and found that Daiyu was no longer there. <u>Realizing that</u> she had avoided him <u>upon seeing him</u>, he felt disheartened. Dusting himself off, he stood up, descended the hill, and followed the <u>familiar</u> path back to the *Garden of Delight*.

  曹雪芹原文除去标点符号后是 50 个汉字，杨宪益、戴乃迭译文是 38 个单词，霍克斯译文是 63 个单词，ChatGPT 4o 的译文是 55 个单词，词数上更加接近霍克斯译文。

  众所周知，杨宪益、戴乃迭的《红楼梦》英译本（以下简称"杨译"）属于语义翻译法的作品，在忠实于原文内容的基础上，更加注重原文语言与文化的形式，尽量原汁原味地把原作和中国文化翻译给西方世界，而霍克斯的《红楼梦》英译本属于交际翻译的作品，更加注重对原文精神的翻译，也更加注重译文的可读性，对文化因素的处理也尽量采用归化的方式以方便英美读者的理解。因此，整体而言，杨译在语言与文化上会更加注重保留原文的形式，而霍译不会完全按照原文的文字形式进行翻译，译者在理解的基础上会重新组织语句，调整词汇，按照译出语的习惯进行语言表述。

  上面例句中的三个译文里，杨译用词最少，也没有我们认为的那样完全按照字面进行翻译，原文中画底线的文字在杨译本中没有进行字面表述，包括"这里""忽然""便知""看见他""旧（路）"，杨译把这些词的语义放进字里行间，而霍译和 ChatGPT 4o 译文都按照原文的字面表述逐一进行翻译，做到了滴水不漏。在文化因素的处理上，"怡红院"的英译值得我们的关注。杨译按照字面进行字对字的直译：Happy Red Court。由于西方文化中 red（红色）并无快乐之意，霍译将其改为表达快乐之意的 green（绿色），ChatGPT 4o 居然非常智能地将此文化因素也进行了归化处理，译成了 Garden of Delight，这让我们感到十分惊喜。

这里还需要特别提一下，一年前的 ChatGPT 3.5 也对上面这个原文进行了一次英译，当时对文中"下山"的"山"误译成 mountain，2024 年的 ChatGPT 4o 将其处理成了 hill，这当然比 mountain 更加恰切。

（二）翻译研究的译文评估

我们对翻译的作品可以通过大语言模型来进行评估，短至一句话、长至一万字的翻译作品均可采用这样的智能评估。为了更加客观、更加科学，我们可以用多个大语言模型进行评估，通过分析比较，选用最为合理的评估意见。

我们把上一节选用的例句及其三个译文放到不同的人工智能平台上进行翻译评估。为了客观，我们把译者的名字隐去，分别改为译文一、译文二、译文三。

我们的提示语为："请根据原文对下面的三个英语译文从词汇、句式、语体方面进行详细的点评，要举例说明，并按照百分制进行打分。……"

第一个评估意见来自 ChatGPT，结果它对自己翻译的译文三打分最高。尽管它举了很多例子来证明译文三的优点，也很有说服力，但是担心它认得自己翻译的作品，我们认为选择几个第三方人工智能平台的意见更为合理，其中智谱清言的评估意见较具代表性。

> 以下是对三个英语译文的点评及打分：
> 译文一
> 词汇：
> - recovered sufficiently to look up 使用了较为正式的词汇，但 sufficiently 可能略显多余。
> - rather sheepishly 生动地传达了宝玉的尴尬情绪。
> - Happy Red Court 作为"怡红院"的翻译，虽然直译，但缺乏文化内涵。
>
> 句式：
> - 使用了时间状语从句 When Baoyu recovered，结构清晰。
> - Getting up rather sheepishly 是现在分词短语作状语，增加了句

式的灵活性。

语体：

- 整体语体较为口语化，易于理解，但部分词汇的使用略显正式。

打分：85/100

译文二

词汇：

- weeping was over 是对"悲恸了一回"的准确翻译。
- no longer there 简洁明了地表达了黛玉的缺席。
- descended from the rockery 使用了"rockery"这个词，比"hill"更具体，符合原文的场景。

句式：

- By the time Bao-yu's weeping was over 是一个典型的英语时间状语从句，结构严谨。
- Then he descended from the rockery and began to retrace his steps 使用了并列句，条理清晰。

语体：

- 译文语体正式，符合原文的文学性质。

打分：90/100

译文三

词汇：

- wept bitterly for a while 准确传达了宝玉的情感强度。
- disheartened 是对"自己也觉无味"的恰当翻译。
- Garden of Delight 作为"怡红院"的翻译，虽然不够精确，但有文学美感。

句式：

- At this moment, Baoyu had wept bitterly for a while 使用了过去完成时，但在这个上下文中可能不是最合适的选择，因为 wept 和 raised 是连续的动作。
- Dusting himself off, he stood up 是现在分词短语作状语，使句子更加紧凑。

语体：

・译文语体较为书面化，但部分句式选择不够恰当。

打分：87/100

总结：译文二在词汇、句式和语体方面都表现出较高的水平，忠实于原文的同时，也考虑到了英语的表达习惯，因此得分最高。译文一和译文三在某些细节上处理不够完美，但整体上仍然是优秀的翻译。

我们对三个译文中的 hill 与 rockery 选择问题，向大语言模型做了咨询，提示语为："在《红楼梦》的大观园里，'下山'的'山'应该翻译成哪个英语单词？为什么？"

ChatGPT 4o 的答案如下：

在《红楼梦》大观园的语境下，"下山"的"山"一般应翻译为 hill 而不是 mountain 或 rockery。

原因如下：

地形特征：在大观园的布局中，"山"通常指的是园林中的假山或小丘，而非真正的高山。假山在中国传统园林中是常见的景观元素，通常规模较小，因此 hill 这个词更符合这种地形的实际情况。

意境与文化：英文中的 hill 与 mountain 相比，规模较小，更接近原文中"山"的实际大小和文化背景。而 rockery 虽然可以指假山或岩石景观，但它更倾向于指一组岩石堆叠起来的景观，未必能准确反映原文中"山"的整体感。因此，hill 更合适，既保持了园林景观的自然特点，也避免了 rockery 可能带来的误解。

阅读感受：使用 hill 能够让英语读者更直观地理解这个景观的大小和性质，同时不会引发对高山或岩石堆的联想，更符合原文描写的意境。

因此，在大观园的语境下，"山"应翻译为 hill 更为准确和贴切。

文心大模型 4.0 的答案如下：

在《红楼梦》的大观园里，"下山"的"山"一词的翻译，应当考虑上下文的具体语境以及文化背景的传达。大观园作为贾府中的一座大型园林，其中的"山"很可能指的是园林中的假山，而非自然山脉。

对于"下山"的"山"，在翻译时，可以选择以下几个英语单词，但具体选择哪一个，需要依据翻译的目的、受众以及上下文语境。

　　Hill：这个词通常指的是自然形成的小山丘。然而，在大观园的语境中，直接使用 hill 可能不够精确，因为大观园中的"山"很可能是人工堆砌的假山，而非自然山丘。

　　Rockery：这个词指的是由岩石或石块堆砌而成的景观，常用于园林设计中模拟自然山景。在大观园的语境中，rockery 更能准确地传达出假山的意思，因为它既符合大观园作为园林的特点，又能准确反映"山"的实质。

　　Mountain：虽然这个词在广义上可以指任何高大的山，但在大观园的语境中显然不适用，因为它通常指的是自然形成的、规模较大的山脉。

　　因此，综合考虑上下文语境和文化背景的传达，将大观园里的"下山"的"山"翻译成 rockery 更为贴切。这是因为 rockery 能够准确地反映出大观园中假山的特点，同时也符合英语读者的阅读习惯和认知背景。

　　在实际翻译过程中，翻译者还需要根据具体语境和翻译目的进行灵活调整，以确保翻译的准确性和流畅性。同时，对于《红楼梦》这样的经典文学作品，翻译者还需要深入了解其文化背景和内涵，以便更好地传达原文的意境和情感。

　　在这个问题的咨询上，其他第三方平台与文心大模型 4.0 持相同的意见，我们也认为使用 rockery 更为恰当一些。《红楼梦》中，贾家为了迎接皇妃贾元春的省亲建造了耗资巨大的大观园，园中的山均为用石块和其他材料人工建造的假山。这种设计不仅为了景观美化，还能展示园林设计的巧妙。

　　大语言模型，不仅在翻译实践与教学中成为我们很好的助手，而且在翻译研究中也能发挥超乎想象的作用。

三　数字技术的应用

　　数字技术包含的内容十分丰富，在语言教学中，尤其在外语教学中大有可为。现代教学中特别需要视听的媒介，以最大限度地提高教学效果。

　　在人工智能高速发展的今天，教师在翻译的口译教学中，图片与音视频是必不可少的。翻译的笔译教学和翻译理论讲解也同样需要图片与音视频。

（一）翻译教学的图片制作

在英汉翻译课程里，英语原文出现 spaghetti 这个词时，单纯用文字来解释无法让学生透彻地理解，教师有必要给自己的授课 PPT 插入一张"意大利面"的图片，确保学生理解准确无误。线上搜索平台有大量的图片资源可供选择下载。百度搜索平台里选择图片，再输入"意大利面"便立刻呈现数百张相关图片（见图1）。

图 1　意大利面实体图片

百度还提供了图片编辑器"百度 AI 图片编辑助手"，包含十多个非常有用的功能：变清晰；AI 去水印；提取线稿；智能抠图；涂抹消除；AI 相似图；局部替换；风格转换；背景替换；AI 扩图；AI 重绘（见图2）。

图 2　百度 AI 图片助手

对所选的图片不够满意,可以点击"AI 相似图",再点击底部的"立即生成",用 AI 制作几幅更加清晰的原创图片。教师可以从中选择更符合课程讲解的图片。需要特别关注的是,编辑器在该功能里还提供了"更接近原图"与"更有创造力"之间的六档选项。"AI 相似图"功能第五档的效果如图 3 所示。

图 3　百度 AI 图片之一

图 4 是"AI 相似图"功能的第六档的效果图,更具创新设计,在原图的基础上加入了香菜和胡萝卜丝,色彩也更加丰富。

图 4　百度 AI 图片之二

百度 AI 图片助手的其他功能，如人物画的"背景替换"、风景画的"智能抠图"、艺术画的"风格转换"、工笔画所需的"提取线稿"，对外语教学与翻译教学都具有很高的应用价值。

（二）翻译教学的音视频制作

翻译教学中所需的音视频作品也不少，一般情况下教师可以在线上搜到授课所需的材料，但是，有部分特殊材料的确无法被找到。教师应该充分发挥人工智能提供的数字技术，学会运用电脑与手机上的相关智能化软件，自己创作所需音频与视频。在口译的基础课里，需要语速较慢的外语音频，教师可以使用"配音鱼"等平台和软件，把准备好的外语文本复制到平台上或软件里，选择配音的语种、性别、年龄段、风格、语速以及背景音乐，一段符合教学需求的语音在几分钟内便能制作完成。图 5 是音频制作的截图。

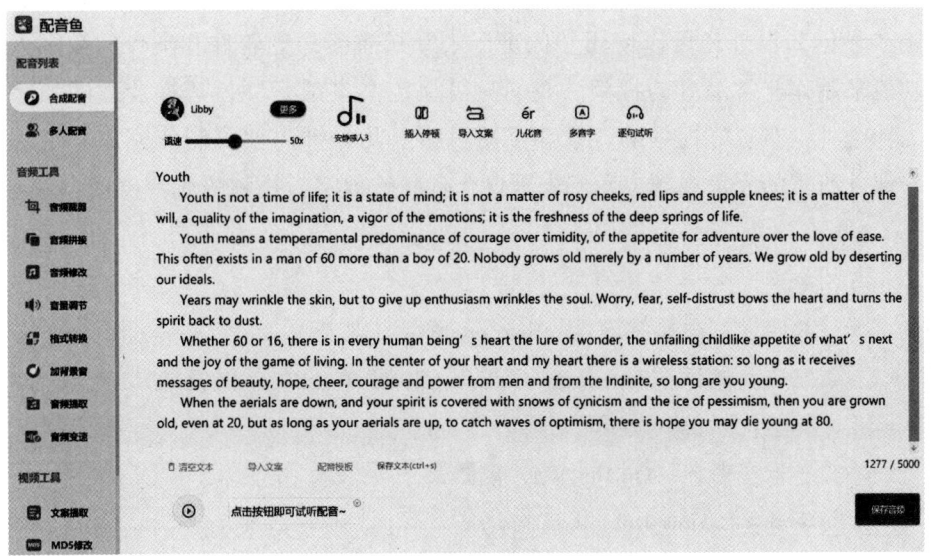

图 5　"配音鱼"工作界面

翻译教学中所需的视频很多可以在线上平台，如百度视频、COCA 语料库平台等搜到并下载。但是，有时教师所需的部分视频的确无法搜到。教师可以利用"秒创"（又名"一桢秒创"）等平台来制作口译教学所需的视频。平台可以用一个题目或一个主题词直接生成文案并制作不同语种的视频（见图 6）。

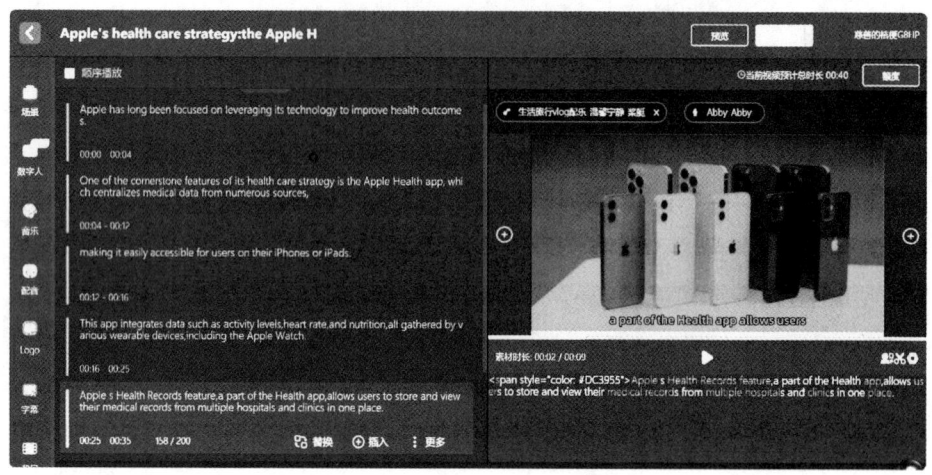

图 6 "秒创"工作界面

口译教师有时有外语演讲的音频,但是,授课时需要该语音的视频,除"秒创"以外还可以使用"闪剪""万兴播爆"等软件和平台的数字人功能来制作非常逼真的视频。我们只需上传文本或音频,选择合适的数字人和语种,布置好视频的背景和字幕风格,几分钟内便可制作完成一个翻译课件所需的完美视频。我们先看这个音频转数字人视频的后台设置:

数字人 + 英语原声

数字人:欧美—女性—Scarlett 商务(坐姿)

配音:英语原声—Katie Collick(2008 年 ABC 新闻报道)

背景:热门—演播厅

音乐:商务—On the Way 音量 25

字幕:Barlow Bold 黄底描边

字幕高级编辑:调整每一行字幕的意群

再看视频制作的截图效果(见图 7)。"万兴播爆"有将近 100 个语种 460 多个自然音色,支持语速调整和语音及背景音乐上传。其他数字人制作平台基本上也具备相同的优势和特点。

随着人工智能的不断发展,语言数据平台和软件、大语言模型、数字技术也在不断完善,给我们的外语和翻译教学研究带来越来越多的便利。

图 7 "万兴播爆"工作界面

作为高校的教师务必要充分掌握人工智能的各项技能,因为我们现在要培养的人才必须掌握人工智能技术。

我们在挑战中寻求机遇,也要及时抓住机遇,利用机遇,不断推动新质生产力的发展。我们也要学会预判未来的挑战,掌握化解各种困境的本领,用人工智能时代的新思维,做好学科与专业的改革!

**Innovation and Development of Translation Disciplinein the Era of Artificial Intelligence:
Research on the Application of Language Data, Large Language Models, and Digital Technology**

Feng Qinghua

Abstract: Amidst the rapid advancements in Artificial Intelligence (AI) technology, translation studies face transformations, challenges, and emerging opportunities. The application of machine translation, large language models, and digital technologies is transforming the translation industry and university education. To meet the demands of the new era, translation studies have adapted by strengthening language data utilization, incorporating large language models into teaching, and enhancing teaching vividness through digital technologies. These strategies not only improve translation efficiency and accuracy but also cultivate students' human-machine collaboration and innovative application skills. The research underscores the significance of integrating technological innovations with teaching reforms, and provides valuable insights for the reform of translation education.

Keywords: Artificial Intelligence; Translation Studies; New Quality Productive Forces; Language Data Application; Large Language Models; Digital Teaching Strategies

外语教学与多语翻译

产出导向法在英语教学领域中的应用研究综述[*]

孙 伟 李 卓[**]

摘 要：本文基于中国知网，对2015年至2024年7月的1942篇产出导向法（POA）在国内外语教学领域的研究文献进行了综述。研究结合了定量与定性方法，并使用CiteSpace软件进行知识图谱的可视化分析，揭示了POA在外语教学领域的研究现状和热点。结果显示，POA在外语教学领域迅速发展，相关文献逐年增加，显示了学术界对此的高度重视。研究阵地主要集中于外语类和师范类高校。在理论研究方面，文秋芳提出了包括师生合作评价、教学材料使用与评价、关键能力培养及教师专业发展等创新观点，为外语教学改革提供了重要支持。应用研究集中于高校外语教学，涵盖了知识、能力和素养维度。近年来，基于POA的外语课程思政和智慧教学成为研究趋势。然而，现有研究仍存在教师角色与发展研究匮乏、POA与数字技术融合滞后及横向比较研究不足等问题。本文通过系统综述POA在外语教学中的应用，揭示了当前研究的现状、热点和不足，为进一步的理论与实践探索提供了重要参考和改进方向。

关键词：产出导向法（POA）；英语教学；研究综述

---

[*] 基金项目：本文系校级教育教学改革研究课题项目"大学英语'课—团—赛'一体化培养模式研究与实践"的阶段性成果。

[**] 作者简介：孙伟（1983— ），男，吉林省长春市人，博士，吉林外国语大学英语学院大学英语教学部副主任，研究方向为英语教学、教育管理和教育心理学；李卓（1981— ），女，吉林省长春市人，硕士，吉林外国语大学英语学院大学英语教学部主任，硕士生导师，副教授，研究方向为英美文学、英语教学。

产出导向法（Production-Oriented Approach，POA）是由北京外国语大学文秋芳教授在 2015 年提出的一种创新外语教学方法。该方法的核心理念是以产出为导向，通过驱动、促成、评价三个环节来优化教学流程，旨在提高学生的实际语言运用能力。POA 的提出与发展，回应了传统外语教学中重输入、轻输出，教学与实际语言应用脱节等问题①，试图通过系统化、科学化的教学设计，促进学生在真实情景中进行有效的语言输出，从而达到更高水平的语言综合运用能力。

自提出以来，POA 在外语教学领域得到了广泛的关注和应用，尤其是在国内高职院校和大学英语教学中，显示出显著的效果。通过系统的教学设计和实践应用，POA 成功地提高了学生的语言输出能力，增强了他们在真实情景中的语言应用水平。许多教育工作者在教学实践中采用了 POA 指导外语教学，并在教学模式、教学策略、教学流程等方面进行了深入研究，取得了丰硕的成果。这些研究和实践不仅为外语教学改革提供了坚实的理论支持，还为教学实践带来了实质性的改进，提高了教学效果和学生的学习成就感。POA 的广泛应用和成功实践，证明了其在提升外语教学质量和培养高水平语言应用能力方面的巨大潜力和实际价值。

本文采用定量和定性相结合的混合式研究方法，对 2015 年至 2024 年 7 月 POA 在国内外语教学中的研究现状进行分析整理，研判其研究热点和主题，探讨其在外语教学中的应用发展趋势与研究不足。通过对相关文献的系统回顾与分析，我们希望能够为未来的研究提供参考，并推动 POA 在更广泛的外语教学领域中的应用与发展。

一　研究设计

（一）研究问题

1. 截至 2024 年 7 月，POA 在国内外语教学中的应用研究现状如何？
2. 近五年内 POA 在国内外语教学中的研究热点有哪些？
3. 近五年 POA 在国内外语教学应用研究趋势与不足有哪些？

---

① 邵颖：《基于"产出导向法"的马来语教材改编：驱动环节设计》，《外语与外语教学》2019 年第 1 期。

（二）数据收集

本文的文献来源于中国知网学术期刊数据库，收集步骤如下。第一，检索文献：在中国知网（CNKI）输入（"产出导向法"or"POA"+"英语"）以及（"产出导向法"or"POA"+"外语"），并选用标题词从中国知网2015年至2024年7月的文献进行高级检索。第二，甄别文献：对检索到的文献，在手工剔除会议报告、报刊和书评等无效文献后，选择用于分析的中文文献1992条（包含英文发表），其中学术期刊1513篇、学位论文433篇、相关会议45篇、报纸1篇。由于部分会议论文与期刊论文或学位论文重复，本文综述不包含会议论文，最后得到文献1942篇。

（三）数据分析

数据分析采用定量与定性相结合的混合式研究方法。在定量研究中，使用Excel工具对研究论文进行文献数据统计和关键词词频统计，以获取整体的研究趋势；同时，利用CiteSpace可视化软件对论文进行知识图谱的可视化分析，梳理研究分类和热点主题。在定性研究中，则通过热点主题对文献进行类别分类、内容整合分析，并进行编码、主题抽取与述评。

二 研究结果

本文从文献年度数量、研究类别与研究热点三个方面出发，全面而深入地探讨POA理论在外语教学研究领域的现状及其所取得的成绩，以期为该领域的进一步发展提供有益的参考和启示。

（一）文献数量分析

从文献数量分析的角度，本文旨在通过考察年度发文数量和研究机构分布情况这两个方面，来深入探讨POA在外语教学领域的研究现状。

1. 年度分布情况

统计结果（见图1）显示，2015—2021年，相关文献的发文量呈现显著增长趋势，特别是2018—2021年，发文量增加尤为明显。2021年达到峰值373篇，随后在2022年和2023年略有减少，但仍保持较高水平。2024

年（截至 2024 年 7 月 31 日）有 131 篇。整体趋势反映出 POA 在外语教学领域的研究热度在过去几年间快速上升，最近几年有所回落但依然受到关注。

由此可见，POA 在外语教学领域的研究起步于 2015 年，并在近九年内迅速发展，取得显著成果。相关研究文献数量逐年增加，显示学术界对此的高度重视。POA 通过具体任务和实践活动推动学生语言输出能力，强调主动参与和综合运用能力，已广泛应用于外语教学。其普及促进了外语教学效果提升，理论体系不断完善，为教师提供了丰富资源。POA 现已成为外语教学的重要组成部分，影响力不断扩大。

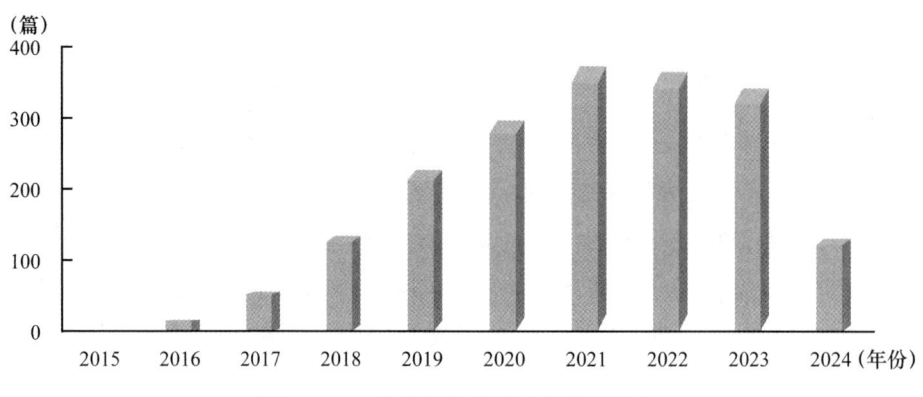

图 1　POA 在中国知网发文量趋势分析

2. 研究机构分布情况

通过对 CiteSpace 绘制的研究机构知识图谱（见图 2）及相关后台数据的深入分析，我们发现 POA 研究的主要阵地集中于外语类和师范类高校。研究机构知识图谱显示，主要的研究机构包括哈尔滨师范大学、西北师范大学、西南大学、曲阜师范大学、延安大学、辽宁师范大学、沈阳师范大学、福建师范大学、四川外国语大学成都学院以及聊城大学等。值得注意的是，许多研究机构和院校之间已经形成一定的科研合作关系。这表明，POA 团队研究已经形成了一定的规模和凝聚力。

（二）研究类别

POA 应用于外语教学领域的研究大致可以归为两个主体类别：理论研究与应用研究。在应用研究中，根据具体的课型，研究可以进一步划分为六个类别：英语阅读、英语写作、英语听力、英语翻译、英语口语以及

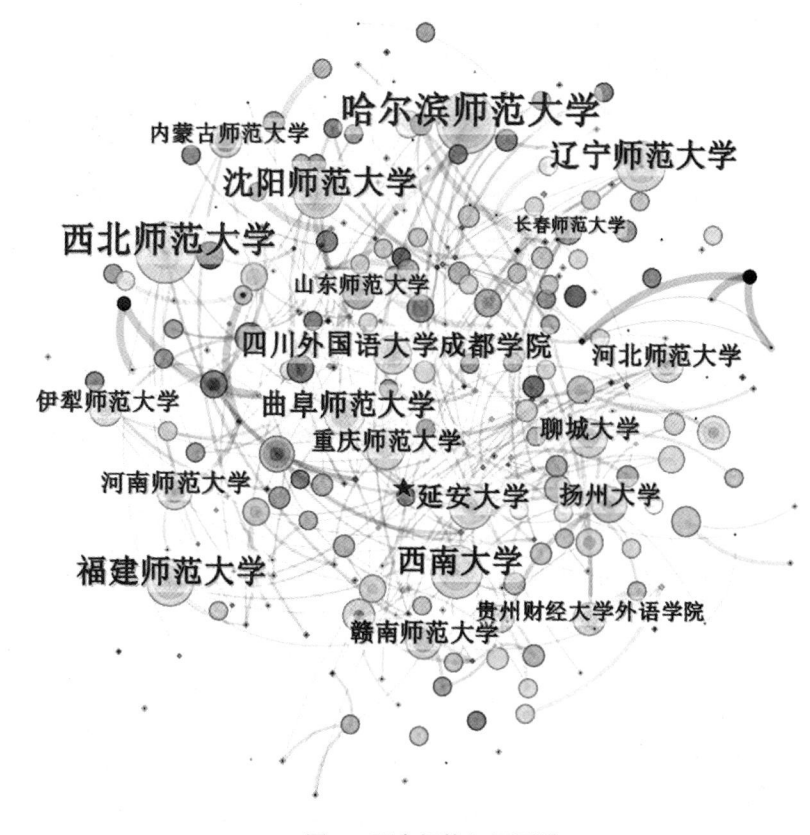

图 2　研究机构知识图谱

ESP（英语专业英语）课程。这些研究课型涵盖了外语教学的各个方面，从基础语言技能到专业英语的应用，展示了 POA 在不同教学场景中的广泛适用性和灵活性。

1. POA 理论研究

自 2015 年首次提出以来，POA 在外语教学中的应用逐步深入，其理论体系不断完善，涵盖了从教学理念到具体实践的方方面面。文秋芳通过多年的研究，提出了包括师生合作评价、教学材料使用与评价、关键能力培养以及教师专业发展等一系列创新观点，为我国外语教学改革提供了重要的理论支持和实践指导。

POA 理论体系的构建。文秋芳提出了 POA 的理论体系。① 该体系包括三个主要部分：教学理念、教学假设和教学流程。教学理念涵盖了"学习中心

---

① 文秋芳：《构建"产出导向法"理论体系》，《外语教学与研究》2015 年第 4 期。

说""学用一体说""全人教育说";教学假设包括"输出驱动""输入促成""选择性学习";教学流程则由"驱动""促成""评价"三个阶段构成。

师生合作评价的提出。随后,文秋芳进一步探讨了 POA 的实施细节,特别提出了"师生合作评价"这一新评价形式。① 鉴于中国大学英语班级规模大、教师工作负担重,对每个产出任务进行及时、有效的评价是极大的挑战。为此,"师生合作评价"应运而生,包括课前、课内和课后三个阶段。通过这种评价方式,可以组织并平衡教师评价与其他评价方式,从而提高评价的效率和效果。

教学材料使用与评价理论框架。文秋芳提出了 POA 教学材料使用与评价的理论框架。② 该框架由教学材料使用理念、教学材料使用过程及教学材料使用有效性评价标准三个主体部分组成。该框架强调了教师在选择和转换教学材料过程中的主导作用,并提出了产出目标恰当性等评价标准。

关键能力的培养。随着时代的发展,POA 的理念也在不断更新。在 2018 年,文秋芳探讨了新时代高校外语课程中关键能力的培养。她从"全人教育说"到"关键能力说"的变化出发,详细阐述了"关键能力"的定义、要素及其相互关系,并提出了具体的培养建议。

驱动场景设计要素。文秋芳论述了 POA 中驱动环节的交际场景设计。③ 她提出了场景设计的四要素——话题、目的、身份和场合,并通过案例说明了如何设计具有交际真实性的产出场景。

2. POA 理论应用研究

根据 CiteSpace 关键词可视化分析发现(见图 3),POA 在外语教学中主要聚焦在如下几个方面:输出驱动④、输入促成⑤、教学评价环节设计⑥、

---

① 文秋芳:《"师生合作评价":"产出导向法"创设的新评价形式》,《外语界》2016 年第 5 期。
② 文秋芳:《"产出导向法"教学材料使用与评价理论框架》,《中国外语教育》2017 年第 2 期。
③ 文秋芳:《熟手型外语教师运用新教学理论的发展阶段与决定因素》,《中国外语》2020 年第 1 期。
④ 陈春:《基于产出导向法输出驱动假设的"商务英语"实践课程教学设计》,《连云港职业技术学院学报》2022 年第 3 期;卢攀:《基于产出导向法的在线英语教学"输出驱动"模式研究》,《现代英语》2020 年第 21 期。
⑤ 吴素芸、施万里:《产出导向法外语教学中输入促成环节实施研究》,《教师》2020 年第 35 期;季薇、桂靖、朱勇:《"产出导向法"教学中输入促成环节的设计与实施》,《语言教学与研究》2020 年第 3 期。
⑥ 李静、杨海英:《基于产出导向法的大学英语混合式教学评价体系的构建——以海军工程大学为例》,《吉林广播电视大学学报》2024 年第 2 期;刘莉:《"产出导向法"理念下师生合作评价和机器评价相结合的大学英语写作教学评价模式》,《湖南工程学院学报》(社会科学版)2023 年第 4 期。

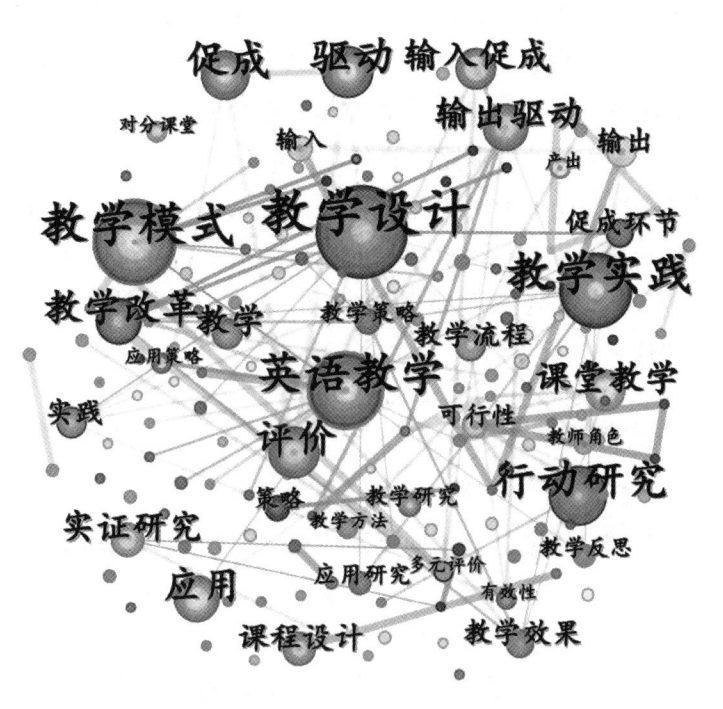

图 3　POA 理论应用研究论可视化分析

教学模式的设计①、教学策略研究②，以及教学流程研究③。

　　这些研究不仅拓展了 POA 理论的应用范围，还提供了具体的教学实践案例。例如，输出驱动环节的研究强调通过实际任务引导学生进行语言产出，增强其语言应用能力；输入促成环节则侧重于提供丰富的语言输入，促进学生语言理解和产出之间的互动。此外，教学评价环节的研究则关注如何有效评估学生的语言产出和学习过程，从而提高教学效果。在教学模式设计方面，研究者探讨了如何根据 POA 理论构建有效的教学模式，以提升教学质量和学生的学习效果。例如，有研究提出了基于 POA 的教学模式设计框架，并进行了实证研究验证其效果。在教学策略研究方面，有研究

---

①　李首权：《基于"产出导向法"的轨道交通专业英语教学模式探索》，《城市轨道交通研究》2024 年第 1 期；周海燕：《基于产出导向理论的艺术类研究生外语教学模式探索》，《教育教学论坛》2024 年第 22 期。

②　李露：《基于产出导向法的高职英语课堂教学策略探析》，《海外英语》2024 年第 11 期；马广远：《"产出导向法"视域下高中英语写作教学策略探究》，《教学管理与教育研究》2024 年第 5 期。

③　祁蕾、祁文慧：《基于"产出导向法"的英语专业口语教学流程设计探析》，《英语广场》2021 年第 35 期；张淑娟、高秀丽、刘敏慧：《产出导向法视角下的口语教学流程研究》，《哈尔滨职业技术学院学报》2021 年第 3 期。

则探讨了在不同教学环境下如何灵活运用 POA 策略，以应对学生的多样化需求。教学流程研究则着重于 POA 在实际教学中的具体操作步骤和实施过程。有研究详细分析了 POA 教学流程中的各个环节，提供了可操作的教学指南和实践建议，为一线教师提供了宝贵的参考。

总体而言，这些研究不仅丰富了 POA 理论的内涵，也为外语教学实践提供了有效的指导，推动了外语教育的创新和发展。未来的研究可以继续深入探索 POA 理论在不同教学情境中的应用，进一步验证其效果，并不断地完善和发展这一理论。

（三）研究热点

本文汇总了近 2000 篇文献，研究热点涵盖范围较广（见图 4），关键词聚类阈值统一设置后未能凸显不同类别热点。因此将 CiteSpace 关键词可视化分析分成三个单独的聚类图，分别是研究对象（教学对象）热点分析、研究内容（教学内容）热点分析以及研究应用手段热点分析，以便更清晰、全面、深入地探讨 POA 理论在外语教学研究领域的现状及其所取得的成绩。

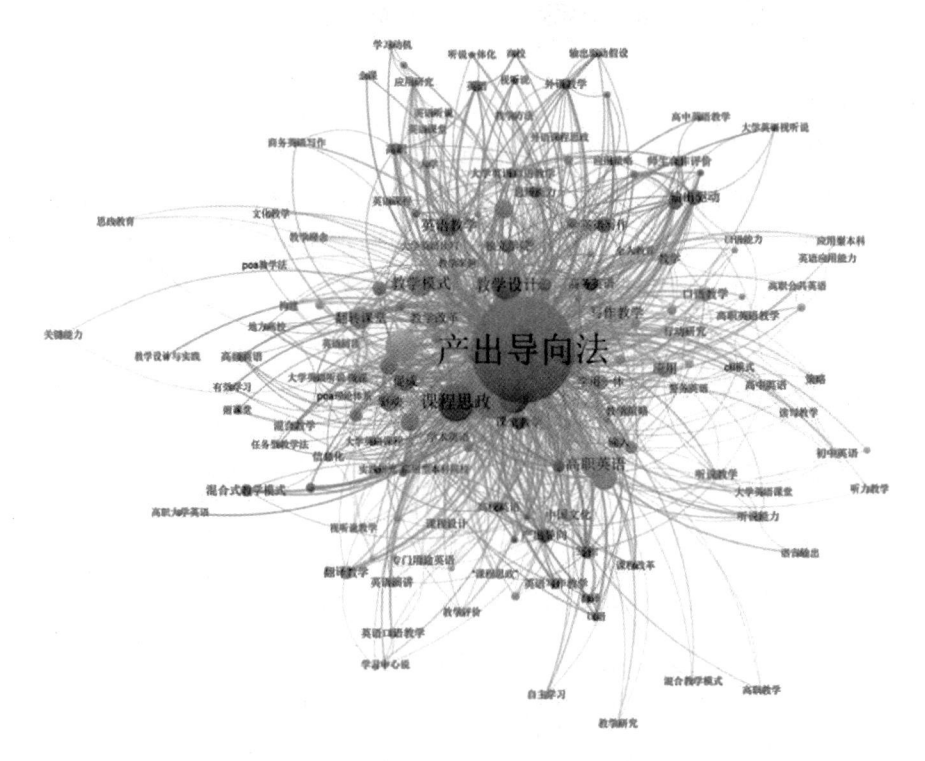

图 4　文献关键词聚类分析

1. 研究对象热点

通过CiteSpace可视化分析（见图5）和论文关键词词频分析（见表1），本研究发现POA理论应用研究的教学对象其主要集中在本科阶段，占比高达63.75%，表明在本科教育中，POA理论的应用和研究最为广泛和深入。相较于本科阶段，其他教育阶段的研究应用相对较少，但也有所涉及。初中阶段的研究应用占比6.38%，高中阶段的研究应用占比14.81%，高职阶段的研究应用占比12.13%，显示出随着学段的升高，POA理论的应用研究也逐渐增加。而小学阶段的研究应用非常少，仅占0.10%。硕博阶段的研究应用占比1.39%，此外，中职阶段和其他阶段（包括成人教育、继续教育等非传统教育体系）也有所涉及，占比分别为0.82%和0.62%，显示出POA理论的应用研究覆盖到更广泛的教育领域。

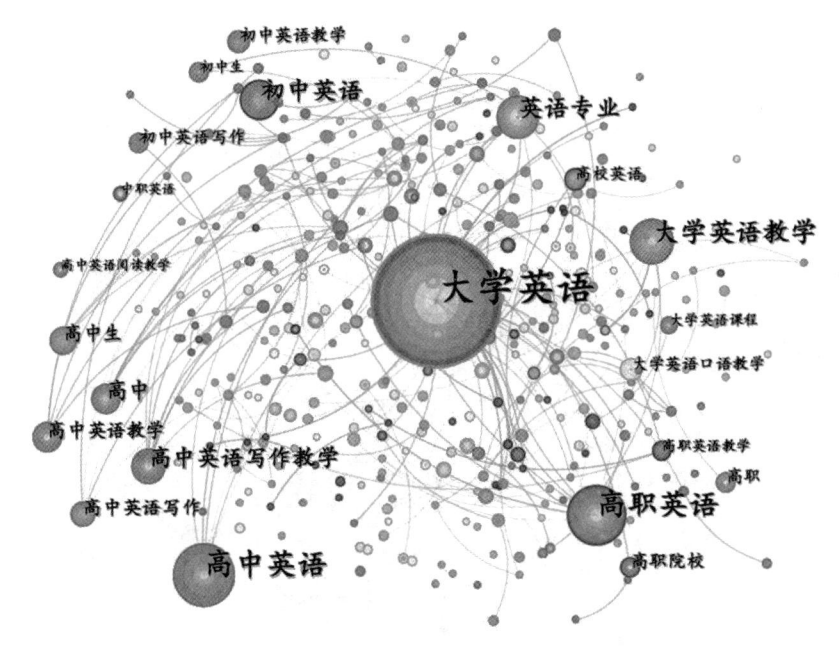

图5 POA理论应用研究的教学对象可视化分析

表1　　　　　POA理论应用研究的教学对象分布

研究对象（教学对象）	文献数（篇）	占比（%）
小学	2	0.10
初中	124	6.38
中职	16	0.82

续表

研究对象（教学对象）	文献数（篇）	占比（%）
高中	288	14.81
高职	236	12.13
本科	1240	63.75
硕博	27	1.39
其他	12	0.62

2. 研究内容热点

通过 CiteSpace 可视化分析（见图 6）和论文关键词词频分析（见表 2），POA 应用外语教学研究的教学内容归类为三个维度：知识维度、能力维度和素养维度。

图 6　POA 理论应用研究的教学内容可视化分析

首先，从知识维度来看，词汇、语音、语法和 ESP（专门用途英语）是研究的重点。词汇教学有 33 篇论文，探讨如何更有效地教授词汇，以提高学生的词汇量和词汇运用能力。语音教学有 8 篇论文，关注如何通过产出导向的方法改善学生的语音发音和语调掌握。语法教学则有 24 篇论文，分析如何结合 POA 提升学生的语法意识和语法运用能力。ESP 领域的论文数量最多，达到 177 篇，表明专门用途英语教学在 POA 理论框架下得到了广泛的研究和应用。值得一提的是，POA 理论在 ESP 教学中的应用非常广泛（见表 3），涵盖了包括商务、医学、艺术、军事等在内的 20 多个学科领域。

表 2　　　　　　　POA 理论应用研究的教学内容分布

知识维度（篇）		能力维度（篇）						素养维度（篇）	
词汇	33	阅读	102	翻译	35	综合	363	文化	79
语音	8	写作	405	读写	87			思政	179
语法	24	听力	16	口语	122				
ESP	177	听说	109	思辨	26				

表 3　　　　　　　POA 理论在 ESP 教学中的应用

学科	论文	学科	论文	学科	论文	学科	论文	学科	论文
商务	72	护理	8	空乘	2	戏剧	1	造纸	1
医学	36	旅游	7	化学	2	烹饪	1	矿业	1
艺术	10	财经	5	交通	1	航海	1	领队	1
警务	9	民航	3	体育	1	航空	1	食品	1
军事	8	农业	2	卫生	1	边防	1	IT	1

其次，能力维度是 POA 理论应用研究的另一个重要方面，涵盖了阅读、写作、听力、听说、翻译、读写、口语和思辨等多个方面。其中，写作作为语言输出的重要形式，在 POA 理论研究中占据了显著地位，相关论文多达 405 篇。听说能力和口语能力也备受关注，分别有 109 篇和 122 篇论文。此外，还有关于阅读教学、听力教学、翻译教学以及读写结合教学模式的研究论文。思辨能力作为高级语言学习者的重要素养之一，也有 26 篇论文进行了深入探讨。

除了知识维度和能力维度，素养维度也是 POA 理论应用研究的重要内容。这一维度主要关注文化教学和思想政治教育在语言教学中的应用。文化教学有 79 篇论文，强调在语言学习过程中融入文化元素，培养学生的跨文化交际能力。思想政治教育则有 179 篇论文，表明在 POA 理论框架下，思想政治教育与语言教学的融合得到了广泛的研究和实践。

综上所述，POA 理论应用研究的教学内容涵盖了知识、能力和素养三个维度,每个维度下都有丰富的研究内容和成果。这些研究成果为 POA 理论的应用和推广提供了有力的支持和指导。

3. 研究应用手段热点

POA 理论应用外语教学的技术手段和方法主要聚焦在"输入促成"环节。促成环节"学用一体"是 POA 教学理念的核心,为学生"逢山开路,遇水架桥"的关键环节。① 从文献中可以发现,一线教师在 POA 教学模式中,充分利用各类技术手段与教学方法(见图 7)。

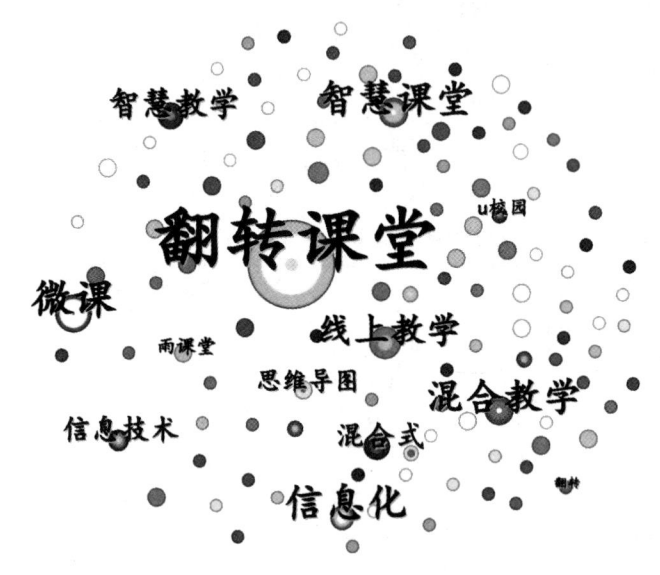

图 7 "输入促成"环节技术手段与方法可视化分析

POA 和翻转课堂教学模式在大学英语教学中得到了广泛的应用和探究。李佐探讨了 POA 与翻转课堂教学模式的契合度,并在高职大学英语教学中进行了实践研究,为提高高职学生英语产出能力进行了有益的探索。② 王晶对基于 POA 的大学英语翻转课堂教学进行了深入的探究,并评价了《大学英语教学中的翻转课堂》一书,指出翻转课堂打破了传统的教学形态,为大学英语教学带来了新的活力。③ 池玉莲进一步验证了 POA 与大学英语翻

---

① 胡丽英、陈群、陈静:《基于产出导向法的〈大学英语〉教学实践探究》,《宁德师范学院学报》(哲学社会科学版)2022 年第 1 期。
② 李佐:《"产出导向法"在高职大学英语翻转课堂中的实践研究》,《中国职业技术教育》2017 年第 31 期。
③ 王晶:《基于产出导向法的大学英语翻转课堂教学探究——评〈大学英语教学中的翻转课堂〉》,《科技管理研究》2021 年第 14 期。

转课堂教学实践相融合的可行性，并按照"驱动、促成及评价"三个基本环节的教学流程进行了构建，同时反思了其中的优势和不足，并提出了优化策略。①

"POA+微课"在本科及大学英语教学中的应用实践正逐步深入。研究者通过将POA教学理论与微课相结合，探索新的教学思路，旨在弥补传统教学模式的不足，提升学生的学习效率和英语产出能力。如李小芳所述，这种结合可以为本科英语教学提供新的思路，并通过对教学效果的分析，以期深化教学改革。② 同时，程茜在贫困地区英语师范生口语微课教学中的探索③，以及刘娴在大学英语读写课中的应用研究④，都展示了"POA+微课"教学模式的多样性和有效性，包括创设多元化情境、开展连续化教学、结合网络媒体资源等策略，以提高学生的英语学习水平和应用能力，同时提升课堂教学的效率和效果。

混合式教学模式已成为POA英语教学中的主要实施方式（目前中国知网查询125项相关研究）。王亚沁基于POA理论，通过教学实验数据深入分析了大学英语线上线下混合式教学模式在理工类应用型本科中的应用效果。⑤ 张宏虹则在"互联网+"的背景下，以POA为指导思想，对大学英语混合式教学进行了深入分析，并探索了有效的教学融合发展路径，旨在进一步提升课堂教学效果，同时培养具有创新思维和实践能力的应用型人才。⑥ 卢黎红的研究则聚焦POA在高职英语口语混合式教学中的应用，发现该方法对学生的口语表达能力、学习动机以及自主学习能力的培养均产生了积极影响。⑦ 综上所述，POA与混合式教学的结合在不同类型和层次的英语教学中均展现出了显著的有效性和优势。

---

① 池玉莲：《基于产出导向法的大学英语翻转课堂教学模式构建》，《长春教育学院学报》2023年第5期。
② 李小芳：《"产出导向法+微课"在本科英语教学中的应用实践探索》，《河北北方学院学报（社会科学版）》2023年第6期。
③ 程茜：《新课标下高职英语口语"产出导向法"课堂教学实践——以南通师范高等专科学校为例》，《林区教学》2023年第6期。
④ 刘娴：《"产出导向法+微课"教学模式在大学英语读写课中的应用研究》，《中国多媒体与网络教学学报》（上旬刊）2023年第8期。
⑤ 王亚沁：《基于产出导向法理论的大学英语混合式教学模式构建与实践研究》，《中国电化教育》2022年第11期。
⑥ 张宏虹：《"产出导向法"视域下的大学英语混合式教学路径探究》，《山西青年》2024年第10期。
⑦ 卢黎红：《高职英语口语混合式教学中产出导向法的应用研究》，《创新创业理论研究与实践》2024年第9期。

近年来，研究者尝试将 POA 与智慧课堂相结合，以重构教学生态，提高教学效率。庄小燕通过教师设计的"驱动""促成""评价"三个教学环节，在英语专业写作教学中灵活运用智能化教学手段，以避免学用分离。① 凡婧则基于 POA，通过线上线下相结合的智慧课堂，构建了更加高效的大学英语教学模式。② 覃秀良在应用型技术大学的大学英语教学中，将 POA 应用于智慧课堂教学设计与实践中，探索了注重培养英语语言应用能力的智慧教学模式。③ 韩炳华则借助批改网"智慧课堂"，以 POA 为基础，完成了"以读促写"的教学设计，旨在提升学生的语言能力和思维品质。④ 这些研究共同表明，POA 与智慧课堂的结合有助于优化教学过程，提高教学效果。

（四）趋势与不足

本节将对 2020 年至 2024 年 7 月 POA 在外语教学中的研究进行高频词整理，通过 Excel 表剔除与 2015—2019 年重复的关键词（如大学英语、教学等），利用 CiteSpace 软件将近五年新出现的关键词进行可视化分析，旨在发掘研究趋势，并试图探索研究中的不足与空白。

1. 研究趋势

通过 CiteSpace 进行聚类时间轴可视化分析（见图 8），POA 在外语教学中的应用研究确实可以揭示出两个主要趋势：POA 与课程思政融合、技术赋能基于 POA 的外语课程思政。

（1）POA 与课程思政融合

课程思政是当前中国高等教育中的重要理念，旨在通过课程内容和教学方式引导学生树立正确的世界观、人生观和价值观。近年来，POA 作为重要的外语教学理论和实践指南，在大学外语课程思政教学的实践中提供了切实可行的路径。王俊菊和卢萍探讨了 POA 与外语课程思政相融合的理据，并提出了基于 POA 的大学外语课程思政教学设计应遵循的五条原则。⑤ 同时，该

---

① 庄小燕：《产出导向法视域下英语专业写作"智慧课堂"教学生态构建——以"首段写作"为例》，《英语广场》2022 年第 16 期。
② 凡婧：《基于产出导向法的大学英语智慧课堂教学模式探究》，《吉林农业科技学院学报》2021 年第 4 期。
③ 覃秀良：《基于"产出导向法"教学理念的大学英语智慧课堂教学设计与实践》，《吉林广播电视大学学报》2019 年第 12 期。
④ 韩炳华：《运用"智慧课堂"推进以读促写——基于"产出导向法"的教学理念》，《江苏教育》2018 年第 19 期。
⑤ 王俊菊、卢萍：《融合与融入：基于产出导向法的大学外语课程思政教学设计》，《外语教育研究前沿》2024 年第 2 期。

研究还通过教学设计案例展示了如何在POA框架下将课程思政有机融入大学外语教学。梁进和邹燕则从文化自信的角度探讨了POA在大学英语课程思政教学中的应用。① 该研究强调，POA教学模式通过引入"全人教育""学用一体"等理念，形成了教学驱动、促成和评价等完整的教学体系，有助于培养学生的文化自信。王颖关注了POA视域下"课程思政"在英语专业写作教学中的体系构建。② 该研究运用POA理论框架，从驱动、促成和评价三个方面，将"课程思政"融入英语专业写作教学中，实现了思政教育与英语写作教学的协调同步。研究强调，这种体系构建有助于将价值塑造、知识传授和能力培养融为一体，提升学生的综合素养。

综上所述，POA在大学外语课程思政教学中的应用具有广泛的前景和深远的意义。它不仅为外语课程思政的实践提供了可行的路径，还为教学设计提供了有益的参考。未来，随着POA理论的不断发展和完善，以及外语课程思政教学实践的不断深入，相信会有更多的研究成果涌现，为外语教育和思政教育的发展注入新的活力。

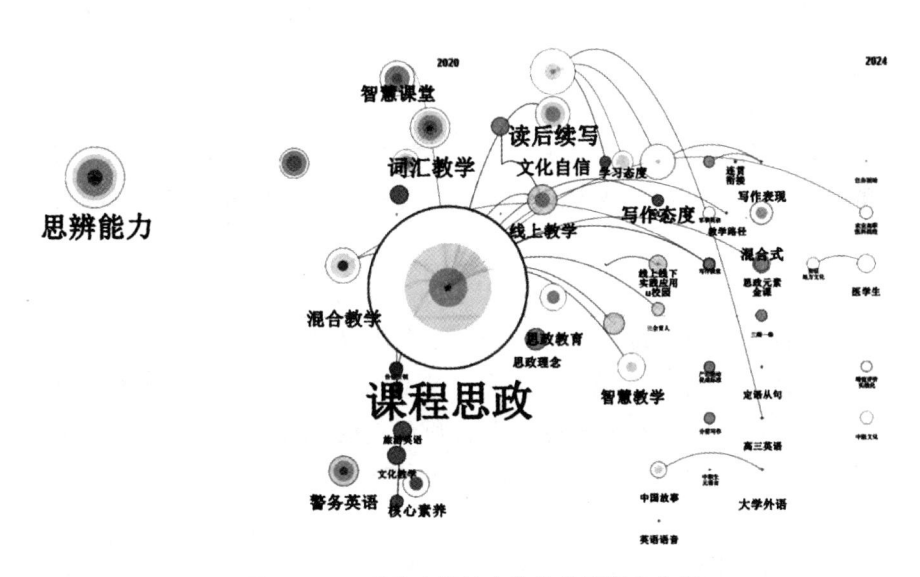

图8　POA理论应用热点和趋势可视化分析

---

① 梁进、邹燕：《POA视角下中国文化自信培养的课程思政教学设计与实践——评〈中国文化概况〉》，《热带作物学报》2021年第10期。
② 王颖：《"产出导向法"视域下"课程思政"在英语专业写作教学中的体系构建》，《外国语文》2021年第5期。

（2）技术赋能基于POA的外语课程思政

在数字化背景下，POA与现代教育技术的融合在高校英语课程思政智慧教学中的应用逐渐受到关注。李红霞深入探讨了POA理念下"高校英语"课程思政智慧教学的实施路径。① 该研究强调，基于POA展开教学改革，可以加强现代信息技术的应用，进一步探索"高校英语"课程思政教学的实施路径，从而构建高水准的英语智慧教学。李敏蓉则专注于基于POA的智慧思政教学模式研究。② 该研究以商务英语课程为例，通过构建基于POA理论的高职智慧思政育人模式，旨在带动并提升商务英语课程思政建设的实效，实现协同育人的格局。佘梦瑶进一步拓展了研究领域，探讨了基于POA的大学英语课程思政智慧教学评价。③ 该研究指出，评价在教学中的重要性不容忽视，它是确保教学质量提高的关键环节。因此，该文立足于POA的相关理论，开展了大学英语课程思政智慧教学评价的研究，旨在实现思政育人的同时，促进学生语言应用能力的提高。

综上所述，POA在高校英语课程思政智慧教学中的应用研究呈现出多样化的趋势。这些研究为高校英语课程思政教学改革提供了有益的参考和启示，有助于推动高校英语教育在数字化背景下向更高水平发展。

2. 研究不足

通过以上综述，本研究发现在外语教学中，POA的应用面临教师角色与发展研究不足、与数字技术融合滞后以及横向比较研究欠缺等研究不足与空白。

第一，教师角色与发展研究匮乏。POA推动了教师角色的转变，使教师从传统的课堂主导者转变为教学的引领者。④ 纵观近年来各学者对于POA及教师角色的相关研究发现，大部分学者侧重于POA下教师中介作用研究。⑤ 然而，关于POA在外语课堂中教师角色的具体表现，仍需进一步明晰和探讨。关于POA中教师角色或发展的研究显得尤为不足。⑥ 这一领域

---

① 李红霞：《产出导向法理念下"高校英语"课程思政智慧教学探究》，《教育教学论坛》2023年第21期。
② 李敏蓉：《基于"产出导向法"的智慧思政教学模式研究——以商务英语课程为例》，《南方职业教育学刊》2023年第1期。
③ 佘梦瑶：《基于产出导向法的大学英语课程思政智慧教学评价探析》，《校园英语》2022年第29期。
④ 朱晓荣：《POA教学中高校大学英语教师角色成长研究》，《产业与科技论坛》2023年第12期。
⑤ 汪凤：《产出导向法对大学英语教师生态位的影响》，《牡丹江教育学院学报》2021年第8期。
⑥ 董行：《2015—2020年"POA"国内外研究文献综述和可视化分析》，《商丘师范学院学报》2021年第7期。

的深入探讨尚待加强，我们需要更全面地理解 POA 在教学中对教师角色的新要求及其专业发展路径，以更好地支持教师的成长和发展。

第二，POA 与数字技术融合滞后。教育部印发的《教育信息化十年发展规划（2011—2020 年）》指出，在"信息技术与教育深度融合"背景下，将信息技术与 POA 进行深度融合已成为新时期高校外语教学改革的趋势之一。① "输入促成"是 POA 最为重要的一个环节，其质量直接决定了产出质量以及教学目标的达成情况。② 然而，目前市场上现有的数字教材大多仅停留在纸质教材的翻版或是简单的多媒体版，缺乏个性化教学和自主学习的元素，也未能很好地支持合作学习。③ 生成式人工智能，凭借其强大的大语言模型优势，能够创造性地生成教育内容和个性化学习路径。④ POA 与新型技术的融合进程显得滞后，特别是与大语言模型、生成式人工智能以及 AI 等前沿技术的结合尚显不足。这种技术融合的滞后限制了 POA 在数字化、智能化教学环境中的潜力发挥，也阻碍了其在现代教育体系中的更广泛应用。因此，外语教师应当有效利用数字技术，赋能学生语言的自主探索学习。

第三，横向比较研究欠缺。近年来，POA 与任务型教学法（TBLT）在外语教学中的比较研究受到了一定关注。佟秋华指出，将这两种教学法应用于英语语音课程，均取得了良好效果。⑤ 其中，POA 通过展示驱动环节的基本流程，结合多维度、多模态教学方法，实现了易测量、易评价的教学目标，有效调动了学生主动学习。相比之下，许蝶和姚志英⑥以及吴文潼⑦的研究表明，POA 更强调教师主导、学生主体，提倡学用结合，在激发学生学习主动性和优化教学模式方面展现出更大潜力。POA 作为适合本土的大学英语教学的理论⑧得到了学者和大学英语教师认同，未来研究可展开传统教学法与 POA 的对比研究，建议在教学模式中增设对照组进行教学实验，

---

① 李静、李琨：《信息技术在产出导向法课堂中的应用策略》，《肇庆学院学报》2021 年第 4 期。
② 卓明华：《对外汉语教学新视角：基于"产出导向法"的对外汉语中高级听力教学研究》，《当代教育论坛》2022 年第 6 期。
③ 杨福华、杨莉、高春林：《大数据时代高校富媒体智慧教材建设的问题与思考》，《教育探索》2020 年第 10 期。
④ 宋雀：《人工智能时代教师的新使命》，《教育科学研究》2024 年第 1 期。
⑤ 佟秋华：《POA 与 LBLT 在英语专业语言教学中的比较分析》，《齐齐哈尔大学学报》（哲学社会科学版）2022 年第 6 期。
⑥ 许蝶、姚志英：《POA 与 TBLT 比较研究——以商务英语课程教学设计为例》，《辽宁师专学报》（社会科学版）2022 年第 2 期。
⑦ 吴文潼：《产出导向法与任务型教学法比较研究》，《开封文化艺术职业学院学报》2022 年第 10 期。
⑧ 文秋芳：《构建"产出导向法"理论体系》，《外语教学与研究》2015 年第 4 期。

以进一步检验 POA 教学法应用于外语课堂教学的实际效果。

结 语

POA 在外语教学领域的研究自 2015 年起步，并在近九年内迅速发展，取得了显著成果。相关文献数量逐年增加，显示了学术界对该领域的高度重视。POA 研究阵地主要集中于外语类和师范类高校，且形成一定的跨机构、跨校研究团队。理论研究方面，文秋芳通过多年的研究，提出了包括师生合作评价、教学材料使用与评价、关键能力培养以及教师专业发展等一系列创新观点，为中国外语教学改革提供了重要的理论支持和实践指导。在研究应用方面，POA 的应用主要集中在高校外语教学中，其教学内容涵盖了知识、能力和素养维度。近年来，基于 POA 的外语课程思政和智慧教学赋能基于 POA 理念的外语教学成为研究趋势。然而，当前 POA 在外语教学中的应用还存在一些不足，包括教师角色与发展研究匮乏、POA 与数字技术融合滞后以及横向比较研究的欠缺。为了提升 POA 在外语教学中的应用效果，本文建议：加强跨校与跨领域的合作研究，推动理论与实践的融合；深化 POA 与数字技术的结合，探索智能教学平台和数据分析工具的应用，以优化教学过程和提升效果；同时，关注教师角色的发展，以全面评估 POA 的应用和影响，从而推动外语教育的全面发展。

A Review of the Application of the Production-Oriented Approach in English Teaching

Sun Wei, Li Zhuo

Abstract：This paper reviews 1,945 articles on the application of the Production-Oriented Approach (POA) in domestic foreign language teaching from 2015 to July 2024, based on the CNKI database. The research combines quantitative and qualitative methods and utilizes CiteSpace software for knowledge graph visualization to reveal the current state and hotspots of POA research in the field of foreign language teaching. The results show that POA has rapidly developed in foreign language teaching, with an increasing number of related publications, reflecting significant academic attention. Research mainly focuses on foreign language and normal universities. In theoretical research, Professor Wen Qiufang has proposed innovative viewpoints including teacher-student collaborative evaluation, use and evaluation of teaching materials, key competency development, and teacher professional development, providing crucial support for foreign language teaching reform. Application research is concentrated in college foreign language teaching, covering knowledge, skills, and competence dimensions. Recently, research trends have shifted towards POA-based ideological and political education and intelligent teaching. However, existing studies still face issues such as insufficient research on teacher roles and development, delayed integration of POA with digital technologies, and a lack of horizontal comparative studies. This study provides valuable insights and directions for further theoretical and practical exploration of POA in foreign language teaching by systematically reviewing its application.

Keywords: Production-oriented Approach; English Teaching; Research Review

基于典型案例库的翻译案例教学模式探索与实践[*]

赵斌斌[**]

摘　要：MTI作为应用型人才培养的重要平台，旨在不断提升学生的职业素养和实践能力。案例教学法是促进MTI研究生教学和语言实践有机融合的有效途径，与MTI的人才培养目标具有高度的契合性，外语教学案例库的搭建为案例教学法的实施提供了有力保障。笔者以"问题—解决"为导向，搭建了以"翻译难点+翻译技能"为主体模块、以"真实性+典型性"为基本特征的翻译案例库，并尝试探索出一个以典型案例为依托的翻译案例教学模式，以期逐步提升MTI研究生的反思能力、创新能力、专业能力和社会适应能力，从而发挥新型案例教育模式的示范推广效应。

关键词：典型案例库；新型案例教学模式；案例教学法

随着全球经济一体化的深入发展，各国之间的交流与合作日益频繁，社会各领域对高素质翻译人才的需求不断增加。外语专业作为培养翻译人才的阵地，需要不断适应全球化趋势，加强MTI学生实践能力和职业能力的培养。然而，由于MTI专业建设时间较短，翻译硕士的培养定位由"学术型"向"专业型"转型的过程中，出现了具有丰富口译、笔译实践经验的师资和配套的实践型教学资源数量不足，课程体系和教学模式相对不够完善的问题。总体来说，目前社会的高层次、应用型、专业化的翻译人才缺口较大。

在此背景下，如何从根本上变革翻译教学范式，推动翻译教学朝向精

---

[*] 基金项目：本文系第三批吉林省专业学位研究生教学案例项目"'问题导向+实战为本'双驱动：法语交替传译教学案例建设与研究"和吉林外国语大学专业学位研究生教学案例重点项目"MTI法语交替传译'5X5'教学案例建设与研究"（a102）的阶段性成果。

[**] 作者简介：赵斌斌（1986—　），女，辽宁省本溪市人，在读博士研究生，吉林外国语大学西方语学院副院长，硕士生导师，副教授，研究方向为翻译学、法国文学、外语教学。

英化、专业化的目标发展，培养更多符合社会发展需求的"对口"人才，是目前摆在教育管理部门和学界的一个重要问题。2015年，教育部在《关于加强专业学位研究生案例教学和联合培养基地建设的意见》中明确提出了MTI研究生教育要加强案例教学的建设和应用。文件指明了建设案例库和实施案例教学的重要意义，强调加强案例教学，是强化专业学位研究生实践能力培养，推进教学改革，促进教学与实践有机融合的重要途径，也是推动专业学位研究生培养模式改革的重要手段。[1]

一 国内外案例教学法的实施情况

案例教学法有着悠久的发展历史，一般认为案例教学法经历了三个发展时期：启蒙期（2000多年前的古希腊时期）、开创期（19世纪末至20世纪初）和繁荣期（20世纪初至今）。西方世界认为，古希腊哲学家苏格拉底（Socrates）所采用的"问答法"是现代案例教学的雏形。[2] 1870年，案例教学最早被哈佛大学作为一种教学模式率先应用于法学教学，时任美国哈佛法学院院长的克里斯托弗·哥伦姆布斯·朗德尔（Christopher Columbus Langdell）为克服传统法学教育的弊端，将苏格拉底的"问答法"引入法学教育体系，并正式将其命名为"案例教学法"。[3] 20世纪初，案例教学法逐渐走出法学领域，美国的医学教育以及商学教育在发现其优势后也开始加以广泛运用，后其逐渐被广泛应用于医学、管理学、经济学和社会学等其他学科，目前已经成为英美法系国家采用的最主要的教学方法。

相对于国外，国内案例教学法的实施与推广存在一定的滞后性。虽然国内早在春秋战国时代，诸子百家就大量采用民间故事来阐明事理。我们所熟知的成语、语言故事都是很好的证明，这也构成了国内案例教学的启蒙状态。[4] 然而，当时的案例存在系统性和规范性不足的问题。直到1979

---

[1] 欧丽慧：《工商管理硕士案例教学模式研究——建构主义视角》，上海财经大学出版社2021年版。

[2] 张敏敏、马新强：《多维结构翻译案例库构建路径》，《江西师范大学学报》（哲学社会科学版）2022年第3期。

[3] Garvin, "Making the Case: Professional Education for the World of Practice", *Harvard Magazine*, (9) 2003: 58-63.

[4] 王青梅、赵革：《国内外案例教学法研究综述》，《宁波大学学报》（教育科学版）2009年第3期。

年，中国工商代表团访美，案例教学法才真正被引介到中国，并在中国的教育体系，尤其是高等院校的专业学位教育中广泛应用。20世纪90年代末，"案例教学法"才开始被越来越多的人定性为一种教学方法，但值得关注的是，此时案例教学模式尚未受到普遍的重视。

与案例教学法相似，国内外在案例库建设方面的研究也存在较大的差距。目前，国外案例库建设已较为成熟，典型案例数量充足、实用性强，案例共享性和体系性较突出。然而，国内的案例库建设研究则起步较晚，相比医学、管理学方面的案例建设，外语教学案例研究尤其匮乏，MTI案例库建设及应用尚属于探索阶段，编写的案例和案例信息数量和种类不足，结构松散，多为"信息孤岛"。目前建有的案例库往往也只面向某一类课型或任务，参与者只限于少数编者和用户，案例库编写和使用脱节，扩展和更新速度缓慢，存在着系统性即关联性、综合性、开放性和动态性不足的问题。[①]

二 典型案例库的建设和实施

面对社会发展对高层次、专业化翻译人才的迫切需求，各大高校均认识到必须以社会需求为导向，加大实训和实践的比例，探索出一条能够快速提升学生翻译能力和专业性的有效途径。国内外专家普遍认为，巧妙利用案例的翻译教学能有效提升学生的翻译技能和适应社会的能力。鉴于目前国内外语教学案例库尚未完善、典型案例数量不足、编写系统性和关联性不强等问题，笔者认为，创建以典型翻译案例为主体的外语教学案例库能够有效推动MTI教学与实践的有机融合，强化专业研究生的口译、笔译翻译实践能力。

一般来说，典型翻译案例教学是以翻译过程中常见的翻译难点为抓手，通过讨论式和启发式等基本手段，教师逐步引导学生发现难点、分析难点和解决难点的过程。典型翻译案例以"真实性"和"典型性"为基本特征，是搭建典型案例库的重要来源，也是实施案例教学的基础。典型案例库的建设目的是通过提供具有代表性的案例，帮助教师有针对性地对学生实施翻译技能和实践能力的培养。

---

① 贾正传、贾玉嘉：《MTI专业课程案例库建设和应用系统模式探讨》，《鲁东大学学报》（哲学社会科学版）2014年第6期。

因此，基于典型翻译案例的特征和案例库的建设目的，笔者依托全国翻译专业学位研究生教育和吉林省专业学位研究生教学案例项目，尝试搭建法语交替传译教学案例库并实施了案例教学法的教学改革，积累一些建设经验并取得了一些改革成果。

（一）案例库建设的理论依据

案例库的建设以系统观和关联论为理论指导，以相关领域的案例教学及案例库建设和应用理论和方法为参照，以现有的翻译课程案例编写和使用研究成果为资源，通过演绎与归纳相结合的方法，探讨一种 MTI 专业课程案例库建设和应用系统模式。

根据系统观的系统总体概念和关联性原理，任何事物作为一种系统，在总体上都应是由特定的成分按以非线性为主的结构构成的有机整体，任何事物作为系统在总体上即在其本体的各个成分之间、在其与环境之间、在其运作和演化过程的各个阶段之间，都应存在一定的分离性的同时，存在着普遍的关联性。[①] 按照这个系统观的思路，MTI 交替传译案例库总体上是一个由较多且较全的翻译理论和实践案例按以非线性为主的结构构成的较大和较复杂的翻译案例数据库系统，出现于翻译及语言、文化、外交、经贸、教育、管理等相关领域的实践、研究和教学环境中，受制并服务于以 MTI 专业课程为主的翻译教学，以翻译实践和研究问题情境为对象素材，以翻译及相关理论方法为方法知识，案例库内部和外部之间存在着总体的关联性、连续性和统一性。

（二）案例的编写原则

案例编写原则的确定是撰写翻译案例进而创建案例库的前提条件，而确立典型案例的编写原则首先需界定清楚何为"典型案例"、何为"典型案例库"。曾利沙通过将典型案例库和大型语料库进行比较，对于典型案例库给出了比较清晰的界定。他认为："相比较大型语料库，典型案例库旨在围绕典型问题建立语料库，以深入辨析各种复杂的语言现象，针对典型问题建立识解机制或认知模型，从特殊到一般，揭示认知规律，以便语言学习者或研究者做到举一反三、触类旁通，从而真正解决外语学习与研究中所

[①] 贾正传、贾玉嘉：《MTI 专业课程案例库建设和应用系统模式探讨》，《鲁东大学学报》（哲学社会科学版）2014 年第 6 期。

涉及的'义—意'形态识解问题。"①

依据典型案例库的定义，笔者在系统观和关联理论的指导下，围绕课程目标和法汉交替传译过程中的口译难点，初步搭建了以"问题—解决"为导向、以"翻译难点+翻译技能"为主题的口译教学案例。案例的编写遵循语言习得规律，依据吉尔认知负荷模型理论，注重听与分析、短期记忆、言语表达和协同构成四个方面的精力分配与口译质量的关系。按照语言情境，将案例分为政治、外宣、经贸、文旅、教育五个主要领域，并进一步根据翻译能力的训练，围绕口译"理解—记忆—表达"的程序，创建了包括"听译画面的形成""逻辑和核心结构的提取""言简意赅的表达"等技能模块的40余个典型教学案例。

每个教学案例由两个主体部分组成：案例信息及使用说明和教学案例演示。其中案例信息及使用说明包含案例入库号、学位类别、专业领域和方向、关键词、适用课程、内容摘要、教学目标、案例知识点、教学时数和教学步骤10个方面信息。在这部分，教师将会了解案例的核心知识和技能点，以及案例的主要内容、使用的步骤和适用对象等关键信息，以便后续案例教学的顺利开展。教学目标将围绕口译教学的"理解—记忆—表达"三个环节的子教学目标展开，教学时数一般以2个或4个学时为一个完整的教学单元，教学步骤一般分为"课前准备—课堂教学—课后总结"三个步骤。教学案例演示部分会提供原文、学生译文和参考译文，并在此基础上，围绕不同的子教学目标提供不同的"作品展示"。如在理解阶段，将呈现学生提取的关键词、核心信息和逻辑结构，旨在说明学生如何在教师的引导下将意识画面以合乎逻辑的方式加以串联，提升整体的篇章解读能力；在记忆阶段，通过呈现学生如何通过记忆画面和形象记忆，将核心故事情节进行串联；在表达阶段，通过呈现学生对核心意思的提取、避免重复和简化句型的效果，说明学生如何在教师的引导下进行语言的"脱壳训练"和言简意赅的表达能力的提升。

此外，通过学生自评、小组他评和教师点评等多维评价方式，梳理学生口译过程中的难点和疑惑点，呈现相应的解决方法，并在最后附"学与教"的双向反思，便于提升后续课程对教学难点的预判性，并及时提供解决办法，从而确保课程教学的深度和有效性。

---

① 曾利沙：《基于典型翻译问题的定性概括与经验规则建构——体验—建构融通式笔译教学法研究之三》，《外语与翻译》2019年第3期。

(三) 案例的编写特色

法语交替传译案例库的案例素材主要来源于三部分：一部分来自 MTI 法语口译研究生专项技能模拟训练后的心得体会，另一部分来自法语师生口译实践后的经验反思，还有一部分来自真实课堂的口译教学案例。撰写的案例主要具有如下两方面特色。

第一，凸显了问题指向性和专业实践性。"问题指向性"主要体现在案例的编写融合了"翻译难点+翻译技能"模块，以"问题—解决"为导向，围绕学生在翻译过程中遇到的代表性疑难案例，按照类型建立了典型翻译案例，并适当引入对应的翻译技能和翻译理论知识，构建了以"翻译难点+翻译技能"为主题的翻译案例，并按照不同主题和领域形成了相应的案例库。"实践专业性"主要体现在案例的选取和编写一方面来自法语口译师生的真实口译实践场景，做到了真实践，得出了真问题，提炼了真感受；另一方面口译案例的资源不再拘泥于传统教材内容，而是来自不同的工作领域，如工程、经济、贸易、商务、教育等诸多行业。同时，所选案例与实际工作大体一致，与学生将来从事的实际翻译工作有很大的相似性，从而确保了案例内容的实践专业性。

第二，建立了统一的案例开发标准与规范。为了提升案例库的示范性和推广性，案例库的建设需要围绕既定目标形成统一的建设标准和规范，引导翻译硕士教学案例资源的开发朝着良性和可持续方向发展。因此，项目组通过研究与实践，形成了较为可行的案例开发标准与规范，保障案例库建设与应用的全面实施与推广。

该案例库的建设从案例编排和案例模块都采取了统一的撰写标准。首先，在编排方面，笔者按照主题、序号、案例背景、翻译原文、翻译难点、翻译反思等多个部分展开，分类建立案例库；其次，所有案例都是以篇章为单位，而不是以单句为译例，从而确保了翻译语篇表达意义的完整性和连贯性；最后，案例的编排按照"理解能力的提升—记忆能力的提升—表达能力的提升"的顺序，由易到难，循序渐进，从短篇到长篇，从专业技能训练到综合技能训练，确保了案例编排的合理性和系统性。具体案例模块如图 1 所示。

值得一提的是，图 1 中每个案例的编写均以"翻译难点+主题技能"为主体，覆盖了交替传译的"理解—记忆—表达"的三个过程。笔者创建了

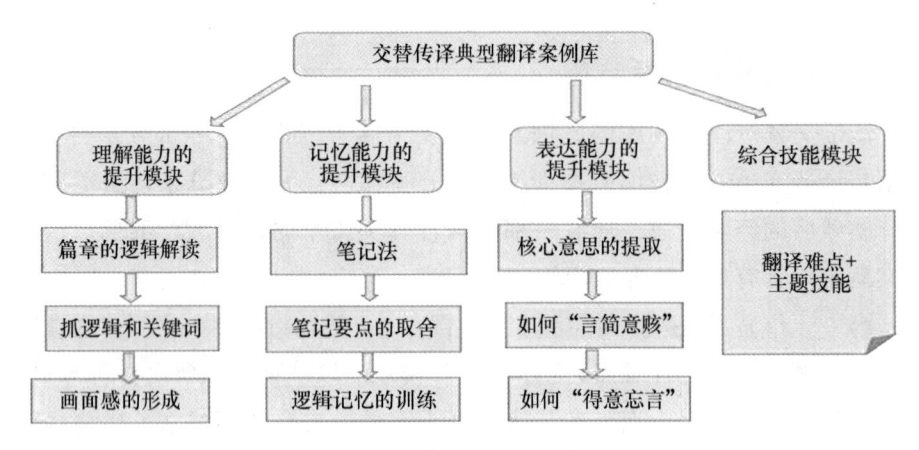

图 1 交替传译案例库体系

涵盖这三个口译环节对应的 9 个主题技能模块，最终形成了 84 个典型翻译教学案例，共计约为 144450 字符。其中理解能力的提升含有 23 个案例，涵盖了"逻辑解读、关键词提取和画面感形成"三个子技能板块，约为 56750 字符；记忆能力的提升含有 26 个案例，涵盖了"笔记法、要点的提取和逻辑记忆的训练"三个子技能板块，约为 39200 字符；表达能力的提升含有 18 个案例，涵盖了"核心意思的提取、'言简意赅'和'得意忘言'"三个技能板块，约为 48500 字符。最后形成了以"3×3×5"为主体模块的法语交替传译典型案例库，即第一个"3"为"理解—记忆—表达"的三个口译环节，第二个"3"为每个环节对应的三个技能模块，而第三个"5"为政治、文化、经贸、外交、教育的五个口译情境，三个部分环环相扣，旨在创建一个以真实案例为依托、以真实难点为突破口、以培养学生口译实践能力为最终目标的典型案例库。

目前，该案例库已经完成了初步的建设工作，且先后被应用于同声传译、交替传译、口译理论与实践、口译工作坊、专题口译等多门课程，效果良好，进一步为翻译案例教学模式的探索和实践打下了良好的基础。

三 翻译案例教学模式的探索与实践

目前，外语学界普遍认为被广泛应用于商学、法学等学科的案例教学法同样可以适用于专业翻译硕士的外语教学，且效果显著。姚斌指出，"案例教学法以学生为主体，以开放性问题、互动式讨论和启发式教学为特色，其教学本质是培养学生分析和解决实际问题的能力"[1]。因此，案例教学法符合翻译教学人才培养目标，是激发学生学习翻译的主动性和创造性的有效教学方法。然而，"案例教学法"自传入中国之后，并没有经历一个谨慎思考、充分辨析的理论探讨过程，而是快速进入了应用阶段[2]，因此存在着系统性即关联性、综合性、开放性和动态性不足的问题。笔者认为，依托法语交替传译案例库的自建资源，通过探索与实践出的以"翻译难点+翻译技能"为核心、以"三阶段+四环节"为主体的翻译案例教学模式能够有效解决法语口译案例教学中的部分瓶颈问题。

因此，笔者所在团队以"应用性""专业性"为授课目标，统筹规划，精选案例，实施了"三阶段+四环节"的案例教学法。其中"三阶段"主要是指教学准备、教学实施和教学转化三个阶段，"四环节"主要是指前期准备、自主学习、课程互动和课下应用四个环节。其中教学准备阶段的具体实施对应前期准备和学生自主学习案例两个部分，教学实施阶段主要是指课堂上的师生互动活动，而教学转化阶段则主要体现在学生课下应用课上所学的知识和技能，属于知识和技能的内化过程。具体操作流程如图2所示。

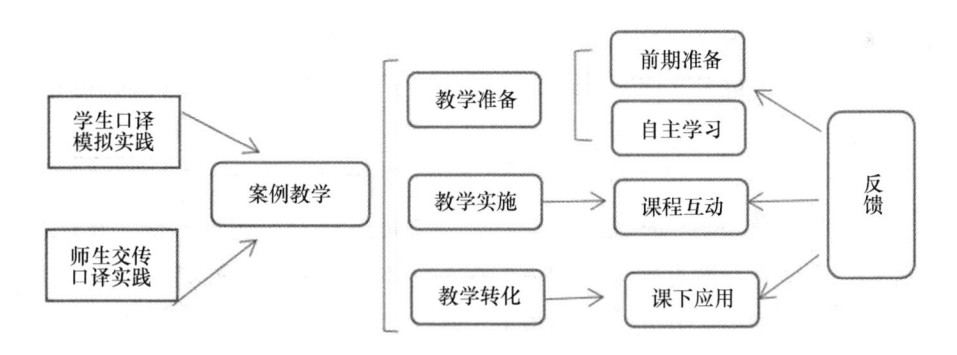

图2 交替传译案例教学流程

需要强调的是，该案例教学法的实施是以问题为导向、以翻译典型问题和难点为抓手，按照语言知识和理论知识范畴化→范畴知识结构化→结构知识经验模块化→模块建构应用化→应用技能实践化的思路进行翻译教

---

[1] 姚斌：《国内案例教学法应用于翻译教学的研究综述（2001—2022）》，《外语教育研究前沿》2023年第3期。

[2] 周序、刘周灵润：《如何认识案例教学？——关于"案例教学法"提法的思考》，《中国教育学刊》2020年第4期。

学案例的建构和应用。如图 2 所示，案例教学依托的素材来源于课题组自建的小型案例库，而案例库的内容主要来源于两个方面：案例库 1（学生口译模拟实践）和案例库 2（师生交传口译实践）。这两个案例库将为案例教学法的实施提供"抓手"（发现真实口译情境的问题和难点）。课题组根据学生口译过程中遇到的问题编写案例，并围绕案例设计好案例实施过程。同时，在教学准备阶段，即前期准备和自主学习环节，鼓励学生通过前测完成自主学习效果的检测，培养学生发现问题和难点的能力，并逐渐形成自己的观点，为后续的课程互动做准备；在教学实施阶段，即课程互动环节，教师围绕案例涉及的问题，合理设计教学互动环节，通过提问和辩论等形式逐渐引导学生解决问题，并将课上讨论的结果形成反思报告，为课下应用做储备；在教学转化阶段，即课下应用环节，教师根据课上训练的重点布置课下模拟口译练习，促进知识的内化和技能的进一步巩固和提升。

在实施案例教学法的过程中，笔者所在团队在注重以学生为中心的同时，也注重发挥反馈的作用。反馈不再局限于教师的点评反馈，而是形成了学生互评、学生自评和教师评价等多维评价途径，这种动态、全面的过程性评价更好地激发了学生的参与热情。此外，评价也不再仅体现在最后的应用效果的评价上，而是贯穿于实例教学实施的全过程，从课前的准备、课中的活动到课下的练习都提供了相应的效果反馈，确保形成一种兼具动态性和系统性的有效考核模式，确保评价的公平性和全面性。最后，案例教学不同于传统教学，案例教学没有统一的规范模式可遵循：学生在进行口译模拟实践时，没有完全正确或错误的译本之说；教师在其中发挥的是引导者的"脚手架"作用，而不再是个判定正误的"裁决者"。从某种程度上说，案例教学法更关注的是学生是否在案例学习过程中逐渐形成了翻译实践能力、决策能力和沟通能力，是一种以语言产出与技能应用为导向的高效的教学模式。

结　语

本文先后围绕主题技能模块案例的构建、翻译案例教学模式的实施和动态考核方式三个方面展开了相关研究。项目组重点探索了案例教学模式在"三个阶段和四个环节"实施过程中涉及的关键性问题：如何筛选和编写案例；如何将案例难点合理导入课程，激发学生进一步钻研的兴趣；如何利用启发式、小组合作式、讨论式等多种手段促进学生对案例中涉及的知识和技能高度内化；如何通过案例反思和总结，找到翻译难点的解决策略，从而逐渐提升自我的创新性和专业性等。

翻译教学案例的编写和应用坚持"真情境、真问题、真感受"的原则，通过真实口译实践，发现学生在交替传译理解、记忆、表达三个环节存在的具有普适性的问题和难点。通过课上教师引导、师生、学生讨论以及课下再实践验证的过程，分析相应的原因，提出针对性强且有效的解决方案，最终形成以"难点+技能"为核心的翻译教学案例，无论是对教师有针对性地组织案例教学或是对学生课下自我练习提升都将具有一定的启发性和实用性意义。然而，任何一个新的教学模式、教学方法的产生都需要一个长期的建设、检验和完善的过程。鉴于法语交替传译案例库的创建和"三阶段+四环节"的案例教学法的实施是笔者所在团队在该领域的首次探索，且研究时间和实践经验相对有限，难免有不足之处，有待在未来的研究和推广实践中进一步改善。

Exploration and Practice of Translation Case Teaching Model Based on a Typical Case Library

Zhao Binbin

Abstract：MTI, as an important approach for cultivating applied talents, aims to gradually improve students' professional qualities and practical abilities. The case teaching method is an effective approach to promote the integration of MTI graduate teaching and language practice, which accords well with the talent development goals of MTI. The establishment of a foreign language teaching case library provides strong support for the implementation of the case teaching method. In this study, the author adopts a "problem-solution" approach and builds a typical case library with "translation difficulties + translation skills" as the main modules, which is also characterized by authenticity and typicality. The aim is to explore a new path for reforming the translation case teaching method, gradually improving the reflective and innovative ability, professional competence, and social adaptability of MTI graduate students, so as to unleash the demonstrative and promotional effects of the new case teaching model.

Keywords: Typical Case Library; Innovative Case Teaching Model; Case Teaching Method

新文科视域下民办高校外语跨学科教学实证研究*
——以"日本经济概论"课程为例

何 欢**

摘 要："新文科"建设要求打破学科壁垒，促进学科交叉融合，培养新时代外语人才的跨学科知识重组与创新能力。本文以"日本经济概论"课程为例，围绕教学目标、教学内容、教学组织与教学评价展开合理规划和设计，构建以问题探究为驱动的内容与语言融合式的CLIL跨学科教学模式，并围绕案例课堂对学习者的外语和跨学科研究能力发展的促学特征和学习结果展开实证研究。研究结果表明，CLIL跨学科教学模式能有效促进学习者的外语和跨学科研究能力的协同发展。具体表现为：学习者的听力理解与口语交际水平显著提升，且学习者对语言学习效果的自评满意度较高；学习者的跨学科研究能力得到有效提升。教学实验前后实验班学习者的跨学科学习能力和跨学科合作能力都具有统计学意义的显著性差异。学习者不仅对跨学科知识领域有了更深入的理解，还在跨学科团队合作中展现出更高效的表现。

关键词：新文科；民办高校；CLIL；外语；跨学科

"新文科"作为当前教育改革的重要政策，既为外语本科专业的发展提供了重要契机，又为外语专业应对全球化和信息化浪潮中的新挑战指明了发展方向。[①] 外语学科应聚焦国家战略与社会经济发展需求，守正创新，准

---

* 基金项目：本文系吉林省教育厅课题"CLIL教学模式下外语跨学科教学的要素分析与优化策略研究"（JJKH20241535SK）、吉林省高教科研课题"SBI框架下日语听力学习策略优化研究"（JGJX2022D328）的阶段性成果。

** 作者简介：何欢（1984— ），女，辽宁省营口市人，硕士，吉林外国语大学东方语学院日语系讲师，研究方向为日语语言学、日语教育。

① 曲卫国、陈流芳：《"新文科"到底是怎样的一场教学改革？》，《当代外语研究》2020年第1期。

确识变、科学应变、主动求变。① 跨学科建设是外语专业高质量发展的需要，更是助推全球治理、文明互鉴、传播中国故事、提升中国国际影响力等国家战略的利器。② 在"新文科"建设中，外语学科需要积极融入跨学科的教学和研究，拓宽学科发展的视野，提高学科的综合素养和竞争力，解决人才供需的结构性矛盾。培养"会语言、通国家、精领域"的复合型外语人才③，塑造具有"广博+纵深"知识面的 T 型知识结构的创新型跨学科人才④，以提升学习者的可迁移能力，增强全球胜任力。

在"新文科"教育背景下，中国外语教育正面临"大外语""全人教育"等高层次要求和多元化目标的挑战与机遇。外语类民办高校需要积极探索如何通过创新教学模式，实现外语教育的多样化发展。其中，"日本经济概论"课程作为日语专业高阶本科课程具有典型的跨学科属性。课程教学需致力于实现语言和跨学科素养的协同发展，以适应新时代外语人才培养的需要，改革创新迫在眉睫。起源于欧洲的"内容—语言融合式"（Content and Language Integrated Learning，CLIL）教学模式，致力于实现语言教学与学科内容的有机融合。不仅促进了跨学科的学习体验，还培养了学习者的国际视野和跨文化交流能力，已被广泛认可为教学改革和提升教学效果的重要途径，备受推崇。

一　理论框架

"内容—语言融合式"（CLIL）的教学模式，是指用外语来教授非语言类学科知识，同时兼顾外语学习的一种高效外语教学模式。该模式最早于 1994 年由欧盟提出，旨在实现"M+2"（母语+两门外语）的语言学习目标，以便欧盟成员国的公民能够获取在其他成员国学习和工作的自由。⑤ CLIL 教学模式的核心理念是通过将学科内容与外语学习相结合，营造以内

---

① 尤芳舟：《新文科背景下日语课程思政建设的思考》，《外语学刊》2021 年第 6 期。
② 陈思宇：《新文科外语专业跨学科知识整合的形成性评价与引导策略》，《社会科学家》2023 年第 10 期。
③ 姜智彬、王会花：《新文科背景下中国外语人才培养的战略创新——基于上海外国语大学的实践探索》，《外语电化教学》2019 年第 5 期。
④ 王铭玉：《新文科——一场文科教育的革命》，《上海交通大学学报》（哲学社会科学版）2020 年第 2 期。
⑤ 盛云岚：《学术英语的语境化教学——欧洲 CLIL 模式与美国社区大学发展性课程的启示》，《外语界》2015 年第 5 期。

容（Content）、交际（Communication）、认知（Cognition）和文化（Culture）相结合的课堂语境，为学习者提供一个更加真实、有意义和综合的学习环境。CLIL教学模式最初在欧盟国家得到广泛应用，如今已经成为全球范围内的教育改革的重要趋势。越来越多的学校和教育机构开始采用CLIL教学模式，以提供更加综合和全面的教育体验。

外语学科自创立起便有"跨"文学与语言、人文与社会、传统文明与外来文明的属性，旨在突出语言特色与学科优势，协同其他学科解决现实问题。① CLIL教学模式的出现，彻底摆脱了以词汇识记和语法讲解为中心的传统外语教学模式的束缚，解决了以往"先学后用"式（Learn now, and use later）教学模式所存在的学习和实际应用之间的脱节问题。在CLIL课堂中，教师以问题逻辑丰富教学内容，通过提供具有现实意义和学科价值的学习任务，引导学习者以合作学习和实践活动等方式，实现语言技能的"即学即用"（Learn as you use, use as you learn）。其采用以信息条块化、信息再包装、支架辅助、信息拼图、诱导性提问等信息整合法为代表的教学方法，逐渐建构起语言和学科知识的意义框架，并帮助学习者勇于突破传统学科框架，关注多个学科之间的联系和互动，通过整合、重组和迁移不同学科的概念、方法和知识，尝试以更加开放和灵活的思维创造性地解决复杂的现实问题，从而提升学习者的跨学科视野，培养跨学科思维和能力。CLIL教学模式通过引导学习者将所学的知识迁移到实际生活和职业发展中，为语言技能与未来职业发展建立显性的有机衔接，为我国外语教学改革提供了全新的视角，促进了外语教学法的社会文化转向。②

二 研究设计

本文以外语类民办高校的中高级日语学习者为研究对象，以CLIL框架下的"日本经济概论"课程改革为教学实验案例，基于经济社会学、认知心理学、系统功能语言学等相关领域的基础知识和基本方法，围绕教学目标、教学内容、教学组织与教学评价展开合理规划和设计。笔者采用历时

---

① 陈思宇：《新文科外语专业跨学科知识整合的形成性评价与引导策略》，《社会科学家》2023年第10期。
② 盛云岚：《欧洲CLIL模式：外语教学法的新视角》，《山东外语教学》2012年第5期。

混合研究法，对案例课堂进行为期一个学期的全面系统跟踪。基于课堂观察、听说测试、学生自评及访谈等数据，笔者对实验班与对照班学习者的语言学习效力和跨学科研究效果展开调研，分析和讨论 CLIL 教学模式下外语跨学科教学的促学特征和教学效果，论证对大学外语学习者实施 CLIL 教学模式改革的必要性与可行性。

（一）CLIL 跨学科教学模式的构建

本研究旨在通过构筑以意义建构为主导、以问题探究为驱动的 CLIL 教学模式，注重语言和内容的有机融合，使学习者通过语言构建起学科知识，并以学科学习为立足点，引入真实世界的问题和案例，在探究问题和解决问题的过程中，引导学习者运用日语来表达和交流学科知识，灵活运用两个或两个以上学科知识或学科方法，经过重组与升级，实现跨学科内容的意义构建和知识再生产来解决复杂问题，从而培养学习者以日语为媒介的信息采集能力、批判性思维能力、跨学科研究能力和团队协作能力。

在设计跨学科教学目标时主要考虑以下三个方面的问题。首先，要通过经济领域的语言实践，帮助学习者提升专业术语的运用、学术写作和口头表达等语言技能和跨文化交流能力。其次，由于经济学、历史学、政治学、社会学、文化学、环境科学和地理学的具体概念或理论命题可能以交叉、组合、对照、融合等多种形式呈现在不同章节的教学内容中，因此，深刻理解学科之间的相互关联性，促使不同学科的知识在教学实践中交融显得尤为关键。为此，教师不仅应要求学习者掌握各自学科的核心概念和技能，更重要的是要培养他们将不同学科知识有机整合的能力。教师应引导学习者跨越学科界限，将所学知识应用于实际情境中，促使他们将学到的概念、技能和价值观灵活运用，促进知识的迁移和应用。最后，既要坚守各学科独特的育人价值，又要积极促进跨学科的综合育人。教师在设计课程时要注重价值引导，有机融入思想政治教育元素，通过生动的案例和实践活动，引导学习者思考伦理、社会正义等重要议题，培养他们的社会责任感和批判性思维，为未来的学术和职业发展奠定坚实基础。

在选取和设计教学内容时，需要特别关注学科内容的情境性，选择合适的跨学科教学主题。为了汇集各自的学科专长和教学经验，促进知识的交叉应用和学科之间的互动，跨学科教师团队需要形成密切合作的机制，共同参与课程的开发和实施过程，不断调整和改进教学策略，确保教学活动保持动态和创新。教师需要综合考虑和整合与教学议题相关的跨学科概念和理论，根据学习者的先验知识背景，精心设计具有真实性和可迁移性的驱动性问题。问题链条的构建应结合社会实践，具有复杂情境性，引导学习者超越单一学科的思维框架，体验不同领域的融合性。教师应通过为学习者构建社会情境的认知框架，并在实践中聚焦问题解决过程，引导学习者思考自身在社会中的角色和责任，澄清个人的核心价值观和意义空间。

在教学组织和实施过程中，重视不同学科知识的互相关联，融合多元学科方法，教师与学习者共同构建跨学科研究模式，推动深入的跨学科教学实践。一般而言，CLIL课堂的具体教学操作包括"知识导入""拓展与延伸""主题探究""深度学习""巩固与内化"5个环节。在"知识导入"环节，教师通过提供视频资源等学习支架，精心设计问题情境，并明确跨学科学习的目标和要求，旨在激发学习者的学习兴趣并调动他们的先验知识。在"拓展与延伸"环节，教师主导学习者对学科概念地图进行深入解构与重构，发掘学科之间的内在联系和交叉点，旨在建立起超越单一学科边界的普遍联系和高阶概念的理解，使学习者能够从更宏观的角度理解知识体系的结构和演变，有助于他们形成更为全面和深入的学习视角。在这个阶段，学习者不仅仅是单一学科知识的消化者，更是跨学科思维的运用者和创新者。在"主题探究"环节，通过构建学习共同体展开课堂讨论和线上探究社群讨论，学习者不仅可以分享各自的观点和见解，还能从他人的视角中获取新的思维启发和解决问题的思路，促进跨学科的思想碰撞和知识交流。在"深度学习"环节，通过重新分组，使拥有不同视角与差异信息的成员能够在复杂意义协商过程中进一步深度加工语言，并掌握探究求真的学科研究方法与路径。在这一过程中，教师需要关注学习者的心流体验和认知负荷，及时提供帮助学习者理解和管理学习过程的元认知支持、保持思维清晰和有效组织的过程支持、选择和应用适当的学习策略以优化学习成效的策略支持等。在"巩固与内化"环节，学习者将独立完成开放式的主题发表或分组进行角色扮演。通过对自己在跨学科学习过程中所产出的作品进行总结和反思，以及对同伴的作品进行点评和讨论，学习者应将所学知识内化为自己的思维方式和行为习惯。

在进行教学评价时，相关人员也应注意三点。首先，要从学习者的视角出发，强调学习过程中的成长和发展，重视同伴间的学习收获。这种能力增值的评价方法在促进学习者自我反思和学习策略调整的同时，也方便教师能够更全面地了解每名学习者的学习进展和需求，有针对性地提供反馈和支持。其次，注重学习者对学科知识的实际运用，特别是关注这些知识如何在新情境中被迁移和应用。教师要关注学习者在跨学科学习过程中心理机能的变化，强调问题意识和反思剖析意识的培养。最后，引入录像自评，让学习者观察自身表现，深入了解自己的学习过程和表达方式。相关方应引入外专业同行评价，为学习者提供不同领域的专业视角和反馈，促使他们开阔思维，接受多元观点，实现教学评价流程的再造。

（二）CLIL 跨学科教学流程设计与案例分析

CLIL 课堂的具体教学操作，即"知识导入""拓展与延伸""主题探究""深度学习""巩固与内化"5 个环节循序渐进、层层深入，形成一整套完备的语言输入与输出、知识迁移与知识创造并举的教学闭环体系（见表1）。

表 1　　　　　　　　CLIL 跨学科教学流程设计

操作环节与活动设计	目标设定	学法指导与辅助材料
★知识导入（赏析纪录片）	理解日本经济的基本指标和特征、发展历程和重要事件	生词表、概念地图、思维导图
★拓展与延伸（师生问答互动）	运用经济学模型和理论解释日本经济的现象和问题，识别关键因素和变量	经济学领域专业词汇列表
★主题探究（分组讨论与发言）	灵活运用经济学、历史学、政治学、社会学、文化学、环境科学和地理学等知识和方法，分析和探讨跨学科问题： 1. 将经济政策与历史背景相结合，分析历史事件和社会背景对日本经济的影响和演变； 2. 分析政治和社会因素对日本经济的决策和发展的影响； 3. 探讨消费文化的兴起、商业模式的变化等，分析经济对文化价值观和生活方式的塑造； 4. 探讨工业化和城市化对日本环境的负面影响，思考可持续发展的挑战与机遇； 5. 研究日本经济发展在地理上的分布和影响，探讨如何促进地区经济的均衡发展	1. 提示跨学科研究方法，如考据法、计量史学、比较史学、档案调查等历史研究方法，调查和访谈等政治学和社会学研究方法，文本分析、背景分析、跨文化比较等文化学研究方法，数据分析、人类行为分析等环境科学研究方法，模拟法、地理信息系统等地理学研究方法等
★深度学习（重组讨论与发言）	运用经济学和跨学科的知识 1. 批判性思考和评估不同经济观念和理论的优缺点，形成自己的独立思考和判断能力； 2. 分析日本经济面临的问题和挑战，尝试提出创新的观点和解决方案	2. 自主查阅并整理相关文献资料，积极参与课堂讨论和小组活动

续表

操作环节与活动设计	目标设定	学法指导与辅助材料
★巩固与内化（开放式主题发言、角色扮演）	1. 理解和感知经济对个人和社会的重要性和影响，以及与自身生活和未来发展的关联 2. 培养社会责任感、公民意识和全球视野	接受来自同伴和教师的反馈，改进自身的理解和表达

以"国民生活和社会保障"章节中的"国民储蓄"为例，通过引入经济学的概念和实践案例，整合经济学与心理学的学科知识，探讨储蓄目标与合理储蓄方法之间的关系（见表2）。

表2　　　　　　　　"国民储蓄"的跨学科教学案例

教学流程	活动设计	学法指导
经验调取	提出驱动性问题： 日本金融广报中央委员会在1985年和2020年分别进行的调查显示，国民储蓄的动机发生了变化。1985年，人们最主要的储蓄目标是应对疾病和意外灾害，而2020年，最主要的储蓄目标则变成了为退休做准备。 1. 导致上述变化的原因是什么？ 2. 如何进行理性的养老储蓄	结合日本社会背景知识与经济学学科知识展开问题探究
知识链接	小组讨论后答案解析： 1. 人口结构的转变，即少子老龄化； 2. 标准经济学中的明智储蓄方法——"恒久收入假说"。 深度提问：该储蓄方法是否存在陷阱——在人们有结余时是真的能够用于储蓄？ 思考以下事例，你更倾向于何种选择： 1. 一年后得到1万日元？还是一年零一周后得到1.1万日元？ 2. 现在得到1万日元？还是一周后得到1.1万日元	结合心理学学科知识，思考人们在当前和未来选择上存在的行为特性： 1. 拖延行为 2. 现状偏见
概念理解	结合你的亲身经历，思考以下事例： 1. 寒暑假作业通常是何时完成？ 2. 期末复习往往是如何进行的？ 结论：人类往往知晓理性决策，但拖延行为和现状偏见却阻碍了行动，这正是人类行为的普遍特点	解构与重塑概念
意义建构	提出探究性问题： 日本金融审议会市场工作组在2019年的《高龄社会资产形成与管理》报告中指出，退休储蓄缺口为人均1300万—2000万日元。 思考：如何制定合理的规则来应对这一挑战	构建学习共同体
反思迁移	经济学原理在现实生活中的应用启示	关注心流体验、高阶思维技能的发展

当前主流经济学理论基于"提供正确信息就能实现理性决策"的假设，通常侧重于传授理性决策方法的知识。然而在现实生活中，个体决策因受到认知偏差、情绪因素和环境影响，往往与理性决策之间存在鸿沟。因此，教师应该有意识地引导学习者弥合理性决策与现实决策之间的差距。在本节案例课堂中，笔者尝试将经济学与心理学的跨学科知识纳入教学内容，帮助学习者更好地理解现实决策的复杂性，从而培养学习者在实际生活中具备更明智的决策能力。案例课堂的教学流程共分为"经验调取""知识链接""概念理解""意义建构""反思迁移"五个阶段。

"经验调取"阶段是跨学科学习过程中至关重要的环节，它直接关系到学习者能否真正投入探究过程中。这个阶段的目标是激发学习者的探究欲望和学习动机，让他们主动地参与学习。其关键在于精心设计的驱动性问题。问题的情境不仅仅是简单的知识点，更需要与真实世界紧密相连。使学习者感受到学习的意义和价值，为后续的跨学科学习打下坚实的基础。案例课堂通过导入日本金融广报中央委员会关于国民储蓄动机变化的实际数据，使学习者意识到深入探讨如何进行理性的养老储蓄的必要性。

"知识链接"阶段是跨学科学习的核心过程，要求学习者能够将不同学科的知识有机地结合起来，以更全面的方式来理解和解决问题。结合现实世界中的复杂议题导向将更有利于知识的整合和交叉应用。本阶段提出的消费函数理论"恒久收入假说"是一种行为假设，其核心思想是预测终身收入模式，并试图平均分配每月的消费支出。这一理论假设了人们不喜欢生活水平的波动，不愿意今天过着富裕的生活，明天却要过着贫困的生活。因此，根据收入的变化，人们会在收入超出预期时储蓄，收入不足时则动用储蓄，以此来明智地储备退休金。然而，现实情况并非总是如此。许多人虽然知道为远期的退休生活储蓄是很重要的，然而，当收入增加，本该有结余储蓄的时候，由于享受生活，增加了消费，将储蓄推迟。人们不断重复这一行为，最终导致无法为退休储备足够资金。这种行为可以运用心理学的"拖延行为"和"现状偏见"来解释。这一特性指的是，人们在考虑远期事物时会作出更有耐心的选择，而在考虑眼前事物时则更为急躁。所以，对于事例1和事例2的回答也会有所不同。

"概念理解"阶段在跨学科学习中至关重要。当学习者无法依靠自身的先验知识和概念去适应当前的问题情境时，教师需要提供来源于学习者生活经验的支架支持，引导学习者通过反思和解构厘清概念之间的联系和差异，重构概念框架，以确保学习者能够真正理解并应用新的概念，并使之更适应新的问题情境。因此，在引导学习者深入理解"拖延行为"和"现状偏见"的心理学概念时，通过结合学习者的寒暑假作业完成情况和期末复习的学习时间安排等亲身经历，可以有效帮助学习者意识到虽然将任务分解每天坚持做作业或有序复习是明智的选择，但最终大多数人还是无法实现，依然会选择在时间期限的最后阶段才开始着手完成。

"意义建构"阶段要求教师设计探究性课题，以促进学习者组建学习共同体展开深入思考和协作，应用跨学科知识解决现实中的复杂问题。案例课堂提出日本退休储蓄存在严重缺口，要求学习者以小组讨论和角色扮演的方式来寻求应对策略。对此，学习者展开深入讨论，认为按照"恒久收入假说"，制订持续储蓄计划是确保退休时拥有充足资金的方法，但"现状偏见"可能导致"拖延行为"。为此，预期未来的自己会受到"诱惑"，通过设定规则来应对这种情况会是更明智的选择。最终学习者提供了两种应对措施。一是承诺机制，让现在的自己做出未来难以更改的选择，比如设立定期储蓄等。二是使用"执行意图"来代替"目标意图"。通过制订较为细致具体的行动计划，而不是用模糊的目标来对抗拖延行为。

"反思迁移"阶段是实现学习目标和提升学习效能的升华环节。在这个阶段，学习者不再局限于对案例的被动理解，而是将所学知识和技能运用到实际情境中，进行深度思考和实践探索，将所学知识内化成自己的认知和技能。通过解决实际问题，学习者可以锻炼分析问题、解决问题和创新思维的能力，培养独立思考和自主学习的意识。通过日本国民储蓄的案例分析，学习者普遍认识到经济教育并非仅仅是传授经济知识，而是更深层次地引导和提升。尽管每个人都存在于社会经济活动中，但实践经验并不能保证每个人都能学会合理决策，而且即便学习了经济知识也不能保证作出理性决策，因为人类行为会受到个体心理的偏差影响，即使掌握信息也可能产生非理性判断。因此，为了更有效地作出决策，除掌握经济学知识外，还需要结合心理学等学科知识，了解自身行为偏差，灵活调整行为策略至关重要。同时，在这个阶段，学习者要对自身跨学科学习体验的全过程进行总结和反思，并对同伴的表现给予评价，互相启发、共同成长，形成更加深刻的学习体验，培养批判性思维、合作精神和自我反思能力。同时，教师还需分析学习者的学习轨迹，从而及时调整教学策略，为学习者提供更加个性化的学习支持。

三　成效分析与讨论

实验结束后，围绕 CLIL 跨学科教学模式的效果评价，通过测试、问卷和访谈，对实验班一个学期跨学科学习的效果从学习者的日语听说成绩、跨学科研究能力等方面进行客观分析，给予合理的评价。

（一）CLIL 对外语语言能力发展的促学特征和学习结果

围绕 CLIL 教学模式对语言能力发展所产生的促学特征和学习结果，借鉴 OPI（Oral Proficiency Interview），即外语面谈口语能力测试的测试流程与评估标准，全面考查实验班与对照班学习者在实验前后的日语听说水平。将实验班与对照班学习者在实验前后的听说成绩进行独立样本 T 检验，结果如表 3 所示。

表 3　实验班与对照班学习者前测与后测听说成绩对比表

		N	听说成绩均值	标准差	t	Sig（2-tailed）
实验班	前测成绩	28	78.21	7.62	-2.641	0.011
	后测成绩	28	83.57	7.55		
对照班	前测成绩	30	78.73	7.86	-1.612	0.112
	后测成绩	30	81.87	7.18		

数据分析中，我们发现两个班在实验前听说能力水平相当，没有显著差异。经过一个学期的学习，两组学习者的听说成绩均有所提高。通过运用社会科学统计软件 SPSS 23.0 对实验前后两次测试成绩差值进行描述性统计和独立样本 T 检验发现，实验班学习者两次听说成绩存在显著差异（Sig<0.05），而对照班学习者两次听说成绩不存在显著差异。相比可知，CLIL 教学模式能有效提高学习者的听力理解与口语交际水平。

（二）CLIL 对跨学科研究能力发展的促学特征和学习结果

为了考察 CLIL 教学模式如何促进学习者跨学科研究能力的发展与内化，本文以陶伟[①]的外语教师跨学科研究能力层级理论模型为基础，修订成

[①] 陶伟：《外语教师跨学科研究能力概念内涵及研究进展评析》，《山东外语教学》2022 年第 2 期。

适合外语学习者的跨学科研究能力层级理论模型（见图1），对其概念内涵进行界定（见表4），并据此修订成一套适用于日语学习者的跨学科研究能力自评调查问卷，采用 Likert 五级量表制的计分方式，通过14个项目分别考查学习者的跨学科学习能力（8项）和跨学科合作能力（6项）。

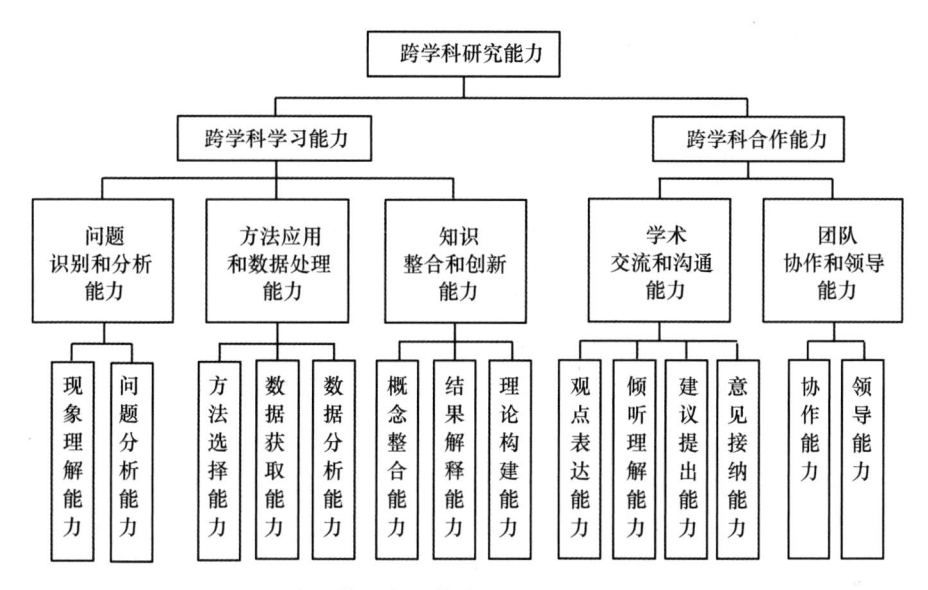

图1　外语学习者跨学科研究能力层级理论模型

表4　外语学习者跨学科研究能力的概念内涵

维度	能力 类别	能力 次类别	描述性定义
跨学科学习能力	问题识别和分析能力	现象理解能力	能够准确理解和描述跨学科现象，识别其重要特征
		问题分析能力	能够从多个学科角度分析跨学科现象，发现其中的内在联系和潜在问题
	方法应用和数据处理能力	方法选择能力	能够根据跨学科问题选择合适的研究方法和工具
		数据获取能力	能够从各种来源收集到跨学科领域所需的各种数据
		数据分析能力	能够对收集到的跨学科数据进行整理、加工和分析，提取有价值的信息，并得出有意义的结论
	知识整合和创新能力	概念整合能力	能够在不同学科之间整合相关概念，厘清学科关联
		结果解释能力	能够清晰、简洁地解释跨学科研究的结果，以确保他人能够理解研究的发现和结论
		理论构建能力	能够基于跨学科研究结果，构建新的理论框架或完善现有理论

续表

维度	能力		描述性定义
	类别	次类别	
跨学科合作能力	学术交流和沟通能力	观点表达能力	能够清晰、有力地表达跨学科观点以支撑个人观点
		倾听理解能力	能够倾听并理解他人的跨学科观点,包容不同意见
		建议提出能力	能够根据实际情况,提出切实可行的建设性建议
		意见接纳能力	能够虚心听取他人的意见,并客观地评估其合理性
	团队协作和领导能力	协作能力	能够与团队成员合作,共同完成跨学科研究任务
		领导能力	能够在团队中发挥领导作用,引导团队成员协同工作,促进团队目标的实现

该问卷以实验班学习者为研究对象,在教学实验开始前与结束后分别进行。对调查结果实施了 Alpha 可靠性统计以及 KMO 取样适切性检验,所得数值分别为 0.894 和 0.839,从而有效保证了测量工具具有良好的信度与效度。数据显示,经过一个学期的 CLIL 跨学科教学,实验班学习者的跨学科学习能力和跨学科合作能力均值都有了显著提高。通过 t 检验发现,5 项跨学科研究能力在培训前后都具有统计学意义的显著性差异($Sig<0.05$),证明了 CLIL 教学模式能有效促进学习者跨学科研究能力的发展,具体结果如表 5 所示。

表 5　　教学实验前后实验班学习者的跨学科研究能力比较

能力类别	N	能力均值（前/后）	提高幅度	标准差（前/后）	t	Sig（2-tailed）
问题识别和分析能力	28	1.89/3.05	1.16	0.48/0.55	−8.425	0.000
方法应用和数据处理能力	28	2.29/3.00	0.71	0.39/0.43	−6.529	0.000
知识整合和创新能力	28	2.08/2.98	0.90	0.42/0.47	−7.474	0.000
学术交流和沟通能力	28	2.25/2.89	0.64	0.42/0.35	−6.181	0.000
团队协作和领导能力	28	2.21/2.55	0.34	0.58/0.39	−2.550	0.014

结论与启示

综上所述,将语言学习和跨学科素养提升有机融合,从而实现二者协同发展的 CLIL 教学模式,有效消除了传统外语教学中语言学习与认知发展之间的割裂现象，同时也解决了专业领域词汇缺失的问题，实现了"用语言学习知识"和"用知识学习语言"的双重聚焦。课程内容注重拓展新兴议题，并深入研究交叉界面问题。通过探索多种理论范式和跨学科领域中的问题，成功地打破了单一学科视角和单一模态理论范式的束缚，拓展了学术研究的多样性视野和理论解释，促进了方法论上的突破与变革，实现了学科发展的创新，为解决现行外语教学模式与现实需要脱节问题提供了思路，为推动"新文科"外语教学改革突破提供了参考，服务于国家发展战略和经济社会发展对新时期人才培养的急迫需要和长远需求。

Empirical Research on Interdisciplinary Teaching of Foreign Languages in Private Colleges from the Perspective of New Liberal Arts: Taking the Course of "Introduction to Japanese Economy" as an Example

He Huan

Abstract: Construction of the New Liberal Arts requires breaking down disciplinary barriers, promoting interdisciplinary integration, and cultivating the interdisciplinary knowledge reorganization and innovation capabilities of foreign language talents in the new era. Taking the course of "Introduction to Japanese Economy" as an example, this paper focuses on reasonable planning and design around teaching objectives, content, organization, and evaluation, constructing a problem-driven content and language integrated CLIL interdisciplinary teaching model. Through empirical research on case-based classrooms, the paper explores the characteristics and learning outcomes that promote learners' foreign language and interdisciplinary research abilities. The research results indicate that the CLIL interdisciplinary teaching model effectively promotes the coordinated development of learners' foreign language and interdisciplinary research abilities. Specifically, learners' listening comprehension and oral communication skills significantly improve, with high self-assessment satisfaction in language learning outcomes; learners' interdisciplinary research abilities are effectively enhanced. There are statistically significant differences in the interdisciplinary learning and collaboration abilities of learners in the experimental class before and after the teaching experiment. Learners not only gain a deeper understanding of interdisciplinary knowledge areas but also demonstrate more efficient performance in interdisciplinary teamwork.

Keywords: New Liberal Arts; Private Universities; CLIL; Foreign Language; Interdisciplinary

中国文化遗产与传播

北大秦简校读札记（十则）*

方　勇　温佳润**

摘　要：文中对新出版的北京大学收藏秦简牍中的文字释读问题进行了重新研究，认为北大秦简《祠祝之道》简一正面中的阙释字形应被隶定为"孆"，为女性人名用字；《公子从军》简三中"累"字下一字整理者没有释出，其应为"藥"，为"药"字异体；《隐语三》简八中"民"应被隶定为"氏"字，读为"是"；《隐语三》简九中第一字虽然残泐，应是"及"字，可读为"歰"，即"涩"字，指枯涩不顺义；《算书乙种》简二七二背中"积"字上一字应被隶定为"荆"字，指荆木；《道里书》简一四一背中的"㵎"字应被隶定为"澗"形；《病方》简二四〇中的"蓮"，读为"湮"或者"郁"，可能即后世常见的"郁证"。

关键词：北大秦简；祠祝之道；酒令；公子从军；隐书

北京大学收藏的秦简牍是一批非常重要的简牍材料，其内容涉及了秦代乃至先秦时期社会生活的诸多方面。今不揣浅陋，对其中的释文问题提出几则校读意见，供学术界批评指正！

---

* 基金项目：本文系国家社科基金项目"出土秦简牍疑难字词整理与研究"（23BYY006）的阶段性成果。

** 作者简介：方勇（1977—　），男，吉林省长春市人，历史文献学博士，吉林外国语大学国际传媒学院院长，教授，研究方向为古文字、古文献研究；温佳润（1993—　），吉林省长春市人，吉林外国语大学国际传媒学院学科教学（语文）专业研究生。

一

北大秦简《祠祝之道》简一正一曰：

睪（皋）！□……周王有女，名为□，□死不姑（辜），而危（化）为婴女。婴女多食勉绩。吾闻以妻马清酒……

其中阙释的字形作▨形，其右下角有重文符号。整理者注释认为此字左侧不明，右侧为"鸞"形。① 我们同意整理者认为字形右侧为"鸞"形的意见，在岳麓秦简《占梦书》中有"鸞"作▨形可证。② 如果细审此字左侧的字形，其应为女旁，同篇的"女"字作▨形，便可证明。我们将其摹作▨形，将其隶定为"孋"字，其从女旁，应该和其为女性人名用字有关，当然从鸞得声，可能还是和蚕有关。《集韵·覃韵》有"嬻"字，其为女子人名用字，估计二者应该有一定渊源关系。

此外，我们顺便提及关沮秦简医方简三七七简至三七八简文，其曰③：

并命和之。即取守室二七，置楣中，而食以丹，各尽其复（腹），坚塞，勿令迣，置□后數（数）宿，期之干，即出，冶，和合乐□□歙（饮）食，即女子□□。

按：简文中"迣"字从王明明的隶定④，但是将其理解为"不要超越服药之量"，明显是没有理解简文含义。其中"置"字下面的字形作▨形，整理者及《秦简牍合集》编著者均无隶定和解释。很明显其形左侧为"食"旁，右侧字形应该是和上面提到的"鸞"形接近，或是其省形，或是其讹变字形，我们暂将其隶定为"饟"形。我们曾怀疑它是和房子有关的某构

---

① 北京大学出土文献与古代文明研究所编：《北京大学藏秦简牍（贰）》，上海古籍出版社2023年版，释文注释第303、304页，红外图版第294页。
② 方勇编著：《秦简牍文字编》，海峡出版集团、福建人民出版社2012年版，第77页。
③ 武汉大学简帛研究中心、荆州博物馆编；陈伟主编：《秦简牍合集》（叁），武汉大学出版社2014年版，放大图版第287页，释文第77页。
④ 王明明：《〈秦简牍文字编〉校勘记》，《学行堂文史集刊》2013年第2期。

造物名或者是房内的某器物名，且是在阴凉或干燥之处，但具体所指需待考。现在看来此字应是从"鼏"得声之字，颇疑其读为"寝"，二者上古音均为齿音侵部，相通没有障碍。《尔雅·释宫》："无东西厢有室曰寝。"所以，"寝"可指寝室、卧室之义。简文是指将装有食丹守宫的药物器皿放置在寝室后面，等过了数宿便阴干。当然，将药物放在睡觉的寝室内，也是为了取用的方便。

二

北大秦简《酒令》竹牍正有如下内容①：

东菜（采）泾桑，可以食（飤）蠶。爰般适然，般独安湛，会般巴叔歓（飲）子湛。宁见子□，□见子□。黄黄鸟虖（乎），薛（萃）吾兰林。

其中，"宁见子□"一句中阙释的字形为 ，很明显此字应为"死"字，和秦简牍文字中的"死"字 、 、 、 等形进行比较②，即可发现端倪。整理者认为"般"为人名，应是。"安"，整理者读为宴。"湛"，整理者认为指子湛，虚拟的人名，又可读为"耽"，指沉湎。我们认为"湛"读为"耽"可从，或者读为"酖"。《说文》："酖，乐酒也。从酉，冘声。"即嗜酒。"般独安湛"也可能指般却偏偏安于嗜酒。

"会般巴叔歓（飲）子湛"一句颇让人费解。如果按照整理者意见，"子湛"为人名，似乎巴叔也应该是人名，即一起饮酒者有三人。文中的"会"字，整理者认为似会似食。如是按照整理者意见隶定为"会"字，可指适逢、正当，文中可能是说"正当般、巴叔请子湛喝酒"之意。

此外，我们猜测"会"字可能是"食"字之误，读为"飤"。颇疑文中的"巴叔"即巴菽，指巴豆。"食（飤）般巴叔（菽）歓（飲）子湛"可能是指给般吃巴豆的同时给子湛酒喝（或者考虑此文中的"子"还是指般这个人）。《本草纲目·巴豆》："元素曰：'世以巴豆热药治酒病膈气，

---

① 北京大学出土文献与古代文明研究所编：《北京大学藏秦简牍（壹）》，上海古籍出版社2023年版，释文注释第147页，红外图版第138页。下文引《教女》简皆出此书，不另注。
② 方勇编著：《秦简牍文字编》，海峡出版集团、福建人民出版社2012年版，第114页。

以其辛热能开肠胃郁结也。但郁结虽开，而亡血液，损其真阴。'"① 由此可见，"巴豆"具有治疗酒病的功效。不知道文中是否就是指此用意。后文"宁见子死"中的"宁"，整理者认为指反诘语，义同岂。此说可从，表示怎么（能）。"□见子□"一句，整理者认为第一个字是"不"，最后的可能是"湛"。其中第一个字为"不"字，可从，后一字因牍文残泐严重，不能解释，我们怀疑为"怒"字，即"不见子怒"。

综上，此段牍文还需要进一步研究。

三

北大秦简《公子从军》简三、简四有如下内容②：

安得良马从公子，委累□（简三）□。何伤公子北（背）妾，□交□枝簪，长者折之，短【者】……□之襦，从叔死之……（简四）

其中，"累"字下一字作▇形，整理者没有隶定。仔细观察此字，即可发现其应该被隶定为"藥"，即此字上部为草字头，下部为"乐"字繁文，"乐"下部为林形，我们认为整个字应为"药"字异体。其中的"委累"，整理者认为即"委随"。这个词应该是一个连绵词。其实，"委随"可指不能屈伸之意，也可以指顺从或者柔弱、迂远（不切实际）之意。③ 颇疑此处应是形容女子身心疲惫的词汇。因简文"药"字下一字完全残泐，不得而知"药"字具体所指。故此句还需要进一步研究。

"妾"字下一字作▇形，整理者没有隶定。此字左侧所从偏旁似是走字形。

"从叔死之"一句，其中的"叔"，整理者读为淑，指善。我们认为这句中的"叔"可能是指公子的弟弟（而不是和"从"字组成表示堂房叔父

---

① 李时珍编纂，刘衡如、刘山永校注：《本草纲目》（第四版），华夏出版社2011年版，第1138页。

② 北京大学出土文献与古代文明研究所编：《北京大学藏秦简牍（壹）》，上海古籍出版社2023年版，释文注释第90页，红外图版第78页。下引此书不另注。

③ 何九盈、王宁、董琨主编，商务印书馆编辑部编：《辞源》，商务印书馆2015年版，第1017页。

的"从叔"),"死"字的隶定是错误的,此字应是"列"字,只不过形状写得像是"死"字,睡虎地秦简中有"列"字作 形,和此处的所谓"死"字形同①,此字应为"列"字,读为"裂","从叔列之",即"纵叔裂之",此句应是承接上文的"襦"而言。"裂襦"应是关系破裂的象征。

四

北大秦简《公子从军》第七简:

牵有(又)赍公子绁小帎一,公子有弗冃□有□

其中的"冃"下一字,整理者释为"甹(害)",其形作 形,读为"絜",系义。我们认为整理者的隶定是正确的,但是通假有些迂曲。联系上下文语言环境,颇疑此处不是指是否穿戴女子为公子所做小帎的问题,而是指是否损坏衣物的含义,所以后文说"牵非爱此也,直欲出牵之所者(著),以傅公子身也"。言外之意,女子并不爱惜这些东西,只因这是自己亲手所做,是对公子的一片真情。故此,我们疑"甹(害)"读为"割",表示割断之意。似乎"割帎"与上文的"裂襦"寓意一致。

五

《公子从军》第十二简曰:

勿言邦孰智(知)之。堂下有杞,冬产能。先为不仁,从公子所强,以公子之故,不媚……

其中,"能能"一语,整理者指出"能能"读为"能耐";一说读为"蘉蘉",茂盛之意;同时整理者也否定了读为"熊熊"的说法。我们认为表示茂盛之义似可从。这句应是表明女子坚贞不屈的精神。

---

① 方勇编著:《秦简牍文字编》,海峡出版集团、福建人民出版社2012年版,第123页。

其中，"强"作⬚形，很明显此字应是"始"字。此句是说即使是公子你先不仁的，但因公子的原因如何如何。"媚"字字形右下侧多出一女字旁，应是字形繁化的结果。

六

北大秦简《隐语三》简七、简八、简九正有如下内容①：

有人居此，敦（纯）如黄色。夫为廷史，妻辄执贼。
·泽（释）之隐者，吾有智（知）之矣。民为人殴产□攀，唯（虽）禹莫如。以吾说之，给（殆）模拟（笔）疏（梳）。

这是关于梳篦的隐语，其中所谓的"民"字作⬚形，虽然字形稍有残泐，但是最中间一长捺笔画没有贯穿上部，故此字不应是"民"字，且"民为人殴"，辞例也较为奇怪。秦简牍常见的"氏"字作⬚、⬚、⬚诸形②，比较可见此字应是"氏"字，在这里应读为"是"，为代词用法。

"产"字下一字作⬚，此字上部因竹简破损导致笔画残泐，整理者认为此字仅存右半，似"支"似"殳"。我们认为整理者意见恐不成立。诸如北大秦简《隐语》中的"殴"作⬚形，所从"殳"形明显与⬚形不同。此外《隐语》中的"敦"作⬚形，所从支形也与⬚形不同，而北大秦简《公子从军》中的"及"作⬚形，明显⬚形与此"及"形相同。此形左侧可能没有其他偏旁，即使有偏旁，可能占有的书写空间也很小，尤其是从此简背面的开头字形⬚来看，其字形较为完整，说明这支简上部残泐的部分不是很大，故⬚形应该就是残缺了上部的一撇，综合考虑此字可能就是单个"及"字形。

我们怀疑此"及"字读为"靸"。《说文解字》："靸，行皃。从彳靸声。一曰此与駴同。"又"駴"，《说文解字》："马行相及也。从马从及。读若《尔雅》'小山駴，大山峘'。"段注曰："从马及，及亦声。"故"及"可读为"靸"，没有任何障碍。《说文解字》："靸，不滑也。"王筠《系传

---

① 北京大学出土文献与古代文明研究所编：《北京大学藏秦简牍（壹）》，上海古籍出版社 2023 年版，释文注释第 129 页，红外图版第 121、122 页。
② 方勇编著：《秦简牍文字编》，海峡出版集团、福建人民出版社 2012 年版，第 354 页。

校录》:"𣥑者两人之足也,故倒上两足以见意。四足相连,岂能行哉?故𣥑即澀也。"① 又《说文解字》:"澀,不滑也。"段注:"(澀)不滑也。《止部》曰:'𣥑,不滑也。'然则二字双声同义。《七发》:'邪气袭逆,中若结轖。'此假轖为澀也。"在"轖"字下段注又曰:"轖之言嗇也,引申之为结塞之偁。故枚乘《七发》曰:'邪气袭逆,中若结轖也。'"其实,"澀、𣥑、涩"即我们所熟知的"涩"字。由上引段注的论述可见,"澀(涩)"可引申为结塞之意(简文这里是暗指人头发干涩、不顺滑)。《礼记·玉藻》:"发晞用象栉。"孔颖达疏:"晞,干燥也。沐已,燥则发涩,故用象牙滑栉以通之也。"《普济方》曾收录"治髭发干涩、令润泽洗发方"。由此可见,头发不顺滑是古今共有的现象。

简文中"𦈈",整理者认为上从樊,下从糸,为"翻"字异体。我们认为整理者字形分析正确。但是此字可能不需再读为"翻",《说文解字》:"翻,冤【寃】也。"朱骏声《说文通训定声》:"翻冤,迭韵连语,杂乱之意。"徐灝《段注笺》:"翻冤者,纷纭之转语。"② 故"翻"与"冤"字联合使用才能表示杂乱之意。此处如果单用,显得十分可疑(即使是可以单用,也和此处我们解释的含义接近)。我们认为"𦈈"读为"樊"即可,或者读为"繁"。③《庄子·齐物论》:"樊然淆乱。"其指纷杂之意。刘勰《文心雕龙·镕裁》:"游心窜句,极繁之体。"即指繁杂之义(此处明显是在暗指头发杂乱无章的状况)。

简文中的"产"字,整理者没有解释。我们认为此处读为"刬"(或者考虑读为"铲""刊"等词语),二者上古音均为齿音元部,字音关系十分密切,"刬"表示消除义。《汉书·叙传下》:"革刬五等",肖该音义引韦昭曰:"刬,削也。"《广雅·释诂三》:"刬,削也。"其又可以引申为消除之意。《孙子兵法·九地篇》:"践墨随敌。"陈皞注:"践墨一作划墨。贾林曰:'划,除也。'"

综上,简文将梳篦拟人化处理,认为这个"人"最大功用就是可以消除结塞、不顺滑和杂乱的状况,即使是大禹也比不过他。众所周知,大禹治水就是通过疏导的方法来进行的,这就和梳篦理顺人的头发是一样的原理,文中甚至认为梳篦比大禹的作用还要大。

---

① 汤可敬撰:《说文解字今释》(增订本),上海古籍出版社2018年版,第212页。
② 汤可敬撰:《说文解字今释》(增订本),上海古籍出版社2018年版,第1891页。
③ 高亨纂著,董治安整理:《古字通假会典》,齐鲁书社1989年版,第217页。

因此处简文较难理解，希望我们以上的尝试能为正确理解简文含义提供一些帮助！

七

北大秦简《祠祝之道》简五、简六曰①：

前入蠡，毋令鼠居内中：以脯一朐、酒半桮（杯）、黍粟七分升一，即西北陬，祝曰："啻（帝）女将下作，三（第五简）旬而去。若肥（徘）回（徊）房（彷）皇（徨）于埜（野）汤（场），无与相妨。吾成多，齐（赍）子类（糦）粮。"即取黍粟，腏（餟）室中穴。（第六简）

其中，被释为"脯"的两字形分别作 ▨、▨ 形。整理者释为"脯"，从辞例上讲，应该说是可从的，但是字形隶定上还要严格进行规范。如秦简中的"脯"常作▨形②，"捕"字作▨、▨、▨诸形③，"辅"字作▨、▨诸形④。明显可见，这些字形所从"甫"字上部"父"形与北大秦简的字形右侧上部不同。北大秦简所从应是秦简中常见的"朱"形，如岳麓秦简中的"肺"字作▨形⑤，即从"朱"形，可证。此外，里耶秦简中"脯"字作▨形，辞例为"出卖祠䐗余彻脯一朐"⑥。《吕氏春秋·报更》曰："赵宣孟将上之绛，见骫桑之下有饿人卧不能起者……宣孟与脯一朐。"可见，此传世文献辞例和出土文献辞例能够完全对应，说明北大秦简及里耶秦简的"脯"字之释是正确的。此外，在马王堆帛书及签牌、遣策中"脯"字也作如下诸形⑦：

---

① 北京大学出土文献与古代文明研究所编：《北京大学藏秦简牍（贰）》，上海古籍出版社2023年版，释文注释第304页，红外图版第296页。
② 方勇编著：《秦简牍文字编》，海峡出版集团、福建人民出版社2012年版，第118页。
③ 方勇编著：《秦简牍文字编》，海峡出版集团、福建人民出版社2012年版，第345页。
④ 方勇编著：《秦简牍文字编》，海峡出版集团、福建人民出版社2012年版，第400页。
⑤ 方勇编著：《秦简牍文字编》，海峡出版集团、福建人民出版社2012年版，第116页。
⑥ 蒋伟男编著：《里耶秦简文字编》，学苑出版社2018年版，第180页。
⑦ 刘钊主编，郑健飞、李霜洁、程少轩协编：《马王堆汉墓简帛文字全编》，中华书局2020年版，第462页。

A. 〔字形〕、〔字形〕、〔字形〕、〔字形〕

B. 〔字形〕、〔字形〕、〔字形〕、

C. 〔字形〕

通过观察发现，以上A类是最正宗写法，完全从"甫"形；B类已经完全从"宋"形；C类是讹变杂糅体。

在其他汉简牍材料中，"脯"字常作〔字形〕、〔字形〕、〔字形〕、〔字形〕诸形①，这些字形基本上均从"甫"形而固化，并被今文字所承袭。

由此可见，在秦汉简牍帛书中确实是有一支杂糅了"宋"与"甫"字形特征（甚至是以"宋"形表现为主）的"脯"字大军。因此，上举北大秦简的两个字形及里耶秦简的字形可以先隶定为"胏"字，然后再说明为"脯"字讹字，即"胏〈脯〉"形式。其实，这种讹字情况是一种比较常见的文字发展现象，主要原因还是因为这二者形体太接近，加之笔画减省从而造成讹混。弄清楚这二者讹混的情况，对释读秦简牍文字是十分必要的。

此外，北大秦简《祠祝之道》第三、第四简有如下内容：

龙乙酉，（第三简）用，生者皆有疢。……（第四简）

此种"龙"字用法还见于睡虎地秦简《日书》乙种第三二简贰，其曰："己酉，吉。龙，壬辰、申。"睡虎地《日书》甲种第八〇、八一简正贰曰："人良日，乙丑、乙酉、乙巳、己丑、己酉、己巳、辛丑、辛酉、辛巳、癸丑、癸酉、癸巳。其祭，丁巳、丁未、戊戌、戊辰戊子，不利出入人。男子龙庚寅，女子龙丁。"放马滩秦简《日书》甲种简七三壹曰："田龙田，秉，不得。"②

按：睡虎地秦简中的"龙"字，整理者认为表禁忌义。刘乐贤先生当初的意见同于整理者意见。③ 后来刘先生认为其是"龖"字省形，通"詟"，表忌义。④ 我们认为刘先生的尝试是有意义的，但从这几批出土秦简

---

① 佐野光一编：《木简字典》，日本雄山阁出版株式会社1985年版，第599页。
② 武汉大学简帛研究中心、荆州博物馆编，陈伟主编：《秦简牍合集（壹）》，武汉大学出版社2014年版，第396、523页；武汉大学简帛研究中心、荆州博物馆编，陈伟主编：《秦简牍合集（肆）》，武汉大学出版社2014年版，第33、34页。
③ 刘乐贤：《睡虎地秦简日书研究》，中国台北：文津出版社1994年版，第124页。
④ 刘乐贤：《睡虎地秦简〈日书〉"龙"字试释》，见《揖芬集—张政烺先生九十华诞纪念文集》，社会科学文献出版社2002年版，第355—362页；刘乐贤：《简帛术数文献探论》，湖北教育出版社2003年版，第98页。

牍材料来看，均不见"龘"或"䶮"字形，这不免让人产生疑虑。有可能"龙"字自身本来就有表禁忌的词义，即睡虎地秦简整理者的意见可从，无须破读。放马滩秦简《日书》甲种简七三壹的"龙"，《秦简牍合集》引吴小强先生意见认为指禁忌义，应是。综上，此处北大秦简的"龙"也应表禁忌义。

八

北大秦简《算书乙种》简二七二背曰①：

□积六尺一石。

这条简文是对粮食或农作物进行的体积、重量的一个换算说明。其中阙释的字作🀆形，整理者没有释出。按：此字当是"荆"字。如里耶秦简中的"荆"作🀆、🀆诸形②，通过比较可见，此字形左侧字形与里耶秦简的"荆"字一致，即上部应为艹形，但仅存左侧中形，右侧也仅存一小笔画，且整个字形右下部的刅（或刀）形完全残缺。

《说文解字》曰："荆，楚木也。"《广韵·庚韵》："荆，荆楚。亦木名，可染。"《史记·廉颇蔺相如列传》"肉袒负荆"，司马贞索隐："荆，楚也，可以为鞭。"据《汉语大字典》载，它属于马鞭草科牡荆属落叶乔木。种类很多，有牡荆、黄荆、紫荆等。枝条柔韧，可编筐篮；果实入药。……古代特指荆木做的荆杖。③ 可见，荆的用途较为广泛，是古人常使用的生产物资。其又常与"棘"连用。如《老子》："师之所处，荆棘生焉。"师古曰："老子道经之言也。师旅行，必杀伤士众，侵暴田亩，故致荒残而生荆棘也。"《汉书·景十三王传》："雍门子壹微吟，孟尝君为之于邑。"如淳曰："雍门子以善鼓琴见孟尝君，先说万岁之后，高台既已颠，曲池又已平，坟墓生荆棘，牧竖游其上，孟尝君亦如是乎？孟尝君喟然叹

---

① 北京大学出土文献与古代文明研究所编：《北京大学藏秦简牍（叁）》，上海古籍出版社2023年版，红外图版第649页，释文注释见《北京大学藏秦简牍（肆）》，第304页。
② 蒋伟男编著：《里耶秦简文字编》，学苑出版社2018年版，第18页。
③ 汉语大字典编辑委员会编纂：《汉语大字典》，四川辞书出版社、湖北辞书出版社1986年版，第339页。

息也。"

简文中"荆"与同篇的"麦、叔（菽）、荅、麻、稻禾、禾、刍、槀、茭茅、苇"等均为古人日常生产活动中不可或缺的生产物资。

九

《道里书》简一四一背："安陆到榖澜落（落）卅五里。"①

其中的"澜"字作🀄形，整理者将门形内部的笔画隶定为"炏"形。我们认为此形与"炏"形相距较远，恐非。在《禹九策》中简九三背有"闪"字作🀄形，整理者读为"伙"。我们认为此字的隶定正确，其上一句结尾字是"闟"，二者上古音皆为歌部字（整理者认为是月部字，应是涉上而误），正可押韵。由此可证"闪"字隶定正确可从。🀄形右侧所从的字形与🀄形正同。可证🀄形可隶定为"澜"形，它应该是一个以"闪"为声符的字。简文"榖澜落"所指具体地望还需深入研究。

十

北大秦简《病方》简二四〇背："已蓮：用豕昔膏，令病者坐，燔膏颠上令销，以久（灸）之。此牡豕膏。"②

按：其中的"蓮"字，应为病名，其字形作🀄，整理者的隶定正确，但是无说解。此医方通过在患者头顶的百会穴热灸公猪脂膏来治疗疾病。故"蓮"字释读也应该是和百会穴的功能主治分不开。

《中医大辞典》载"百会"③：

> 出《针灸甲乙经》，别名三阳五会、天满、巅上。属督脉。督脉、足太阳脉之会。位于头正中线，入发际线5寸，约当两耳尖联机之中点

---

① 北京大学出土文献与古代文明研究所编：《北京大学藏秦简牍（叁）》，上海古籍出版社2023年版，红外图版第693页，释文注释见《北京大学藏秦简牍（肆）》，第848页。
② 北京大学出土文献与古代文明研究所编：《北京大学藏秦简牍（叁）》，上海古籍出版社2023年版，红外图版第695页；《北京大学藏秦简牍（肆）》，释文第860页。
③ 李经纬等主编：《中医大辞典》，人民卫生出版社2000年版，第516页。下引此书不另注。

处……主治头痛、昏厥、耳鸣、目眩、眩晕、癫狂、阴挺、脱肛、痔疮、中风失语等。

可见，简文"颠上"正是"巅上"，即百会穴。《灵枢·热病》曰："所谓五十九刺者，两手外内侧各三，凡十二痏。五指间各一，凡八痏，足亦如是。头入发一寸旁三分各三，凡六痏。更入发三寸边五，凡十痏。耳前后口下者各一，项中一，凡六痏。巅上一，聪会一，发际一，廉泉一，风池二，天柱二。"即指此。而且上引《中医大辞典》归纳的诸症状大部分与人体阴阳不调、湿热留滞、气滞血亏有关。我们猜想北大秦简这条简文治疗的疾病名称也应如此。顺着这样的思路，我们认为"蕰"字似可以读为"湮"，按照文字的一般构形规律，此字应从湮得声。《说文解字·水部》曰："湮，没也。从水垔声。"又《说文解字·土部》曰："垔，塞也。《尚书》曰：'鲧垔洪水。'从土西声。𡎐，古文垔。"所以"蕰（湮）"因声得义，可以表示滞塞不通、郁抑不畅。《左传·昭公二十九年》："物乃坻伏，郁湮不育。"杜预注："郁，滞也；湮，塞也。"

"湮"又可读为"郁"，如《史记·司马相如列传》："首恶湮没。"《汉书·司马相如传》《文选·封禅文》"湮"作"郁"。①《吕氏春秋》："精气郁也。"注："不通也。"《汉书·路温舒传》："忠良切言皆郁于胸。"刘勰《文心雕龙·附会》："若首唱荣华，而腰句憔悴，则遗势郁湮，余风不畅。"可见，二者音通义近。

我们怀疑"蕰（湮）"或者"蕰（郁）"可能即后世常见的"郁证"。《中医大辞典》载"郁证"曰：

证名。凡滞而不得发越之证，总称郁证。简称郁。见《赤水玄珠·郁证门》。《素问·六元正纪大论》载有木郁、火郁、土郁、金郁、水郁，属五气之郁，后世合称五郁。《丹溪心法》将郁证分为气郁、血郁、湿郁、热郁、痰郁、食郁六种，总称"六郁"。《张氏医通》卷三："郁证多缘于志虑不伸，而气先受病。"

众所周知，中医一般认为阴阳平衡、脏腑调和、气血充盈畅达是人体精神活动得以正常进行的基础，而"郁证"就是由于情志失调或其他疾病

---

① 高亨纂著，董志安整理：《古字通假会典》，齐鲁书社1989年版，第118页。

引起的气血亏耗或不畅、脏腑失和以及阴阳失调的结果。

据《中医大辞典》载"猪脂膏":

> 功能主治:补虚,润燥,解毒。主治虚劳羸瘦,肺虚咳嗽,便秘,皮肤皲裂,恶疮,烫火伤。

由上引可知,用猪脂膏来补虚、润燥应该也能讲得通,但简文主要是通过外灸的形式来治病。

此外,因为身体虚劳,阴阳不调,极易患寒病。我们认为"蘯"也可能读为"瘁"。上引《说文解字》曰:"湮,没也。从水垔声。"又《说文解字》曰:"垔,塞也。《尚书》曰:'鲧垔洪水。'从土西声。𡎸,古文垔。"故"蘯"字归根结底是从声素"西"得声。《说文解字》:"瘁,寒病也。"段注认为:"玉裁谓凡《素问》、《灵枢》、《本艹》言洒洒、洗洗者,其训皆寒,皆瘁之假借。古辛声、先声、西声同在真文一类。"按段注所说是。此外,《玉篇·尸部》:"㞚,迟也,今作栖,亦作㞚。"以上可证,"蘯"读为"瘁"语音没有障碍。

上引《说文解字》训释"瘁"为"寒病"。徐锴《系传》曰:"《字书》:寒噤也。"桂馥《义证》:"《六书故》:噤瘁,感寒健忍之状也。"《正字通·广部》:"瘁,今感寒体战曰瘁。"故此可知,"瘁"指寒病,寒颤之意。又《玉篇·广部》:"瘆,寒病也。瘁同上。"《集韵·沁韵》:"瘆,病也。"余云岫先生认为"瘁"为"瘆"之重文。① 可见,"瘁""瘆"皆指寒颤、寒栗之意。

我们进一步猜想此处的"蘯(瘁)"即中医常见的病证名"振寒""寒栗(栗)""振栗"。《中医大辞典》载"振寒":

> 证名。出《素问·至真要大论》。指发冷时全身颤动。有谓系战栗之轻者。《证治准绳·杂病》:"振寒,谓寒而颤振也。"《灵枢·口问》:"寒气客于皮肤,阴气盛,阳气虚,故为振寒、寒栗。"《张氏医通·寒热门》:"经言,邪虚之中人也,洒洒动形,正邪之中人也,微见于色,不知其身。又曰,阳明所谓洒洒振寒,阳明者,午也,五月盛阳之阴也,阳盛而阴气加之,故洒洒振寒,当泻阳也。又云,阳气

---

① 余云岫编著:《古代疾病名候疏义》,张苇航、王育林点校,学苑出版社2012年版,第126页。

客于皮肤，阴气盛，阳气虚，故振振寒栗，当补阳者也。如六脉弦细而涩，按之空虚，此大寒证，亦伤精气，当温补者也。泻阳，白虎加人参汤、竹叶石膏汤；补阳，黄建中汤。若夫真阳虚证，但寒栗耳，不作振也，或兼风寒则振，桂枝加附子汤。"

《中医大辞典》载"振栗"：

证名。指身体畏寒而颤抖。多因虚寒或热郁所致。出《素问·至真要大论》。《素问·六元正纪大论》："阳明司天之政，民病咳，嗌塞，寒热发暴，振栗癃闭。"张志聪注："民病嗌塞、振栗诸证，皆悉燥热之气而为病也。"《伤寒广要》卷三："振近战也，而轻者为战矣。战为正与邪争，争则为鼓栗而战；振但虚而不至争，故止耸动而振也。下后复发汗振寒者，谓其表里俱虚也。亡血家发汗，则寒栗而振者，谓其血气俱虚也。"

其实，无论是将"蘯"读为"湮"或者"郁"，还是读为"瘁"或"瘆"，都是从"百会穴"能够升温补阳的主治功能来讲的。

此外，在向周祖亮先生请教过程中，周先生指出："'蘯'字从艹、从湮，字义未载。而'湮'有沉没、没落之义，'蘯'是否可表示草木凋零，再引申出人如凋零的草木之义（表现为身体虚弱、精神不振等症状）。'燔膏颠上令销'相当于灸治百会穴，其作用是：温阳，提升正气，增强体质。适合体质虚弱者。"① 我们认为，周先生的观点有道理，与我们上述的理解具有相通之处。

Peking University Qin Jian Proofreading Notes（Ten）
Fang Yong，Wen Jiarun

Abstract：This paper re-examined the problem of deciphering the characters in the newly published collection of Qin bamboo slips at Peking University, concluded that the missing character on the front of Slip 1 of *Si Zhu Zhi Dao* should be transcribed as 嬶, a female given name. In the third chapter of *The Young Master*

---

① 见周祖亮先生 2023 年 9 月 12 日来函。

Joins the Army, the character lei（累）has a character below it that the editor did not explain. It should be 䕩, which was an alternate form of the character yao（药）. Min in the eighth version of the *Third Crypto* should be classified as Shi 氏 and read as Shi 是. Although the first character of Jian 9 in Third Crypto was used as Ji 及, which could be read as Se 歰, that was astringent, refered to dull and unpleasant. *Calculation book B* Jian 272back product on the word should be classified as Jing 荆 word, refered to Jingmu; The 潤 character in *Daoli Shu* Jian 141 should be classified as 灡 shape. The 蕰 in Jian 240 of *Disease Recipe*, read as annihilation or Yu, may be the common depression syndrome in later generations.

Keywords：Qin Bamboo Slips at Peking University；The Temple Wishes the Way；Drinking Game；The Young Master Joins the Army；*Yin Shu*

傅雷的知识结构与新文科理念*

韩毓泽　宋学智**

摘　要：新文科的宗旨之一是要跳出传统文科的一个个狭小封闭圈，突破以往单一学科的认知局限，打破原有知识结构各自为政的僵滞状态，进行跨学科性的知识结构调整与重组，以此既回应社会之变化和需求，也提升自己的学科高度，丰富自己的学科内涵。从这一视角看，傅雷的治学理念与今天的新文科理念和精神有相通之处。他为了追求翻译艺术的高峰，在相邻学科和交叉学科的知识谱系中，重组整合，打造了为我所用的科学合理的知识结构，既做到了融通中外，更做到了立足中国。他的治学理念和知识结构铸就了其翻译事业的辉煌，也展示了一个优秀的人文科学工作者的求真正道。

关键词：傅雷；知识结构；新文科理念

新文科是近年出现的新词，其宗旨即进行学科间知识结构的交叉重组，包括对新兴知识块垒的融合，以应对当下新的产业或行业的出现对新人才的需求；傅雷作为优秀的翻译文学家，他的知识结构形成于20世纪三四十年代，虽然距今已有八十多年，但他融合相关专业知识铸就文学翻译业绩的实践追求，与新文科倡导的学科交叉、知识融合助力成为未来有用人才、走向成功的理念，具有某种本质上的相通性。

傅雷建构的翻译文学高峰，并没有随着他的离去而渐行渐远，至今仍令翻译工作者仰止。在傅雷离开我们的五十多年里，傅雷一直被后来者学

---

* 基金项目：国家社会科学基金项目"傅雷翻译手稿和校样修订稿整理与研究"（19BWW011）和教育部首批新文科研究与改革实践项目"'多语+经贸'的法语专业建设创新实践"阶段性成果。

** 作者简介：韩毓泽（1990—　），女，吉林省吉林市人，吉林外国语大学法语系副系主任，研究方向为口笔译教学、教学法；宋学智（1961—　），男，江苏省南京市人，吉林外国语大学西方语学院院长，博士生导师，教授，研究方向为翻译学、法国文学。

习、模仿、甚至抄袭，但从未被真正超越。傅雷在文学翻译领域取得的巨大成就，可归因于他高超的双语水平、炉火纯青的翻译技巧和深厚的文学修养，也在于他能"把道家思想中的推崇天然之美与儒家精神中的执着进取完好地结合起来"①：一方面，追求译文如行云流水，自然无痕；另一方面，又能精益求精，"一改二改三四改"，把工匠精神发挥到极致。然而，这样的分析似乎还不能完全展示傅雷作为翻译大师的过人之处，不能完全揭示傅雷在文学翻译上取得巨大成就的深层奥秘。柳鸣九说，傅雷是"一两个世纪也难得出现一两个的那种大翻译家"，不久其又补充说，"在（未来）一两个世纪以内已经完全没有可能再产生出傅雷这样卓绝的翻译大师了"。② 这样的一个翻译大师值得我们学习和研究，以便让更多的翻译工作者受益，让更多的人文科学工作者得到启示。

一　傅雷的知识结构

经过考察和梳理傅雷的翻译实践和翻译思想，进一步，考察和梳理他的人文思想观和价值判断力，我们认为，促成傅雷卓越的翻译成就的重要原因之一，在于他有丰富的知识结构。

傅雷的文学修养极高。他十分推崇王国维的《人间词话》，认为它"是最好的文学批评，开发性灵，此书等于一把金钥匙"③。他是个文学批评家。他的《论张爱玲的小说》以其批评的价值取向、批评的力度和深度、知识与修养的广度以及坚守批评正道的求真姿态，至今依然有重要的学术价值，值得一读。④ 傅雷还是音乐评论家。他因贝多芬而走进音乐王国。他的《与傅聪谈音乐》一书充分展示了他的音乐知识和见地。他撰写的《贝多芬的作品及其精神》和《独一无二的艺术家莫扎特》，用近乎专业的解读和诠释，扩大了读者的知识面。傅雷还是美术鉴赏家。黄宾虹在中国美术界的大师地位离不开他的大力推举，这也足以说明傅雷这位美术"门外汉"的眼光，早已超越那些所谓的业内专家了。他把中国美术领域的"神似"论

---

① 宋学智、许钧：《傅雷翻译实践的成功路径及其意义》，《江苏社会科学》2009年第6期。
② 许钧主编：《傅雷的精神世界及其时代意义——"傅雷与翻译"国际学术研讨会论文集》，上海文艺出版（集团）有限公司、中西书局2011年版，第1页。
③ 傅敏编：《傅雷文集·书信卷》，安徽文艺出版社1998年版，第367页。
④ 宋学智：《傅雷与翻译文学经典研究》，浙江大学出版社2020年版，第245页。

发扬光大于翻译领域，既是"神似"论的集大成者，又把中国译学发展到新高度。重要的是，正因为具有极高的音乐修养，傅雷才能把罗曼·罗兰的音乐长河小说《约翰·克利斯朵夫》几乎完美地移译过来，还它一部"音乐灵魂谱写的交响曲"①，才能在如今复译本充斥图书市场的状况下，依旧拥有最多的读者，成为罗兰精神在中国的放心传播人。同时，也正因为他借中国传统画论中的"神似"来提升文学翻译的审美境界，并在自己的翻译实践中执着践行，才能把巴尔扎克笔下的形形色色的人物形象再现得惟妙惟肖，成为巴尔扎克在中国当之无愧的代言人。

傅雷的知识结构中，当然还包括语言学和语文学上的学养。关于前者，傅雷就比较过中法两种语言，指出了两种语言反映出来的十一种不同，如"两国文字词类的不同，句法构造的不同，文法与习惯的不同，修辞格律的不同，俗语的不同"②等，所以翻译时，"要不在精神上彻底融化，光是硬生生的照字面搬过来，不但原文完全丧失了美感，连意义都晦涩难解"③。关于后者，傅雷曾指出，尚在成长阶段的语体文的种种不足以及可以改进完善之途径："我们的语言还在成长的阶段，没有定形，没有准则"④，"只能达意，不能传情。故生动、灵秀、隽永等等，一概谈不上"⑤，所以翻译工作"要求传神达意，铢两悉称，自非死抓字典，按照原文句法拼凑堆砌所能济事"⑥。同时他也指出，"为创造中国语言，加多句法变化……尤其是翻译的人的工作"⑦。

傅雷的翻译成就告诉我们，一个人的知识结构的底盘越大，可能的建树就越高。一棵参天大树必有地下同样四通八达的根茎的供给和支撑，否则难以立稳、长高。巴尔扎克在中国的翻译，译著最多的是高名凯，有21部。傅雷译有15部（出版14部）。但今天高译早已淡出读者视野，一个主要原因，恐怕因为他仅仅从语言层面去理解、去转达，似乎忽视了文学性的传递，忽视了审美价值的再现，更不用说文学以外的其他艺术元素的捕捉了。因此，傅雷在文学翻译方面的巨大成就，离不开他那有机交融的多学科和跨学科的知识结构。

---

① 茨威格：《罗曼·罗兰传》，云海译，团结出版社2003年版，第163页。
② 怒安：《傅雷谈翻译》，辽宁教育出版社2005年版，第2页。
③ 怒安：《傅雷谈翻译》，辽宁教育出版社2005年版，第10页。
④ 怒安：《傅雷谈翻译》，辽宁教育出版社2005年版，第11页。
⑤ 怒安：《傅雷谈翻译》，辽宁教育出版社2005年版，第28页。
⑥ 怒安：《傅雷谈翻译》，辽宁教育出版社2005年版，第1页。
⑦ 怒安：《傅雷谈翻译》，辽宁教育出版社2005年版，第30页。

二 傅雷知识结构的逻辑性

分析傅雷的知识结构，是为了探寻傅雷的成功之道。通过考察、梳理和研究傅雷的翻译实践、翻译思想和翻译成就，以下两点值得一说。

第一，从横向看，要拥有相邻学科或交叉学科的知识结构。傅雷的文学修养、音乐修养、美术修养三方面均有过人之处。翻译家傅雷丰满的形象就少不了这三方面元素。而且文学、音乐、美术均属"艺术"这个大范畴、大门类，是"艺术"之下的三个相邻学科。音乐是听觉艺术；美术是视觉艺术；文学则是一种语言艺术。所谓"文艺"，可以理解为文学与艺术之高度结合。文学是以语言符号为塑造形象的媒介，来描绘人类的精神世界和心灵化的现实世界，达成审美享受和情感触动的艺术创作和阅读。从音乐与文学的关系看，我们似乎又可以这样说：文学是用语言符号表达思想和情感的一种节奏、韵律和韵味的审美活动。这就是为什么朗诵一部文学作品（如诗歌、散文）也是一种听觉审美享受。从美术与文学的关系看，我们也想必承认，绘画与文学创作可以在写意与表意上互证互通，相得益彰；"诗画一体"或"诗中有画、画中有诗"就可以说明这种关系。文学、音乐、美术都是用各自的形式诠释作者的个性经验，表达作者精神的、情感的、理想的世界。文学、音乐、美术、语言学、语文学等在傅雷的翻译活动中形成了交叉，因傅雷的翻译活动碰撞在一起。对于这些形成交叉的学科知识，掌握得多与少、宽与窄、深与浅，将会直接影响文学翻译活动的进展，影响文学翻译作品的质量。傅雷是在有机交融的多学科知识谱系上，建构起优秀的翻译文学世界的。

第二，从纵向看，要在自己专业所属的更大的学科层面提升自己的见识。治学是为了求真，求真就怕思维狭隘、观点偏执。只有在自己专业所属的更大的学科层面，做尽可能周全的观照和全面的分析，才能跳出井底，不落窠臼，才有更大把握保证思维的正确、洞悉的准确，因而才更有可能接近真知，逼近真理。傅雷对傅聪的教诲"先为人，次为艺术家，再为音乐家，终为钢琴家"[①]，可以清楚地揭示这样的知识结构的科学性。从专业角度看后三者，艺术是个大范畴，音乐是其中的一个领域，钢琴又是音乐领域

---

① 傅敏编：《傅雷文集·书信卷》，安徽文艺出版社1998年版，第492页。

里的一个专业。因此，要想成为一个钢琴家，必须具有娴熟的钢琴技法；但仅有钢琴技法充其量只能成为一个艺匠，因此还必须上升到音乐领域来研习，来理解钢琴；不仅如此，还应继续上升到更大的"艺术"范畴，做更全面的领悟和更深刻的理解，这样才能成为真正的钢琴大师。用在傅雷身上就是：要想成为翻译家，必须具有娴熟的翻译技巧；但文学翻译还必须具有深厚的文学修养，否则翻译过来的文字流失了审美元素，就会枯索乏味；但要想对文学有深刻的感受和理会，还应继续上升到更大的"艺术"范畴，来领略和领悟文学、文艺之本质、之真谛。所以，傅雷的成功路径想必就是"先为人，次为艺术家，再为文学家，终为翻译家"[①]。虽然前面我们已把文学、音乐、美术作为"艺术"大范畴、大门类下的三个相邻学科，但从傅雷对傅聪的教诲看，我们也可以说，因为音乐和美术具有明显的艺术特性，傅雷也是借助了自己音乐和美术方面的知识与学养，来理解"艺术"这个大范畴、大门类，回头进一步确认自己的文学感悟和审美判断的。因而这种纵向性的思路解剖恐也不无道理。所以，这种相关多学科知识科学的、合理的贯通融合，提高了傅雷的价值辨析力和艺术审美力，也进一步提高了他的翻译作品的质量、品格和价值，使他的翻译作品经受住时间的考验而成为翻译经典。这是傅雷能成为一代翻译大师的一个奥秘。

三 傅雷知识结构与新文科理念

新文科的宗旨之一是要跳出传统文科的一个个狭小封闭圈，突破以往单一学科的认知局限，打破原有知识结构各自为政的僵滞状态，进行跨学科性的知识结构调整与重组，包括吸纳融合新兴知识块垒，以此既回应社会新需求，顺应时代之变化，也促使学科自身不断发展，不断提高。

傅雷于 20 世纪三四十年代就根据自己的职业需求，从文学翻译的理想高度出发，整合、融通自己的知识体系：一方面，他在相邻学科中，不断拓宽自己的知识边界，扩充自己的知识宝库，在翻译过程中，以复合的知识结构去再现原文复杂的社会，解读原文千变万化的物质世界和精神世界；另一方面，他不断提升自己的学识，在更高的学科层面打开视界，去求知、求真，以摆脱可能的思维局限和思想偏见。这种与今天新文科的精神内涵

---

① 宋学智、许钧：《傅雷翻译实践的成功路径及其意义》，《江苏社会科学》2009 年第 6 期。

不谋而合的做法，不是说傅雷对今天的新文科早有远见，而主要还在于他深知何为科学、如何走进科学，以及何为人文科学，又如何从事人文科学，明白什么样的治学之道才是可取的。科学的目的是发现规律、揭示奥秘，无论是求自然科学之法则，还是求人文科学之真谛，只有秉持科学的理念，采用科学的方法，借助科学的途径，方能实现，而文学翻译毋庸置疑含有人文科学的内在科学性。

不可否认，傅雷的这种成功之道是建立在相邻学科知识的融合基础上的。可以说，其与新文科融合相关知识结构的理念与精神相通。而且，在一个大类下的相邻学科知识的重组、交叉、融合几乎可以发生在每一个探索者身上，无论你从事的是哪一门研究、在哪一方向治学，都有相邻的知识可以助你全面提升自己的学问，获得更大的成就。因而这种重组、交叉、融合也具有普遍的意义和实操的广泛性。无论是从大的学科深入自己的小专业，还是从自己的小专业上升到所属大学科，都是我们进行探索和发现较为普遍的治学方式，是多数人治学获得成功的一条可行性路径。

当今社会，新科技革命和产业变革带来的新现象、新问题、新景观，让传统文科框架下的知识结构的跨界重组、整合融通成为显态，因而，让我们看到新文科求变的一种必要性。此外，科学也是不以人的意志为转移的。它会随时对过去人为画地为牢的知识结构进行突破、重整，分有其时，合有其时，以满足自身的发展，这是科学自身进步的一种必然性。人们必须在求真的道路上，按科学规律、科学法则、科学要求去做。傅雷的治学理念与今天的新文科理念相通或关联，主要属于后者。他明白只有突破传统的认知范围和认知方式，打造出自己从事的工作所需的科学合理的知识结构，才能让自己的知识储备适应和满足自己的专攻，才能更科学、更理想地从事"求真"与"传真"的文学翻译工作。一言以蔽之，他知道如何寻求"真善美"的翻译正道、翻译道途。

知识，即由知而识；学识，即由学而识。二者最终都落实到"识"字上面，就是"眼力""眼光"的问题。也就是说，学知识做学问，最终是为了提高自己的眼界，提高自己面对大大小小的问题和现象时的认识能力、辨识能力，并如何作出正确的判断和选择。要避免自己的浅薄、偏差甚至谬误，增加选择和定夺的正确性、准确性，就需要在更宽的知识领域、更大更高的学科范畴，去做更全面的观照和了解，进行更充分的考量和更深入的分析，经辨识形成通识，来确保形成自己更趋健全的思维、更趋合理的思路和更为正确的思想。

科学为了求真，求真即得道。得道者才有真知灼见，才能在科学的道路上行健行远。反之，陋见浅识不可能有长远的生命力。傅雷从事人文科学工作，能使其译作成为永恒的经典流传下来，说明他深知何为真、何为道，并且懂得如何去求人文之"真"、求人文之"道"。他在翻译活动中表现出来的"纯正的文学品位，对极具人文精神的作品的慧眼，对作品中人物思想的深刻领悟和准确再现"①，都说明他自我融通整合的知识结构的科学性。

四 傅雷知识谱系建构的要法和立足点

傅雷的翻译成就不是来源于一门学问修养简单之"深"，也不是来源于多门学问表面之"博"。傅雷能够辨识翻译艺术的"求真"之道，走出成功之路，在中国翻译史上形成一座高峰，离不开他背后相交相融的复合知识结构。只有作为底盘的知识结构有机交融在一起，才能形成牢固的基础，支撑起高拔的建树。在相邻或交叉知识的重组、整合中，傅雷尤其注重两个字：一"通"，一"化"。傅雷对傅聪讲："为学最重要的是'通'，通才能不拘泥、不迂腐；'通'才能培养气节、胸襟、目光；'通'才能成为'大'，不大不博，便有坐井观天的危险。"② 傅雷在致友人书信中又说，"求学的目的应该是'化'，而不是死吞知识，变成字典或书架"，若"读书不化，知识是知识，我是我，两不相关"，③ 何谈化为我有！何谈化为我用的新知识结构！所以，只有打通不同学科之间的个性关卡，化出它们的共性特质，才能形成通识，只有各门知识和学问融通了、化合了，才能形成促其成功的合力。这样，才能超越原来的小专业、小领域，站在更高、更大的学科层面理解真知、领悟真谛、接近真理。傅雷正是打通了文学与音乐、绘画等门类中的关节，才领悟到这些同样注重形象的感性艺术的本旨与奥秘。他努力践行"神似"翻译主张，也是他对美术与文学（翻译）两个门类做好融合，实现了"通"、达成了"化"的表现。傅雷认为，一个译者"sense 不健全，taste 不高明"，做不好翻译。④ 他自己在文学翻译以及

---

① 宋学智：《傅雷翻译研究的人文学视角》，《中国翻译》2017 年第 4 期。
② 傅敏编：《傅雷文集·书信卷》，安徽文艺出版社 1998 年版，第 367 页。
③ 傅敏编：《傅雷文集·书信卷》，安徽文艺出版社 1998 年版，第 309 页。
④ 傅敏编：《傅雷文集·书信卷》，安徽文艺出版社 1998 年版，第 166 页。

文艺评论中所表现出来的极高的 sence 和 taste（价值辨析力和艺术鉴赏力——柳鸣九语），对艺术难关的一再突破，以致登堂入室，都与他能够融通化合相关学科知识，进而提高自己的视界和眼力，有直接关联。

　　傅雷在打造知识结构上面，既做到融通中外，更做到立足中国。傅雷留学法国，专攻西方艺术，但他并没有因为西方艺术的熏陶而西化了自己，反而更表现出中国知识分子的品节和风骨。他说："真正的知识分子所独有的，就是对祖国文化的热爱。""越研究西方文化，越感到中国文化之美。""唯真有中国人的灵魂……才谈得上融和'中西'。"① 当今世界，文化多元论并没有排除东、西文明的冲突，西方中心主义依旧甚嚣尘上。西方价值观被追随在个别知识分子身上时有表露。向西方看齐，数典忘祖，有碍中华优秀文化的弘扬与发展、传承与传播。面对西方试图在世界舞台中央高调鼓宣的种种价值观，我们需保持一份清醒。所以，傅雷治学道路上的中国情怀，不只是一种单纯的情感表达，还是一种理性的深思和有意识的选择。无根，怎能生出硕大成果！无魂，怎能酿出伟大思想！傅雷说，"民族观念是立身处世的根本……只有真正懂得，而且能欣赏、热爱本国传统的道德、人生观、文化、艺术的特点，才能真正吸收外来文化的精华，而弃其糟粕"，且"只有深切领会和热爱祖国文化的人才谈得上独立的人格，独创的艺术"。② 这些话在当今中国与世界的关系中，更让我们敬重傅雷。知识无国界，知识分子有国界。回到文学翻译上来，傅雷虽然十分认同泰特勒的翻译理论，但还是标举起独具中国学派特色的"神似"翻译主张，这或许也是中华传统文化创造性转化、创新性发展的一个具体的小起点吧。他选择要翻译的作品，不仅从世界文学经典和世界文化遗产的角度考量其人文思想性和艺术审美性，更从有利于中国读者文化素质的提高和中国文化的丰富与发展的角度来取舍。傅雷的成就告诉我们，一个不了解本民族文化精髓的人，不可能了解外民族文化的精髓。只有守护中华文化之根，才能"拿来"外民族文化的精髓丰富自己，才可能创造"光耀世界的中华文化"。

结　语

　　新文科既有学科属性，又有专业属性。学科面对的是科学与真理问题，

---

① 傅敏编：《傅雷文集·书信卷》，安徽文艺出版社 1998 年版，第 509、630、29 页。
② 傅敏编：《傅雷文集·书信卷》，安徽文艺出版社 1998 年版，第 309、263 页。

专业面对的是社会与行业问题。从学科与科学看，傅雷所从事的文学翻译属于人文科学。人文科学追求真善美，傅雷正是以发现和再现真善美为治学的目的。他融合了人文科学里能够助力其取得翻译成就的文学、音乐、美术等相关学科知识体系，使其能够精准洞悉文学作品中的真善美，又精彩传递给我国读者。他的成功实践及翻译成就在于其遵循了人文科学的内在逻辑和规律，构成科学合理的知识体系，使其形成卓尔不群的目光，更接近本质地领悟并再现原作的文学价值和艺术真谛，做好了文学翻译的"传真"工作。他所走的其实是科学"求真"的必由之路。所以，他的知识谱系使其具有了更敏锐的洞察力、更准确的判断力、更高的眼光、更大的眼界，构成其成为翻译巨匠的必然性。

从专业与社会看，新文科的出现首先是因为当今社会出现了传统学科知识固有体系不能满足新的行业（如人工智能、数字创意、新能源等）对应用型人才知识结构的新要求和新需求，因此要根据社会的进步与发展对人才的新要求和新需求，来调整、重组、创新指向人才培养新目标的新的专门知识体系，这是社会发展赋予专业变革和发展的必要性。但无论是从学科看傅雷为求真知灼见而进行的相邻学科间知识模块的自我建构，还是从专业看新文科为满足社会新行业对新人才的新需求而进行的交叉学科、跨学科乃至与新兴学科间知识的重组，二者在精神理念上无疑具有相通性，即不同学科间知识的融合都是为了放眼长远而走向成功，面向未来而成为对科学或社会的发展有用之才。

谈傅雷的知识结构与翻译成就，是为了让我们更多地来领悟新文科的精神与理念。无论是从学科的求真来看，还是从专业的务实来说，凡事都要从长远的未来发展看当下行动的展开。以笔者负责的教育部首批新文科研究与改革实践项目为例，改革开放初期，会一门外语已经是了不起的本领。到 20 世纪末，我们发现一门外语已不能完好地从事外事或涉外工作，于是出现了双外语学习。到如今，随着中国对外开放的加大和参与国际治理意识的加强，三门外语习得者将成为涉外部门和国际组织、跨国集团的首选人才，于是，我们申请了"'多语+经贸'的法语专业建设创新实践"项目。新文科告诉我们，教育不仅要跟上时代的步伐，适应国家发展的节拍，更要走在时代发展、社会发展、国家发展的前头，不做马后炮，要做马前卒。诚如蔡元培所言："教育者，非为已往，非为现在，而专为将来。"总之，傅雷在文学翻译方面的巨大成就，与他对人文科学的本质有深刻认识、对人文科学的精髓有极高领悟有关。他在文学翻译方面的巨大成就，离不开他那有机交融的多学科和跨学科的知识谱系。新文科在传统文科的基础上，又开辟了新的疆域，这无疑发展了人文科学，壮大了人文科学。但需要我们一方面依然用"人文性"去审视、阐释新的疆域；另一方面，也应思索和发掘"新文科"在文科上的新内涵、新理念，真正做实新文科，不断深入地探索新文科"求真"的学科属性与"务实"的专业属性，在理论层面和实践层面相互观照下，让新文科实现促进科学的进步和社会发展的愿景。

Fu Lei's Knowledge Structure and the Concept of New Liberal Arts
Han Yuze, Song Xuezhi

Abstract: One of the purposes of the new liberal arts is to jump out of the narrow closed circle of the traditional liberal arts, break through the cognitive limitations of a single discipline, break the stagnation of the original knowledge structure, and carry out interdisciplinary adjustment and reorganization of the knowledge structure, so as to respond to the changes and needs of the society as well as to enhance the height of one's own discipline and to enrich its own disciplinary connotation. From this perspective, Fu Lei's philosophy of studies is similar to the concept and spirit of today's new liberal arts. In order to pursue the peak of the art of translation, he reorganized and integrated the knowledge spectrum of neighboring disciplines and interdisciplinary disciplines to create a scientific and reasonable knowledge structure for my use, which not only merge Chinese culture and foreign culture, but also achieves a foothold in China. His philosophy of studies and knowledge structure have forged the splendor of his translation career, and also demonstrated the true way of an outstanding humanities worker.

Keywords: Fu Lei; Knowledge Structure; Concept of New Liberal Arts

区域国别研究

东北三省冰雪旅游目的地形象感知差异研究*

王海燕　王丹凤**

摘　要：运用文献研究及专家访谈方法对冰雪旅游目的地游客感知形象进行了内涵解析，设计调查问卷并分别对黑龙江、吉林及辽宁三省冰雪旅游目的地游客感知形象数据进行了采集，利用SPSS软件对三省游客多维度方面形象感知进行了结果统计及差异分析。研究发现，东北三省冰雪旅游目的地游客感知形象存在明显差异：冰雪旅游特色方面，黑龙江省的冰雪文化较为浓厚，吉林省的冰雪景观较为丰富；冰雪旅游环境上，黑龙江省的当地居民更为热情好客，辽宁省的交通环境更为优越便利；冰雪旅游服务和价格方面，辽宁省的表现更为出色；情感体验方面，黑龙江省给游客留下的印象更好。通过对比分析，不仅看出东北三省在冰雪旅游方面的优势和短板，更为东北三省相关从业人员及政府部门制定冰雪旅游高质量发展战略提供了有价值的参考。

关键词：认知情感理论；冰雪旅游目的地形象；游客感知差异；东北三省

引　言

冰雪旅游起源于美国，其主要表现形式为滑雪旅游。借助2022年北京

---

* 基金项目：本文系吉林外国语大学2024年度学生科研重点项目"东北三省冰雪旅游目的地形象游客感知差异研究"（JWXSKY2024A036）的阶段性成果。

** 作者简介：王海燕（1979— ），女，吉林省长春市人，博士，吉林外国语大学国际文化旅游学院院长，硕士生导师，教授，研究方向为营销管理；王丹凤（1993— ），女，吉林省长春市人，吉林外国语大学国际商学院研究生，研究方向为工商管理。

冬奥会的契机，中国的冰雪旅游业得到了迅猛发展，但相关的研究却相对薄弱。随着新冠疫情阴霾逐渐散去，冰雪旅游业迎来了显著反弹，2023/2024年冬季，冰雪旅游达到前所未有的高潮。为响应落实习近平总书记关于发展冰雪经济的指示精神，那些拥有丰富冰雪资源的地区积极开展各类冰雪旅游活动，展现出强烈的发展冰雪旅游的渴望。因此，对冰雪旅游进行深入的研究显得尤为迫切和重要。东北三省因冰雪旅游资源得天独厚而备受瞩目。本文旨在深入探讨东北三省游客在冰雪旅游体验中的感知差异，并分析这些感知差异的要因。期望这些研究成果能为东北三省的相关从业人员及地方政府制定冰雪旅游规划及改进冰雪旅游服务提供有价值的策略参考，以推动中国冰雪旅游业的健康持续发展。

一 文献回顾

现阶段国内外学者针对冰雪旅游目的地的研究较为局限。国内针对冰雪旅游目的地的研究主要围绕东北地区，又以黑龙江的冰雪旅游目的地研究最为深入。学者针对冰雪旅游目的地的研究主要是围绕冰雪旅游目的地发展路径问题展开的，也有学者从不同角度提出了许多建议，如打造品牌效应、资源整合、产业融合、产品开发、营销宣传、服务保障等。

针对冰雪旅游目的地形象有极少量的研究，相关文献中也多是对其概念含义进行梳理，但并未形成相对权威的界定。在 Web of Science 以"ice-snow"+"image"+"tourism"为篇关摘搜索相关文献，仅能检索到两篇文献且均非关于冰雪旅游目的地形象的针对性研究。在中国知网中以"冰雪旅游"+"形象"为篇关摘对 CSSCI 文献进行搜索，仅能搜索到 5 篇相关文献，其中仅有一篇文献是针对冰雪旅游目的地形象挖掘和提升路径问题研究的。[①]

针对冰雪旅游目的地游客感知形象的研究则更为局限。以"ice-snow"+"tourism"+"perception"为篇关摘在 Web of Science 搜索相关文献，仅能检索到一篇相关文献。Sun 运用文本挖掘方法和 Python 语言，围绕冰雪旅游形象感知的认知形象、情感形象和整体形象三个方面对新兴旅游业态进行了

---

① 唐承财、方琰、厉新建等：《新时代中国冰雪旅游高质量发展模式构建与路径创新》，《干旱区资源与环境》2023 年第 12 期。

研究，提出了提升冰雪旅游形象感知的策略。① 在中国知网中以"冰雪旅游""游客感知""感知"为主题或篇关摘对CSSCI文献进行搜索，能够查找到两篇文献，分别是研究滑雪游客感知服务质量及以哈尔滨冰雪旅游为例研究游客满意度感知的相关文献。

通过对国内外冰雪旅游目的地相关研究成果的梳理，我们发现，尽管国外在冬季旅游和滑雪旅游方面已有一定的研究积累，但针对冰雪旅游目的地游客感知形象的专门研究还很不足。虽然国内学者近年来在冰雪旅游目的地领域的研究更为活跃，但聚焦冰雪旅游目的地游客感知形象主题的研究还鲜有所见。因此，本文借鉴相关研究的前期成果，对冰雪旅游目的地游客感知形象的概念内涵及组成要素等内容展开专门探讨，将扩展旅游目的地形象研究的新领域，充实其新知识。本文还将在明确冰雪旅游目的地游客感知形象内涵及构成要素的基础上，针对黑龙江、吉林及辽宁三省冰雪旅游目的地游客形象开展实际测度并就其差异性作出分析，揭示东北三省各自在冰雪旅游方面的优势和短板进而提出相应的对策建议，这对相关省份相关从业人员及政府部门做好冰雪旅游规划及提升冰雪旅游服务水平工作有重要的参考价值。

二　内涵解析

（一）冰雪旅游目的地游客感知形象的界定

《中国旅游大辞典》中对旅游目的地有明确的界定，其中对旅游目的地的定义是指能够为来访游客提供旅游经历或体验的特定地理区域，进而还指出旅游目的地的形成是需要具备较为完整的旅游供给要素的。② 关于冰雪旅游目的地的界定，国内外学者对其尚无定论。张娜对冰雪旅游作出了界定：冰雪旅游是依托冰雪形成的气候条件，以冰雪景观为旅游资源的物质基础，以冰雪运动、冰雪节庆以及冰雪景观欣赏为主要外在形式，以冰雪文化为内涵，具有较强参与性、体验性和刺激性，并能满足旅游者的休

---

① Sun G., "Symmetry Analysis in Analyzing Cognitive and Emotional Attitudes for Tourism Consumers by Applying Artificial Intelligence Python Technology", *Symmetry*, Vol. 12, No. 4, 2020.
② 邵琪伟主编：《中国旅游大辞典》，上海世纪出版股份有限公司、上海辞书出版社2012年版，第370页。

闲度假、体育运动、场景观光等方面需求的综合性的旅游产品。① 王恒和宿伟玲也对冰雪旅游作出了解释，指出冰雪旅游是游客以体验冰雪文化满足其审美和休闲健身等需求的旅游活动，是冰雪产业与文旅业融合发展至一定程度而形成的高级形态。② Bausch 和 Gartner 对冰雪旅游目的地作出了说明，认为冰雪旅游目的地是冰雪旅游活动部分组成的集群，而各种活动有助于减少冰雪旅游目的地的脆弱性。③ 结合权威部门对旅游目的地的认定以及学者对冰雪旅游目的地的认知，本文确定冰雪旅游目的地是指以冰雪为特色，以冰雪旅游为主题，包含丰富冰雪旅游资源、多类冰雪旅游项目，能够基于食、住、行、游、购、娱旅游价值链要素，为来访游客提供完整旅游经历或体验的特定地理区域。

关于旅游目的地形象的界定，学者主要分为两个派系，一个派系认为旅游目的地形象来源于游客的主观认识，另一个派系认为旅游目的地形象是指目的地自我形象。《中国旅游大辞典》中也指出旅游目的地形象涉及两个认识层面，一个层面是旅游消费者所实际持有的感知形象，另一个层面是营销者为该目的地所设计和力推的形象，又称"投射形象"。④ 本文是从游客对特定旅游目的地形象认知感受的视角开展研究的，因此，将聚焦冰雪旅游目的地游客感知形象开展具体研究工作。

20 世纪 50 年代，Boulding 首先提出了消费者行为取决于感知形象而不仅仅取决于客观实在的观点。⑤ 此后，学术界开始关注"感知形象"的研究，而研究者主要将感知形象细分成认知形象、情感形象和总体形象。⑥ Gartner 指出，旅游目的地的游客感知形象由三个组成部分构成，即情感形象（cognitiveimage）、认知形象（affectiveimage）和意动形象（conative-

---

① 张娜：《东北地区冰雪旅游经济效应及调控研究》，博士学位论文，东北师范大学，2012 年。
② 王恒、宿伟玲：《冰雪旅游满意度影响因素与提升策略研究》，《西南民族大学学报》（人文社会科学版）2023 年第 4 期。
③ Bausch T., Gartner W. C., "Winter Tourism in the European Alps: is a New Paradigm Needed?", *Journal of Outdoor Recreation and Tourism*, 31: 100297, 2020: 2.
④ 邵琪伟主编：《中国旅游大辞典》，上海世纪出版股份有限公司、上海辞书出版社 2012 年版，第 370 页。
⑤ Boulding, K., *The Image*, Ann Arbor: University of Michigan Press, 1956: 169.
⑥ Baloglu S., McCleary K. W., "A Model of Destination Image Formation", *Annals of Tourism Research*, 26 (4): 868-897, 1999；陆利军、廖小平：《基于 UGC 数据的南岳衡山旅游目的地形象感知研究》，《经济地理》2019 年第 12 期；Sun G., "Symmetry Analysis in Analyzing Cognitive and Emotional Attitudes for Tourism Consumers by Applying Artificial Intelligence Python Technology", *Symmetry*, 12 (4), 2020: 6；徐琳琳、周彬、虞虎等：《2022 年冬奥会对张家口城市旅游地形象的影响研究——基于 UGC 文本分析》，《地理研究》2023 年第 2 期。

image)。① 董爽和汪秋菊认为，游客感知形象是游客对旅游目的地印象、信念及思想的综合。② 结合本文对冰雪旅游目的地的界定以及学者们对游客感知及感知形象的观点，本文将冰雪旅游目的地游客感知形象定义为游客对冰雪旅游目的地在认知形象、情感形象及总体形象三方面的综合认识或总体评价。

（二）冰雪旅游目的地游客感知形象的解析

Sun 最早将认知情感理论引入旅游研究领域。他提出，旅游意象包括情感形象、认知形象和意动形象三个部分。③ Balogulu 和 McCleary 在梳理已有研究成果的基础上进一步指出，旅游意象包含认知、情感和整体三个基本意象要素。④ 目前，Balogulu 和 McCleary 的观点广泛应用于旅游目的地游客感知形象的研究中。

国内学者对旅游目的地游客感知形象构成要素也有专门探讨。Wang 等认为，旅游目的地游客感知形象是游客对旅游目的地旅游资源、旅游环境、旅游交通、旅游服务等旅游过程及感受的整体评价；⑤ 胡抚生指出，游客对旅游目的地形象的感知是从七个维度，包括餐饮、休闲娱乐、自然与人文景观、旅游互通、经济与社会发展、购物、氛围方面进行的；⑥ 而 Sun 指出，冰雪旅游目的地形象游客感知可分为五大类，即旅游吸引物、旅游活动、旅游设施、旅游特色和旅游服务环境。⑦

结合国内外学者对旅游目的地游客感知形象要素的解构及冰雪旅游目的地特殊性的思考，我们构建了关于冰雪旅游目的地游客感知形象的维度指标体系，经与专家访谈论证后进行了修改完善，最终确定冰雪旅

---

① Gartner W. C., "Image Formation Process", *Journal of Travel & Tourism Marketing*, 2 (2-3): 191-216, 1994: 12.

② 董爽、汪秋菊:《基于 LDA 的游客感知维度识别：研究框架与实证研究——以国家矿山公园为例》,《北京联合大学学报》（人文社会科学版）2019 年第 2 期。

③ Sun G., "Symmetry Analysis in Analyzing Cognitive and Emotional Attitudes for Tourism Consumers by Applying Artificial Intelligence Python Technology", *Symmetry*, 12 (4), 2020: 6.

④ Balogulu S., McCleary K. W., "A Model of Destination Image Formation", *Annals of Tourism Research*, 26 (4): 868-897, 1999.

⑤ Wang X., Gu C., Mei H., "Application of Multilevel Grey Evaluation in Tourist Perception", *Scientia Geographica Sinica*, 27 (1): 121, 2007: 1.

⑥ 胡抚生:《旅游目的地形象对游客推荐意愿、支付意愿的影响研究》,博士学位论文,浙江大学,2009 年,第 2 页。

⑦ Sun G., "Symmetry Analysis in Analyzing Cognitive and Emotional Attitudes for Tourism Consumers by Applying Artificial Intelligence Python Technology", *Symmetry*, 12 (4), 2020: 1.

游目的地游客感知形象维度指标体系包括认知形象维度和情感形象维度两大方面，其中认知形象维度又包括旅游特色、旅游环境、旅游设施、旅游服务及旅游价格五个子维度及下级 22 项测度指标，而情感形象维度下的旅游情感子维度具体包括感到放松的、感到愉快的、感到兴奋的、感觉值得推荐的 4 项下级测度指标。具体维度指标如表 1 所示。

表 1　　　　　　　　　冰雪旅游目的地游客感知形象解构

维度	要素	具体项目
认知形象	旅游特色	特色冰雪文化
		特色冰雪景观
		特色冰雪娱乐项目
		特色美食
		特色产品
	旅游环境	气候环境
		生态环境
		人流拥挤程度
		居民友好程度
		当地治安环境
	旅游设施	食宿设施合理性（包括食宿丰富度、食品卫生程度）
		游览路线畅通性（包括通往旅游目的地的便利度、各个旅游地点之间交通便捷度、早晚高峰出行路况）
		购物场所丰富性（包括购物场地规模、商品全面程度）
		冰雪旅游项目建设合理性（包括娱乐项目的丰富度及安全度、冰雪娱乐设施完备度、详细的路面标识或引导人员、景区建筑的碑文介绍及解说人员）
	旅游服务	食宿过程中的服务
		游览过程中的服务
		购物过程中的服务
		娱乐过程中的服务
	旅游价格	冰雪旅游区域食宿费用
		冰雪旅游区域交通费用
		冰雪旅游商品价格（纪念品等）
		冰雪游玩项目价格（包括冰雪旅游区域门票价格、单项娱乐活动价格、滑雪及教练费用等）

续表

维度	要素	具体项目
情感形象	旅游情感	感到放松的
		感到愉快的
		感到兴奋的
		感觉值得推荐的

表1所开发的维度指标体系可作为对东北三省冰雪旅游目的地游客感知形象进行测度及差异分析的基本框架。

三 调研设计

（一）游客样本设计

本次调研采取的是针对大样本游客发放填写调查问卷的方式。为了保证调研结果的可靠性，基于一致性及可对比性原则，本调查按东北三省各自进行游客样本的搜取。游客个体样本设定为在2023/2024年冬季到过东北三省的一省或多省的参与过域内冰雪旅游的且至少到过一个冰雪旅游景点的亲历者。根据三省文旅部门公开发布的统计数据可知，2023/2024年冬季黑龙江、吉林、辽宁人流量分别为2.19亿人次、3.14亿人次、5.1亿人次，旅游收入分别为2215.3亿元、5277.35亿元、5022.6亿元，我们基于这些数据进一步按大致相同比例设定三省的调查问卷发放样本容量分别为黑龙江200人、吉林300人、辽宁400人。

（二）数据采集方法设计

关于黑龙江及辽宁两省的调查，我们充分利用了当前互联网的广泛普及以及数据采集便捷性的优势，主要采取线上方式发放问卷收集数据。同时，为确保样本的均衡性和代表性，我们从多个方面进行了综合施策：借助多个互联网平台发布招募信息，通过有偿调研的方式激励游客积极参与问卷填写等；精准锁定目标人群，在抖音、小红书、马蜂窝、穷游、携程、微博等热门App上浏览在线评论，积极征集答卷志愿者；发动亲朋好友的力量，利用微信群和微信朋友圈扩大传播效果；积极联络两省属地高校的同学和朋友，共同协助我们进行问卷调查。

关于吉林省内的调查，出于地理位置的优势我们采用了线上线下相结合的方式发放征集问卷，具体包括：采购义乌小商品，通过免费发放小商品的形式激励符合条件的游客填写问卷；通过校园贴吧、校园群等征集有效问卷；借助互联网多平台发帖，有偿调研以激励游客填写问卷；通过浏览抖音、小红书、马蜂窝、穷游、携程、微博 App 等的在线评论精准锁定目标人群征集答卷志愿者；动员亲朋好友通过微信群、发布微信朋友圈等方式来扩大征集问卷发放范围。

（三）调查问卷设计

基于一致性及可对比性原则考虑，本次调研为三省开发了内容题项基本相同的调查问卷。调查问卷共包含三个部分：第一部分是调查介绍说明段落，主要是为了告知答卷人本调查的目的及拉近与答卷人间关系而设置的；第二部分是为收集答卷游客个人基本信息而设置的，包括性别、年龄、职业、学历、居住区域、月平均收入等内容；第三部分是为采集调研核心内容而设置的，是按表1所示的冰雪旅游目的地游客感知形象的维度指标体系来设计的。我们遵循基本涵盖及排他性原则形成了初始调查问卷，又通过三轮专家审阅及模拟答卷分析对问卷内各内容题项进行了修改完善，形成了包括6个基本信息题项和47个核心内容题项在内的最终调查问卷。此次评分采用 Likert 量表法。

四　统计分析

（一）样本的描述性统计分析

本次问卷调查对答卷者的性别、年龄、职业、学历、居住地区、月平均收入等方面进行了描述性统计。共发放问卷900份，其中黑龙江发放200份，吉林发放300份，辽宁发放400份。经过仔细筛查剔除无效问卷共回收有效问卷832份，其中黑龙江183份，吉林284份，辽宁365份，总体有效回收率达92.44%，其中黑龙江达91.50%，吉林达94.67%，辽宁达91.25%。我们运用 SPSS 软件对回收的有效问卷数据进行统计分析，最终得出如表2所示的结果。

表2　　　　　　　　东北三省样本描述性统计分析　　　　　　　单位：人

名称	选项	黑龙江 频数	黑龙江 占比(%)	吉林 频数	吉林 占比(%)	辽宁 频数	辽宁 占比(%)	总频数	总占比(%)
性别	男	56	30.60	98	34.51	129	35.34	283	34.01
	女	127	69.40	186	65.49	236	64.66	549	65.99
年龄	18岁以下	21	11.48	32	11.27	26	7.12	79	9.50
	18—30岁	60	32.79	107	37.68	154	42.19	321	38.58
	31—40岁	52	28.42	72	25.35	110	30.14	234	28.13
	41—60岁	48	26.23	68	23.94	56	15.34	172	20.67
	60岁以上	2	1.09	5	1.76	19	5.21	26	3.13
职业	学生	47	25.68	108	38.03	141	38.63	296	35.58
	公职人员	19	10.38	14	4.93	40	10.96	73	8.77
	企业职员	95	51.91	127	44.72	129	35.34	351	42.19
	离退休人员	4	2.19	9	3.17	7	1.92	20	2.40
	自由职业者	18	9.84	26	9.15	48	13.15	92	11.06
学历	高中及以下	23	12.57	27	9.51	39	10.68	89	10.70
	专科	33	18.03	32	11.27	48	13.15	113	13.58
	本科	104	56.83	201	70.77	211	57.81	516	62.02
	硕士及以上	23	12.57	24	8.45	67	18.36	114	13.70
居住地区	华东地区	28	15.30	39	13.73	58	15.89	125	15.02
	华南地区	17	9.29	40	14.08	49	13.42	106	12.74
	华中地区	25	13.66	42	14.79	57	15.62	124	14.90
	华北地区	29	15.85	35	12.32	46	12.60	110	13.22
	东北地区	32	17.49	51	17.96	64	17.53	147	17.67
	西北地区	25	13.66	35	12.32	43	11.78	103	12.38
	西南地区	27	14.75	42	14.79	48	13.15	117	14.06
月平均收入	3000元及以下	67	36.61	113	39.79	146	40.00	326	39.18
	3001—6000元	61	33.33	87	30.63	133	36.44	281	33.77
	6001—9000元	43	23.50	55	19.37	48	13.15	146	17.55
	9001—12000元	8	4.37	20	7.04	28	7.67	56	6.73
	12000元以上	4	2.19	9	3.17	10	2.74	23	2.76
合计		183	100	284	100	365	100	832	100

资料来源：由本次问卷调查数据统计得出。

从表2所列数据结果可以发现，东北三省中答卷人样本总体在人口统计特征方面均比较相近，说明三省中游客样本的搜取符合一致性及可对比性原则要求。

（二）问卷信效度检验

1. 信度检验

本次问卷调查在黑龙江、吉林、辽宁三省发放问卷有效回收比例分别为91.50%、94.67%、91.25%，三组比例数据指标符合学者Gorsuch提出的设计样本量与研究样本量之比至少为5:1的建议。本次问卷设计中共设置了47个矩阵量表选项，在此基础上针对三省有效问卷回收数据做出Cronbach's α系数计算，结果如表3所示。

表3 东北三省有效问卷回收数据分维度Cronbach's α系数值统计

维度	项数	α系数		
		黑龙江	吉林	辽宁
旅游特色	5	0.856	0.894	0.848
旅游环境	5	0.874	0.868	0.878
旅游设施	14	0.912	0.879	0.823
旅游服务	10	0.863	0.873	0.910
旅游价格	9	0.889	0.879	0.880
情感印象	4	0.893	0.895	0.875

资料来源：由本次问卷调查数据统计得出。

一般认为，Cronbach's α系数值在0.700以上表明具有良好的信度，而三省各项维度α系数计算值均高于0.700，表明对三省进行的问卷调查所回收的数据具有良好的信度。

2. 效度检验

在效度检验环节，本文运用KMO和Bartlett检验评估样本数据是否适合进行因子分析。一般认为KOM系数超过0.800且越接近于1.000说明问卷的结构效度越好，而Bartlett球形检验的显著性小于0.050被认为问卷具有良好的结构效度。基于此，利用三省回收有效问卷数据计算三省相应效度系数结果如表4所示，而由计算结果数值可见，三省的KOM值分别为0.913、0.917、0.926，均远超0.800临界值且很靠近于1.000，且Bartlett球形度检验

p 值均小于 0.050，说明对三省进行的问卷调查所回收的数据具有良好的效度。

表4　　　　　东北三省问卷回收数据效度系数统计

		KMO 值	0.913
黑龙江		df	1081.000
		p 值	0.000
		KMO 值	0.917
吉林		df	1081.000
		p 值	0.000
		KMO 值	0.926
辽宁		df	1081.000
		p 值	0.000

资料来源：由本次问卷调查数据统计得出。

（三）感知差异分析

1. 旅游特色感知差异分析

针对东北三省冰雪旅游目的地游客感知形象中的旅游特色维度做出统计分析，结果如表 5 所示。

表5　　　东北三省冰雪旅游目的地旅游特色游客感知结果

旅游特色维度	平均分值		
	黑龙江	吉林	辽宁
感觉存在富有特色的冰雪文化	4.52	4.33	4.00
感觉存在富有特色的冰雪景观	4.37	4.46	3.90
感觉存在富有特色的冰雪娱乐项目	4.42	4.39	3.35
感觉冰雪旅游目的地有很多特色美食	4.33	4.32	4.37
感觉冰雪旅游目的地有丰富的特色产品	4.28	4.12	4.16
小计	4.38	4.32	3.96

资料来源：由本次问卷调查数据统计得出。

根据表 5 可以看出，黑龙江、吉林、辽宁在冰雪旅游特色方面各有优势，总体平均值黑龙江领先，辽宁的总体评分较低。其中黑龙江的特色冰雪文化给游客留下的感知最为强烈，吉林的冰雪景观较为突出，而辽宁的特色美食及特色产品较为丰富。

2. 旅游环境感知差异分析

针对东北三省冰雪旅游目的地游客感知形象中的旅游环境维度做出统计分析，结果如表6所示。

表6　　　　东北三省冰雪旅游目的地旅游环境游客感知结果

旅游环境维度	平均分值		
	黑龙江	吉林	辽宁
我很喜欢该地冬季的气候环境	4.32	4.34	4.31
我很喜欢冰雪旅游目的地的生态环境	4.3	4.27	4.35
感觉冰雪旅游目的地人流量并不拥挤	4.21	3.78	4.26
感觉冰雪旅游目的地居民热情好客	4.43	4.29	4.34
感觉冰雪旅游目的地治安环境良好	4.35	4.37	4.35
小计	4.32	4.21	4.32

资料来源：由本次问卷调查数据统计得出。

根据表6中结果数据可以看出，黑龙江、吉林、辽宁在冰雪旅游环境方面游客感知平均分相差较小，说明游客对东北三省的旅游环境感知较为接近，其中吉林在人流量方面相对较大，平均分值相对较低。

3. 旅游设施感知差异分析

针对东北三省冰雪旅游目的地游客感知形象中的旅游设施维度做出统计分析，结果如表7所示。

表7　　　　东北三省冰雪旅游目的地旅游设施游客感知结果

旅游设施维度	平均分值		
	黑龙江	吉林	辽宁
冰雪旅游景区所在地可选择的饭店种类丰富	4.36	4.34	4.37
冰雪旅游景区所在地可选择的饭店数量充足	4.33	4.32	4.38
冰雪旅游景区所在地就餐过的饭店卫生普遍良好	4.31	4.12	4.34
冰雪旅游景区所在地可选择的宾馆数量充足	3.99	4.22	4.36
从火车站（或机场）到达旅游目的地的交通很便捷	4.36	4.2	4.42
各个冰雪旅游景区之间的交通很便捷	4.11	3.73	3.89

续表

旅游设施维度	平均分值		
	黑龙江	吉林	辽宁
非早晚高峰情况下路面交通很顺畅	4.12	3.34	3.97
冰雪旅游景区所在地商场规模能够满足购物需求	4.38	4.24	4.45
冰雪旅游景区所在地购物场所商品类目全面	4.28	4.21	4.52
景区冰雪娱乐项目种类丰富	4.41	4.33	3.27
景区冰雪娱乐项目安全系数较高	4.41	4.34	4.36
景区冰雪娱乐设施完备	4.33	4.32	3.61
冰雪旅游景区内部有详细的路面标识或引导人员	4.21	3.82	3.97
冰雪旅游景区内部的建筑有详细的介绍碑文或专门的解说人员	4.34	3.89	3.41
小计	4.28	4.10	4.09

资料来源：由本次问卷调查数据统计得出。

由表 7 中结果数据可以看出，在旅游设施方面辽宁表现最佳，其在食宿、交通及购物方面领先于其他两省，而黑龙江在冰雪娱乐项目上领先于其他两省，吉林省的交通便捷性有待提升，旅游设施方面的总体平均值以黑龙江为首，吉林以及辽宁总体评分较为接近。

4. 旅游服务感知差异分析

针对东北三省冰雪旅游目的地游客感知形象中的旅游服务维度做出统计分析，结果如表 8 所示。

表 8　　　　东北三省冰雪旅游目的地旅游服务游客感知结果

旅游服务维度	平均分值		
	黑龙江	吉林	辽宁
这次冰雪旅程，就餐过程中的服务体验很好	4.41	4.35	4.47
冰雪旅游景区所在地饭店的服务人员工作很规范	4.36	4.29	4.34
这次冰雪旅程，住宿过程中的服务体验很好	4.38	4.31	4.42
冰雪旅游景区所在地宾馆的服务人员工作很规范	4.38	3.98	4.42
这次冰雪旅程，游览过程中的服务体验很好	4.12	4.23	4.50
冰雪旅游景区所在地乘车过程中服务人员工作很规范	4.37	3.74	4.42
这次冰雪旅程，购物过程中的服务体验很好	4.38	4.36	4.47

续表

旅游服务维度	平均分值		
	黑龙江	吉林	辽宁
冰雪旅游景区所在地购物过程中服务人员工作很规范	4.38	4.15	4.47
这次冰雪旅程，娱乐过程中的服务体验很好	4.37	4.35	4.3
冰雪旅游景区所在地娱乐过程中服务人员工作很规范	3.89	3.40	4.21
小计	4.30	4.12	4.40

资料来源：由本次问卷调查数据统计得出。

由表8中结果数据可以看出，在旅游服务方面，辽宁的平均分值高于黑龙江和吉林，游客在辽宁的交通及购物中的体验感知相对较好，黑龙江在冰雪娱乐过程中给游客带来的服务体验相对较好，而吉林的游客对食宿以及乘车服务方面体验的评分相对较低。

5. 旅游价格感知差异分析

针对东北三省冰雪旅游目的地游客感知形象中的旅游价格维度做出统计分析，结果如表9所示。

表9　　　　东北三省冰雪旅游目的地旅游价格感知结果

旅游价格维度	平均分值		
	黑龙江	吉林	辽宁
冰雪旅游景区所在地餐饮价格合理	4.26	4.10	4.34
冰雪旅游景区所在地住宿价格合理	4.13	3.96	4.32
前往当地的往返机票或车票价格合理	3.72	4.39	3.94
冰雪旅游景区所在地出租车价格合理	4.26	3.89	4.38
冰雪旅游景区内部观光车价格合理	4.23	4.15	4.30
冰雪旅游景区所在地纪念品价格合理	4.42	4.26	4.37
冰雪旅游景区门票价格合理	3.98	4.19	4.34
冰雪旅游景区娱乐项目价格合理	4.19	4.23	4.42
滑雪度假区滑雪及教练费用合理	4.23	4.24	4.37
小计	4.16	4.16	4.31

资料来源：由本次问卷调查数据统计得出。

由表9中结果数据可以看出，在旅游价格方面，游客对辽宁的总体价格感知打分相对较高，其中在景区门票、娱乐项目及滑雪和教练费用方面获得了更好的评价，而吉林在往返机票（或车票）的价格方面获得了游客相对更好的评价，但在餐饮及食宿方面的评价相对较低。

6. 旅游情感感知差异分析

针对东北三省冰雪旅游目的地游客感知形象中的旅游情感维度做出统计分析，结果如表 10 所示。

表 10　　　　　　东北三省冰雪旅游目的地旅游情感感知结果

情感形象维度	平均分值		
	黑龙江	吉林	辽宁
这次冰雪旅程让我感到很放松	4.39	4.37	4.35
这次冰雪旅程让我感到很愉快	4.38	4.3	4.32
这次冰雪旅程让我感到很兴奋	4.48	4.21	3.98
这次冰雪旅程后我会推荐亲朋好友实地游玩	4.44	4.37	4.39
小计	4.42	4.31	4.26

资料来源：由本次问卷调查数据统计得出。

由表 10 中结果数据可以看出，旅游情感方面，游客对黑龙江的总体情感印象评价相对更高，各项指标均高于其他两省，尤其是游客的推荐意图方面明显高于其他两省。吉林与辽宁相比，游客对放松程度的评价上吉林高于辽宁，但其他指标辽宁略高于吉林，吉林总体平均值位居第二。

结论与讨论

本文对冰雪旅游目的地游客感知形象内涵做出了解析，构建了冰雪旅游目的地游客感知形象测度的维度指标体系，在此基础上对东北三省冰雪旅游目的地游客感知形象进行了测度并进而做出了差异分析。结论如下。

冰雪旅游目的地是指以冰雪为特色，以冰雪旅游为主题，包含丰富冰雪旅游资源、多类冰雪旅游项目，能够基于食、住、行、游、购、娱旅游价值链要素为来访游客提供完整旅游经历或体验的特定地理区域。冰雪旅游目的地作为新兴旅游业态对广大游客正散发出越来越大的吸引力。因此，冰雪旅游目的地游客感知形象，即游客对冰雪旅游目的地在认知形象、情感形象及总体形象三方面的综合认识或总体评价，也已成为各地区建设发展冰雪旅游目的地的重要抓手,其中测度评价冰雪旅游目的地游客感知形象就成为关键,而对冰雪旅游目的地游客感知形象开展测度评价工作可以从冰雪旅游目的地的旅游特色、旅游环境、旅游设施、旅游服务、旅游价格及旅游情感六大维度方面及其下级 26 个子项指标来进行。

在建设发展冰雪旅游目的地实际工作中,东北三省相关政府部门应当因地制宜,强化区域特色,规避同质竞争,要加强区域合作,实现资源共享和优势互补,应致力于提升基础设施建设水平,不断改善交通、住宿和餐饮等条件,同时要加强对旅游业高管骨干人员的培训,提升旅游服务的整体水平,给游客带来更好的地区经历及体验,此外,还应该制定合理的价格指导政策并做好市场监管工作。东北三省各冰雪旅游景区应重视自身形象的塑造,通过有效的资源挖掘和营销创意,展示独特的冰雪景观和文化特色,吸引游客并提升其好感度,特别要关注游客需求,加大创新力度,推出多样化、特色化的冰雪旅游项目,以丰富游客的全过程体验,此外,要通过抖音、小红书等方式推介宣传,与游客实现"面对面"交流,不断拉近与游客的距离感。

东北三省的地理位置较为接近,游客的冰雪旅程可能涵盖两省或三省,在这种情况下游客到达冰雪旅游目的地的先后顺序是否会影响游客对目的地感知形象的客观评价还有待探讨。此外,如果游客对某一旅游目的地形象的某一方面存在不好的体验,这是否会影响游客对该目的地其他形象方面感知的客观评价,从而影响填答问卷的准确性也有待做出分析。还有,本研究中对东北三省冰雪旅游目的地游客感知形象测度评价中,对六大维度及其下级 26 个子项指标重要性是按同等重要程度设定的,这是否普遍符合游客心中评判还有待做出证实。

Research on the Differences in Tourists' Perception of the Image of Ice-snow Tourism Destinations in the Three Northeastern Provinces

Wang Haiyan, Wang Danfeng

Abstract: Using literature research and expert interviews, this study conductedUsing literature research and expert interviews, this study conducted of the perceived image of visitors this study conducted an in-depth analysis of the perceived image of visitors to ice and snow tourism destinations. A survey questionnaire was designed and data on the perceived image of visitors to ice and snow tourism destinations in Heilongjiang, Jilin, and Liaoning provinces were collected. Using SPSS software, the multidimensional aspects of the perceived image of visitors from the three provinces were statistically analyzed and compared. The study found that there are significant differences in the perceived image of visitors to ice and snow tourism destinations across the three provinces: In terms of ice and snow tourism characteristics, Heilongjiang has a richer ice and snow culture, while Jilin has more diverse ice and snow landscapes; in terms of ice and snow tourism environment, the local residents in Heilongjiang are more hospitable, while Liaoning has a more superior and convenient transportation environment; in terms of ice and snow tourism services and prices, Liaoning performs better; and in terms of emotional experience, Heilongjiang leaves a better impression on visitors. Through comparative analysis, not only can we see the advantages and shortcomings of the three provinces in ice and snow tourism, but it also provides valuable references for related practitioners and government departments in the three provinces to develop high-quality development strategies for ice and snow tourism.

Keywords: Cognitive Affective Theory; Ice-snow Tourism Destination Image; Tourists' Perception Difference; Northeast China

首创环保集团长治污水处理TOT项目内部控制研究

刘 静 侯怡雯 张 洋*

摘 要：加强生态环境保护，推进美丽中国建设是功在当代、利于千秋的事业。水务行业是关系国计民生的公共服务行业。各级政府积极推动污水处理工程的建设和落实。但由于财政资金紧缺等问题，地方政府纷纷引入政府和社会资本合作（PPP）模式，吸引社会资本的加入。首创环保集团作为环保行业可持续发展的引领者，为全国130多个城市提供水务服务。其中长治污水处理TOT项目自运行以来，基础设施项目已整体运营6年以上，运营正常、稳健，已产生持续、稳定的现金流，2022年被选为首创环保旗下富国首创水务REIT基金扩募对象。长治污水处理项目能表现如此亮眼，离不开有效的内部控制为其保驾护航。因此，本文将对首创环保集团长治污水处理TOT项目内部控制的成功经验进行研究与总结，为企业在投资、经营TOT项目内部控制问题上提供可资借鉴的思路及帮助。

关键词：首创环保集团；TOT项目；污水处理；内部控制

2023年年初，政府和社会资本合作（PPP）模式便一直处于停滞状态，财政部PPP中心项目库一度暂停了项目入库，全国超2000个PPP项目被叫停，不少投资企业损失惨重。国家部委层面再次对PPP行业进行大刀阔斧的改革，出台规范运营文件，制定PPP新机制，规范其发展。PPP项目

---

* 刘静（1965— ），女，吉林长春人，博士，吉林外国语大学特聘教授，硕士生导师，研究方向为审计理论与实务、区域经济；侯怡雯（1999— ），女，山西长治人，硕士，山西科技学院助教，研究方向为审计；张洋（1991— ），女，吉林白城人，硕士，国网吉林省电力有限公司白城供电公司中级会计师，研究方向为审计、企业管理。

迎来了新的发展机遇。2024年5月21日，国家发展改革委办公厅印发了《政府和社会资本合作项目特许经营协议（编制）范本（2024年试行版）》。这标志着PPP项目结束停滞状态，重新出发开启高质量发展新征程，是中国PPP发展的重要里程碑。在这样的新阶段，研究PPP项目内部控制的典型案例，总结出成熟做法，为已经或即将承接PPP项目的企业提供可以借鉴的成功经验，其重要意义不言而喻。PPP项目基本都是关系国计民生的基础设施项目，其中污水处理更是代表性项目。水是生命之源，污水处理已成为生态环境保护的重要一环。为此各级政府纷纷采用TOT模式引入社会资本，充分发挥企业资金、管理、技术、人才、服务等优势，参与城乡污水治理。其中，首创环保集团的长治污水处理项目表现亮眼，经营情况良好且成功被选入扩募的对象。其内部控制的优秀做法值得借鉴。

一　TOT项目内部控制关键点

移交—经营—移交（Transfer-Operate-Transfer，TOT），是较为普遍且流行的一种项目融资方式。① 相对于建设—经营—移交（BOT）模式融资，TOT模式融资使得社会资本方省去了建设环节，从而使项目经营免去了建设阶段的风险，项目进行移交后便可产生收益。因此项目公司可以通过将项目的经营收益权作为质押担保给银行等金融机构，从而更加方便地获得融资。② TOT模式对于社会资本方而言，虽然省去了建设环节的投资与风险，但从移交到项目运行的整个合作期间需要充分考虑政策合同、法律变更、审批、社会公众、项目收益和不可抗力等诸多因素。这对企业项目管理能力提出更高要求，企业更需要完善自身内部控制。本文根据内部控制理论、TOT项目自身的特点以及对中国以往出现PPP项目失败的案例进行分析，总结出以下在企业层面TOT项目内部控制的关键点。

（一）项目融资控制

一方面，项目移交时的资产控制。TOT模式融资通常以项目收益权向

---

① 温湛滨、朱小强：《刍议我国TOT项目融资模式》，《财会月刊》2004年第8期。
② 盛国梁：《公用事业项目融资及其路径选择——基于BOT、TOT、PPP模式之比较分析》，《统计与管理》2017年第3期。

银行进行质押从而获得投资，因此一旦目标存量资产存在瑕疵，比如项目设施、土地及所涉及的任何资产存在前期手续不全、权属不清、资产价值未经评估，或其项目收益权已质押、相关资产已抵押融资，均可能影响存量资产购买债务融资的可行性。因此，在项目存量资产移交时，需要检查存量资产前期手续是否完善、资产状况是否存在瑕疵，提前沟通与存量项目相关的人员安置问题、债务清理问题等。另一方面，项目融资具体控制。相关方要了解项目公司融资方案的设计是否科学合理、融资内容是否符合要求、融资决策是否符合企业控制流程以及是否安排专人专项负责项目融资相关事项，及时跟进融资情况，汇报融资进度。

（二）项目收益控制

第一，合同风险控制。以污水处理项目为例。污水处理费用虽然形式上由政府部门予以支付，但其实质是由居民和排污企业承担，属于排污者支付的使用付费，具备合理的分散度，系由市场化运营产生，且不依赖第三方补贴等非经常性收入。[①] 因此，污水处理价格、污水处理量的变动是影响收益的重要因素，需要提前在项目合同内容上进行价格、污水量的控制管理，以免日后企业陷入被动，影响项目经营收益。第二，项目投资决策控制。对企业而言，项目的选择是关键一步。如何能选择未来可以盈利的项目，是项目顺利运营的前提。因此，前期需要对项目进行风险评估，通过实地考察，对项目当地政府方、地区实际情况等了解的前提下，充分评估项目的风险收益，作出科学投资决策。第三，项目经营控制。作为民生工程，污水处理项目收入来源取决于污水处理质量高低，而污水处理过程决定着污水处理质量，因此对污水处理生产流程的内部控制至关重要。

（三）项目基础设施安全控制

TOT 项目涉及的存量资产属于国有资产，在项目合同期满后，运营方需要将项目资产完整地移交给原转让方，否则将会面临违约风险。这是 TOT 项目合同约定的硬性要求。因此，保证国有资产的完整安全，确保国有资产不流失是 TOT 项目内部控制的内在要求。企业需要通过加强日常对项目资产管理的实物控制来保障资产的安全和完整。此外，从风险管理理论角度出发，

---

① 刘康、李涛、马中：《中国污水处理费政策分析与改革研究——基于污染者付费原则视角》，《价格月刊》2021年第12期。

可以通过项目投保等方式转移风险,最大限度地降低企业损失。

(四) 项目监督控制

TOT 项目大多涉及基础设施建设、城镇化发展、资源环境等关系到社会民生的领域,不仅要接受政府部门监管、企业自身监督,还会受到社会公众的关注。因此,提供项目真实可靠的财务信息及其他信息来接受社会各界的监督,有利于及时发现项目不足之处并及时控制,保证项目效益。① 首先,企业需要通过制度设计进行内部控制,如不相容职务相分离、授权审批、会计信息核对等对项目进行管控。其次,企业应充分发挥审计的监督作用,利用内部审计和外部审计,加强对项目的监督管理。

(五) 项目内外部沟通控制

企业参与 TOT 项目的根本目的在于获利,而项目经营的效率和效果如何往往决定着该项目的收益情况。例如,汤逊湖污水处理厂项目就是一个典型案例。该项目一期建成后,由于配套的网管设施和排污费的收取等一系列问题没有能够解决,该厂长期处于闲置状态。TOT 项目在长期的运营期内,面临的影响因素很多。内部控制作为企业治理手段,可以通过权责划分明确、优化业务流程、建立起良好的信息沟通体系以及内部考核机制,来促进项目运行的效率和效果。此外,政企合作开展的 TOT 项目决定了交流沟通不能仅限于企业内部,也要重视与外界的沟通,主动建立沟通渠道,多角度关注社会、政府和公众的建议。

(六) 项目环境控制

TOT 项目大多属于社会民生领域,旨在促进城市基础设施建设和改善人居环境。内部控制体系的实施,能够使企业充分发挥资金、管理、技术、人才、服务等优势,在完善基础设施、水环境综合治理、固体废弃物环境、大气治理、资源能源等方面与当地政府开展更多务实合作,破解城市治理中的难点、堵点、痛点,实现双方共赢发展。企业追求经济效益的同时更要注重生态环境效益,绝不能以污染为代价来发展经济,采取措施最大程度减轻项目对环境造成的影响,努力形成企业、政府和社会大众均满意的良好口碑。

---

① 赵团结、王子曦:《风险控制导向下 PPP 内部控制模型的构建》,《财务与会计》2017 年第 14 期。

二 首创环保集团长治污水处理 TOT 项目内部控制案例介绍

(一) 首创环保集团简介

北京首创生态环保集团股份有限公司(以下简称"首创环保集团"),成立于1999年,2000年4月在上海证券交易所挂牌上市。集团业务领域覆盖城乡污水处理及再生水、供排水一体化、网管运维、污泥处理处置、固体废弃物处置、环卫一体化、生活垃圾焚烧资源化、有机垃圾厌氧资源化,工业企业废气治理、水系统综合服务、节能管理服务等。目前在全国28个省、自治区和直辖市的130余个城市拥有水务项目。

(二) 长治污水处理 TOT 项目概况

长治污水处理 TOT 项目是国家"十一五"规划城镇污水处理设施建设项目和国家"三河三湖"专项资金建设项目,也是山西省改善城市人居环境 PPP 投资引导基金合作的第一个项目。长治污水处理 TOT 项目包含主城区污水处理厂、长北污水处理厂及主城区污水处理厂及长北污水处理厂提标改造工程,其中主城区污水处理厂包括主城区污水处理厂(一期)项目、主城区污水处理厂(二期)项目。长治污水处理 TOT 项目均采取特许经营权的方式,企业通过 TOT 运营模式与政府方签订《长治特许经营合同》,从而获得项目的特许经营权。

首创环保集团对该项目具有投资意向。因此在项目投资决策前期,集团总经理带领考察团到长治市,经过近四个月的实地调研考察,对长治市有了更深层次的了解。长治市在诸多方面具备独特优势和良好的基础条件,与首创环保集团在环境保护、海绵城市建设以及湿地修复整理等方面有着较大的合作潜力和空间。基于此,首创环保集团投资部门牵头财务管理部、工程管理部、技术管理部、审计法律部、运营管理部、人力资源部等支持部门,对长治污水处理 TOT 项目开展尽职调查,对该项目合规性、盈利能力以及项目融资等方面进行风险评估。最终,集团评估组认为该项目手续完备,合规性评估通过;污水处理基于合理回报率的原则定价,收入和盈利稳定,同时,污水处理费包含在居民自来水费中,现金流稳定性和分散性较好，资金收益能够偿还贷款，覆盖项目建设及运营投入的成本及税费，并可以获得合理盈利。此外，该污水处理项目自身吸引力强，集团自身信誉度高，预期能够在期限内完成项目融资。基于此，由投资等部门形成综合报告，报投资论证委员会和经理办公会审议通过该污水处理TOT项目尽职调查专业报告，而后又上报董事会议定通过。2016年12月，首创环保集团取得长治市污水处理特许经营TOT项目中标通知书，成立了长治市首创水务有限责任公司（以下简称"长治首创"），参与长治市污水治理。该项目期限为30年，如何做到全过程有效管控项目，促进项目安全落地、平稳运行，内部控制发挥十分重要的作用。

三　首创环保集团长治污水处理TOT项目内部控制主要措施

（一）项目融资控制

1. 严格的项目接收控制

2017年7月26日，长治市住建局向长治市人民政府提交《关于长治市污水处理特许经营项目特许经营第一次移交的报告》载明移交日期从2017年8月1日起计。据此，长治污水处理TOT项目的特许经营期自2017年8月1日至2047年7月31日。一方面，对于项目资产的接收控制。长治市污水处理项目在移交期间涉及土地、税收、监管等多项工作，长治首创在此阶段的首要内部控制目标为确保移交的污水处理厂及其配套网管设施符合项目协议约定，标的资产不存在质量和维修问题或其他瑕疵。项目进行到接收阶段时，子项目长北污水处理厂被群众举报存在部分设施不正常运行的环保违法问题。原因在于该厂出现设备故障，对加氯消毒设施采取了持续五天的停运措施，但并未及时向环保部门报告。加氯消毒设施的停运可能会造成处理后的污水一定程度上的大肠杆菌超标。为此有关部门第一时间进行了严肃追责处理，对该厂厂长予以撤销职务。基于以上情况，长治首创在接收两个污水处理厂时，对其近期内历史资料、环保系统在线数据、运行台账、各类设施运行状况以及污水排放口的监控设施数据进行了详细检查，确保两个污水处理厂设施均已正常运行，污水达标排放，最终确定移交资产符合接收标准，为后续能够从工商银行获得融资做好准备。另一方面，对于人的接收控制。原长治污水处理厂的职工，长治首创按照合约规定进行正常接收。关于员工薪资待遇、福利等政策信息进行公开，充分听取意见，尊重职工选择，提高了办事透明度，保障了广大职工的知情权和参与权，为后续项目公司正常运转奠定人文基础。

2. 明确的项目融资权责分离

在成立项目公司时，首创环保集团帮助项目公司及早建立起良好的内部控制环境，制定并实施相关内部控制程序和项目运营管理制度，明确长治项目公司的生产、运营、管理、安全、财务、机构设施等各项制度及规范，为项目高效运行提供了有力的制度保障。

（1）对融资方式和规模严格论证

长治首创在项目融资时，对融资方式和规模进行了可行性论证，通过污水处理收费权提供担保，确定了合理的融资规模和资金结构。由公司领导班子进行集体决策，融资、质押合同等法律文件经过公司董事的批准并授权财务部门具体执行，做到了项目融资业务的授权人和执行人相互分离。

（2）安排专人负责借款归还，维护企业信用

长治首创财务部门按照会计制度的规定设置融资业务会计科目，安排专人负责对公司融资业务进行核算，详细记录融资业务的整个过程，实施业务的会计核算监督，随时掌握资金归还情况，按时归还银行借款本金及利息，提高了公司的信誉。

2021年7月8日长治首创以自有资金归还本金5000000元，2021年7月21日以注册资本金归还21117800元，随着归还部分银行借款本金，相应的利息费用减少。另外自2021年9月22日起，公司将提标改造工程项目内部借款46228058.27元置换为银行借款，利率下降促使利息费用减少。如表1所示。

表1　　　　　　2019年至2022年6月长治首创费用情况　　　　　　单位：元

费用	2022年1—6月	2021年	2020年	2019年
财务费用	8991753.68	19553980.71	20153246.43	20582589.06
销售费用	略	略	略	略
管理费用	略	略	略	略
合计	10912343.78	25446365.87	24130357.38	23851223.27
占营业收入比重（%）	16.35	19.20	19.86	27.81

资料来源：根据长治首创水务公司年报数据整理。

（3）授权银行监管账户，防止资金挪用

长治首创授权中国工商银行长治八一路支行对账户进行日常监管。2021年7月16日，双方签署《账户监管协议补充协议》，约定为了担保借款合同下债权的实现，将原《账户监管协议》10.1约定的"监管专户为收取污水处理服务收入的唯一结算账户"修改为"监管专户为收取污水处理服务、可用性服务费及运营管理费收入的唯一结算账户"。银行有权对项目收取的污水处理费进行监管，防止项目资金被挤占、挪用、挥霍浪费，同时确保了借款合同约定的债权实现，有利于企业资金管理。

（4）制定应收账款催收管理制度

污水处理费是长治首创的主营业务收入。长治首创在财务领域配备了专业的管理人员和专业化的计算机电子系统进行项目自动化监控及管理，安排专人跟进污水处理费应收进展。在每个运营月结束后15个工作日内，公司财务人员向长治市排水事务中心提出支付申请，污水处理服务费由长治市财政局设立的污水处理服务费专用银行账户按月向长治首创的指定账户支付污水处理服务费，在收到付款后3个工作日内工作人员向长治市排水事务中心开具发票，确认收款。一般污水处理费通常账期为1—2个月，并于当年年底前结清。如遇到特殊情况需向财务总监报告，由总经理对接相关政府部门，并定期向集团报告项目经营情况。有效减少资金占用，提高资金使用效率，从而保证公司资金链的安全。

如表2所示，长治首创的应收账款主要是长治市住房和城乡建设局根据账期尚未支付的污水处理费，通常账期为1—2个月，并于当年年底前结清，长治项目2019—2021年一期污水处理服务费的回收率均达到100%。根据长治市财政局结算历史污水处理量的情况，从长治首创向长治市排水事务中心提出支付申请，至长治市财政局划付相关款项，回款周期通常不超过2个月，应收账款的回款周期在合理期限内，不存在长治市财政局延迟支付的情形。

表2　　　　长治首创应收账款账面余额按商客列示明细　　　　单位：元

商客	2022年6月30日	2021年12月31日	2020年12月31日	2019年12月31日
长治市住房和城乡建设局	23480373.74	12122881.77	11307524.39	7947016.83
长治市排水事务中心	108002.44	—	—	—
合计	23588376.18	12122881.77	11307524.39	7947016.83

资料来源：根据长治首创水务公司年报数据整理。

（二）项目收益控制

1. 科学的投资决策风险评估

首创环保集团在污水处理项目投资决策时，从集团项目战略出发，结合市场分析结果确定了投资计划。在项目投资决策过程中，为对该项目进行充分评估，集团组织团队去项目所在地长治市进行考察，全方位评估该项目政策风险、实际情况、运作成本以及预期收益等相关因素，作出投资评估方案，上报董事会决议。项目投资决策等相关文件均经过董事会的审批签字并接受内审部门的监督，严格遵守项目投资决策控制流程。总体而言，项目风险评估执行到位，投标过程符合项目和集团的要求，最终使得集团成功选择并中标了适合集团战略发展目标的 TOT 项目。

2. 全面的合同风险收益控制

在签订合同时，首创集团与长治市政府方提前约定好在发生提标改造、原材料价格上涨等情况下可以申请调价，使得长治污水处理 TOT 项目能够有效对抗经济周期性波动；并考虑到若未来污水处理量未达到基本水量时，由政府补足并支付差额费用，极大程度上保证企业收益稳定。因此，在 2020 年 2 月长治污水处理 TOT 项目实际污水处理量（543.99 万吨）未达到基本水量（555.09 万吨），考虑到当时情况属于疫情突发导致的不可抗力影响，经长治首创与长治市住建局协商一致，确定当月污水处理服务费按遭遇不可抗力处理，由公司及政府各承担 50%，有效分担了企业的收益风险。

3. 标准化的污水处理流程

污水处理项目核心环节便是污水处理生产过程。它决定着污水处理的质量，关乎项目收益。在此方面，长治首创对污水处理全过程制定了统一标准化操作方式，从污水的收集—处理—除杂—沉淀—过滤—出水，到污泥处理和运输，每一个环节、每一个岗位，制定了精细的科学化、量化标准，按标准进行管理，实行水质在线检测，有利于公司提高生产管理效率，保障出水质量安全和污水排放合格，做到清洁生产。目前，长治首创主城区污水处理厂和长北污水处理厂的污水收集量、排放标准、污水处理硬件设施建设、出水水质等情况已经满足长治市污水处理项目正常运行的需要。如表 3 所示。

表3　　　　　　　污水处理项目公司排放日均值数据

监测日期：2023年7月6日

辖区企业名称	监控点名称	COD (mg/l) 浓度	COD (mg/l) 排放标准	氨氮 (mg/l) 浓度	氨氮 (mg/l) 排放标准	总磷 (mg/l) 浓度	总磷 (mg/l) 排放标准	总氮 (mg/l) 浓度	总氮 (mg/l) 排放标准	流量 (t/h)
主城区污水处理厂	出水口	9.88	40	0.02	2	0.06	0.4	6.32	15	4828.06
长北污水处理厂	出水口	11.73	40	0.08	2	0.04	0.4	8.53	15	2160.46

资料来源：长治市环保局。

4. 精细的降本增效管控

首创环保集团开展药剂集采、进厂质控检查，围绕电量、药量开展专项工作，根据专项工作进展配套节能降耗技改、批复技改资金，取得较明显的降低药量效果。长治首创根据集团制定的药剂合理性分析工具，确定药剂核算标准，并将药剂使用量和绩效考核挂钩，实现了减少药剂使用量。如表4所示，2021年主城区污水处理厂和长北污水处理厂吨污水生产成本同比下降了5.45%和22.5%。

表4　　　　2019年至2022年6月长治首创核心运营指标情况

	2019年	2020年	2021年	2022年1—6月
主城区污水处理厂				
污水处理结算量（万吨）	4924.30	5601.57	5601.57	2829.92
污水处理服务费回收率（%）	100	100	100	—
吨污水生产成本（元/吨）（电费、药剂费）	0.34	0.55	0.52	0.36
长北污水处理厂				
污水处理结算量（万吨）	2521.26	2150.42	2251.84	1206.40
污水处理服务费回收率（%）	100	100	100	
吨污水生产成本（元/吨）（电费、药剂费）	0.26	0.40	0.31	0.24

资料来源：根据长治首创水务公司年报数据整理。

长治污水处理TOT项目的污水处理结算量2019—2021年保持稳定增长，随着主城区污水处理厂和长北污水处理厂于2019年完成提标改造工程，污水处理服务费的实际结算单价较提标改造前增加，污水处理服务费收入实现增长；2022年上半年废水委托处理收入比2021年同期增长100%。

如表 5 所示，长治首创的营业收入、毛利率呈逐年增长态势，公司盈利能力较强。

表 5　　　　2019 年至 2022 年 6 月长治首创营业收入按业务分类　　　　单位：元

主营业务收入	2022 年 1—6 月	2021 年	2020 年	2019 年
污水处理业务	65355390.57	130096966.40	121060878.50	85774986.81
中水设备委托运营	1188678.76	2426179.07	414669.80	—
废水委托处理	40000.00	20000.00	—	—
调蓄池委托运营	155508.09	—	—	—
合计	66739577.42	132543145.47	121475548.30	85774986.81

资料来源：根据长治首创水务公司年报数据整理。

（三）项目基础设施安全控制

1. 有效的项目资产投保转移风险

基于风险管理理论，企业资产管理内部控制要识别化解风险，最大程度减轻各种风险的后果。因此，长治首创进行了项目资产投保风险转移。每年公司都会对污水处理 TOT 项目基础设施进行投保，保单内容全面，基本涵盖了可能发生意外损失的各种情况，最大限度将该项目可能产生的风险及其可能造成的损失，全部或部分转移给了保险公司，从而以最小的成本达到最大的保障。

2. 前瞻性的预防产业链安全事故

长治首创坚持安全发展理念，制定了《生产安全管理规定》《公司供应商管理指引》《安全环保管理办法》等内部制度，旨在预防并减少产业链安全事故。公司在污水处理工作开展前都会对员工进行岗前安全培训并告知相关须知事项，确保员工了解熟悉污水处理安全生产流程。每年定期组织对员工进行体检，保证员工人身健康和生产安全。

（四）项目监督控制

1. 充分发挥内部审计监督作用

首创环保集团建立总审计师制度，在长治污水处理 TOT 项目中，内审部门提前介入，对项目各个阶段情况、项目质量、工期、成本、安全、环境等方面考虑，对可能存在的风险和薄弱环节进行评估，从源头上把控风险。对长治污水处理 TOT 项目前期决策进行监督，审查项目决策流程是否符合集团内部流程规定、是否得到管理层的批准,以及可行性报告中所用数据是否真实、计算方法是否准确、参考依据是否合理、有无虚假分析行为等。首创环保集团在业务决策、签字、审批等流程环节均按照集团内部控制的要求执行,程序上不存在问题。

2. 主动利用外部审计完善企业内部控制

基于集团公司对项目公司的委托代理关系,首创环保集团对于长治首创的监督方面加强了力度。集团每年会邀请第三方会计师事务所对长治首创进行审计,每一年度的审计报告都会在财政部政府和社会资本合作中心案例库中进行披露,主动接受政府和社会公众的监督,积极健全完善企业内部控制。集团充分利用第三方独立审计的特点,有效监督长治污水处理TOT项目公司的生产运营,已经多年实现了对项目的高质量监督管理。

(五) 项目内外部信息沟通控制

1. 畅通的信息跟踪管理

长治首创实行重大事项督办制度。对于公司的重大工作以及董事会、总经理办公会、领导班子会决定的投资、融资等重大问题,在确定具体负责人的前提下,对重大事项的进展进行跟踪汇报,以保证政令的畅通和政策的执行。在日常工作中,长治首创除根据部门职责与授权审批制度建立的直线工作关系之外,还采取了会签制度,召开项目协调会、总经理办公会、班子会、定期工作会议等形式,加强了同级别之间,上下级之间的互动与良好的沟通。

2. 积极的政府、群众与企业沟通管理

长治首创多次组织对外开放活动,邀请公众到长治首创污水处理厂进行参观学习。厂区负责人给来访人员讲解现场安全注意事项及要求,带领公众有序进入生产区域,按照工艺流程顺序进行参观。对公众感兴趣的问题解说员运用专业知识,以通俗易懂的语言予以解答。通过举办公众开放活动,使大家进一步了解了污水处理工艺,加强了节水观念和意识,从而推动全社会形成关心水、亲近水、爱护水、节约水的良好风尚;同时宣传了长治首创文化理念,树立企业正面形象。

遇到难题寻求政府帮助。如何选择合格的运输单位能够保证不再出现污泥违规倾倒行为是个难题。长治首创积极与政府相关部门取得联系,寻求帮助,最终由政府部门出面协调由长治市垃圾处置厂作为污泥接收单位,每日接收并处置污泥,使长治首创生产产生的污泥得到有效处置。长治首创积极参与政府部门相关活动。在企业安全方面,与长治市潞州分局在长治首创主城区污水处理厂组织开展突发环境事件应急演练活动;在污染防治方面,长治首创协办长治市环境保护局主办的"长治市污染防治技术与管理对接洽谈会",对污染防治管理建言献策。

四 长治污水处理 TOT 项目内部控制案的启示

首创环保集团长治污水处理 TOT 项目运行以来,具有成熟的经营模式及市场化运营能力,并已产生持续、稳定的收益及现金流,具有良好投资回报,市场满意程度高。取得这样的成就,离不开内部控制为项目高效运转保驾护航。因此,准确把握 TOT 项目内部控制的关键点,在进行项目筛选、移交和经营过程中内部控制设计有效、执行到位,首创环保集团长治污水处理 TOT 项目的成功经验值得借鉴。

(一) 强化项目风险评估控制

除一般建设项目投资需要进行的资金融资、收益、安全、可行性等风险评估内容外,TOT 项目还需要额外考虑以下两点。

1. 项目资产评估

对于 TOT 项目来说,项目标的资产为存量资产,项目投资金额是否符合存量资产价值十分重要。如果资产评估价值虚高,则后期企业将会因为期初以较高价格获得项目而导致后期运营困难。例如兰州威立雅水污染事件,起初威立雅为获取 45% 的股权付出了极高的投标价,而在后续运营期间兰州水价四年未涨,公司处于亏损状态,很难持续运行。首创环保集团在对长治污水处理 TOT 项目评估时,充分考虑了项目自身价值和影响力,以及项目在长治地区是否具有唯一性等情况,科学理性地分析评估项目,使得投资后项目运营收益稳健。

2. 地方政府信用评估

污水处理项目的收益虽然不是来自财政预算,但是需要经过相关部门收集后统一发放给项目公司,这就涉及政府信用的问题,即政府部门是否可以积极完成收取水费工作、是否能够按时交付企业污水处理费。以汇津中国（长春）污水处理项目为例，该项目的失败直接源于从 2000 年开始，长春排水公司就拖欠汇津长春公司污水处理费，2003 年 3 月停止付费，给企业带来损失。首创环保集团在此方面选择实地考察，对项目进行充分背调，与长治市人民政府沟通，了解长治市人民政府以往项目进展情况，进而选择了长治污水处理 TOT 项目进行合作。

（二）严格项目合同控制

对于社会资本方而言，虽然经营性 TOT 项目有着很强的市场化运营特点，但其依靠市场化运营来获得收益的先决条件通常是政府的政策扶持，如特许经营期限、收费机制、项目唯一性等，因此需要社会资本方在签订合同时就上述问题作出清晰约定，并与政府就违约赔偿问题达成一致，从而保证项目的收益。

以杭州湾大桥为例，该项目在初期收入还是可观的。然后五年之后，与该项目存在竞争性的嘉绍跨江大桥开通，彼此相隔仅 50 千米，给杭州湾大桥带来了强烈的分流效应，造成了高速公路收费收入减少、投资收益降低，致使一些社会资本退出。但是该项目由于在签约阶段，社会资本方未能就项目的唯一性和违约赔偿问题与政府方协商一致，所以致使项目最终无法持续发展。首创环保集团在这一点上做得很好，在长治污水处理 TOT 项目签订合同时就事先约定了该项目在区域内具有唯一性，若出现污水处理量未达基本水量的情况时，由项目实施机构长治市住建局补足差额水费。通过合同约定提前进行项目控制，使得长治首创即使在疫情期间污水处理量没有达标的情况下也确保了项目收益。

（三）坚持项目全过程信息沟通控制

TOT 项目的特点是政企合作。这决定了企业信息与沟通不能仅仅局限于内部，外部大环境更需要关注。相较于首创环保集团和长治首创来说，项目所在地长治市人民政府以及相关监管部门对项目的未来发展环境、政策变化、资源调配等情况更加熟悉。项目公司应当主动联系政府方相关部门，互通消息、信息、资源，从不同角度对项目进行评估，以便更全面地掌握污水处理信息，及时更新政策变动等信息，从而更好地应对项目出现的问题，这一点长治首创的做法值得借鉴。

另外，污水处理是民生工程，要做让人民群众放心的 TOT 项目，积极听取人民群众的声音，重视群众反馈的问题并及时进行沟通和解决，以服务好人民群众为基本宗旨。主动联系群众，利用现代技术进行环保科普，让公众更好地了解环保设施污水处理运行情况，树立企业良好形象。此外，项目公司在当地经营过程中，不可避免地会涉及环保、安全、税收、绿色经营、发展政策等相关问题，主动联系政府有关部门，积极了解学习当地最新政策，与时俱进地调整项目公司控制管理活动，保障项目平稳、顺利、安全运行。

（四）标准化生产流程控制

污水处理项目存在的主要风险就是出水水质不达标进而引起水费无法回收的风险，以及污水处理成本变化导致的项目公司盈利波动。生产流程标准化能够有效解决这一问题。随着对污水处理水平要求的不断提高，污水处理工作越来越细致，污水处理生产流程标准化显得尤为重要。长治污水处理 TOT 项目对污水处理厂从进水口开始，到粗格栅、细格栅、氯化沟、二沉池、出水口一系列过程均制定了处理标准；对加药间进行规范化管理，提升加药系统的精细化水平，有效降低药剂投加量和投加成本，减少药剂使用量。

企业内部控制制度的建设过程就是设计标准的过程，设计出业务处理流程图，明确生产过程中每一个部门和岗位的职责，按照既定标准执行日常工作，进行企业管理、监督和评价，进而在不断动态发展过程中优化、调整内部控制，达到最优目标。因此建议污水处理 TOT 项目公司设计合理有效的污水处理生产流程标准，包括具体操作内容、审批执行等注意事项，清晰界定职责，开展标准化生产培训和绩效评价机制，严格管控污水处理和供水水质达标。不断提升污水处理工艺技术，及时新增及更换相关设备设施。保证出水水质在一级 A 标准的基础上，出水 COD、氨氮、总磷三项指标达到《地表水环境质量标准》（GB3838—2002）Ⅴ类标准。

（五）重视内外部审计监督控制

TOT 项目基于受托责任关系形成。对它的监督管理十分严格，政府监督、公众监督、社会资本方监督，从内到外建立全方位监督机制十分必要。而且对于项目中标企业来说，利用好内部审计和外部审计，助力 TOT 项目监督势在必行。

一方面，进行内部审计监督。首创环保集团的内部审计发展情况在中国名列前茅，率先建立了总审计师制度。内部监督作为内部控制基本要素之一，对内部控制的有效运行起着重要作用。首创环保集团在内部监督环节，既有业务流程监督下的不相容岗位相分离、授权审批等内部制约手段，也有专门进行内部控制审计监督职责的审计委员会及其下设的内部审计部门。另一方面，利用外部审计监督。基于委托代理理论，为了实现对项目公司的监督，首创环保集团每年都会进行内部控制评价。审计部负责内部控制评价的具体组织实施工作，并请会计师事务所进行年度内部控制审计，定期披露内控评价报告和内部控制审计报告。

五 优化长治污水处理 TOT 项目内部控制的建议

在 TOT 项目中，对于社会资本方而言，有效的内部控制对推动项目顺利运行起着至关重要的作用。为此，首创环保集团在项目内控建设上进行了积极探索，形成了一系列行之有效的内控措施，项目取得了良好成效。但是，相关措施仍有不断优化之必要，如针对项目文件记录控制方面，建议加强文件管控，随时进行强化，及时查漏补缺，规避合规性瑕疵。

长治污水处理 TOT 项目立项初期，存在部分文件缺失，如主城区和长北项目建设用地批准书、施工许可证、项目建议书批复等缺失。这些缺失文件虽然没有对 TOT 项目立项、入库造成大的影响，且后期政府以及相关部门已经给了补办的证明，看似不影响全局，但在 2022 年富国首创扩募事件中，作为标的资产的长治污水处理 TOT 项目第一次扩募申请失败，原因之一就是相关手续不齐全。尽管目前长治首创已与长治市住建局、发改等部门沟通，相关部门表示认可并同意配合补办手续或出具书面认可函件，但是需要时间，这也客观上造成长治污水处理 TOT 项目没有成为第一批成功扩募对象。未来能否扩募成功目前不得而知，但是长治首创水务证照文件手续缺失情况已不是第一次发生，首批公募 REITs 深圳项目就存在前期手续不全的问题。

随着中国不断加强对 PPP 行业的规范，对于上述瑕不掩瑜的小瑕疵容忍度会越来越低，长治污水处理 TOT 项目第一次扩募失败便传递出这种信号。2022 年 4 月，国家发展改革委印发的《关于进一步做好社会资本投融资合作对接有关工作的通知》提出，持续加强社会资本投融资合作对接，优先支持具备持续盈利能力的存量项目开展政府和社会资本合作（PPP），加大盘活存量资产力度。因此，PPP 项目 REITs 是未来发展大势所趋。首创环保集团作为国内 PPP 项目运营企业排头兵存在的问题，也是行业共性问题。希望其他已发和待发的收益权型 REITs 更要做好充足准备，对各项 PPP 项目政策审批文件及时查漏补缺，进行完善，不要让历史材料等遗留问题成为阻碍 PPP 项目发展进程的不利因素。

结　语

近些年各地 PPP 项目在发展过程中，因出现许多问题而停滞。在这样的背景下，国家部委层面再一次对 PPP 模式出台规范运营文件、制定 PPP 新机制，一系列举措说明了我国对 PPP 模式的重视以及未来 PPP 模式仍将成为常用的基础设施融资方式。那么有效的内部控制则是 PPP 新机制 TOT 模式顺利运行的根本保障。本文通过对首创环保集团长治污水处理 TOT 项目内部控制案例深入分析，提炼总结出其成功的经验启示。PPP 项目是一个大课题，单一的 TOT 模式分析、单个案例可能无法涵盖 PPP 模式发展存在的各类问题，以及受限于该项目还没有结束，对未来存在的不确定性无法给出更针对性的建议。期待今后能有更多的思考和深入研究，相信我国 PPP 项目的发展会越来越好。

Study on Internal Control of TOT Project of Changzhi Sewage Treatment of Capital Environmental Protection Group

Liu Jing, Hou Yiwen, Zhang Yang

Abstract：Strengthening the protection of ecological environment and promoting the construction of beautiful China is a cause that benefits the present and the future. The water industry is a public service industry related to the national economy and people's livelihood. Local governments actively promote the construction and implementation of sewage treatment projects. However, due to the shortage of financial funds, local governments have introduced the model of cooperation between government and social capital to attract social capital. As a leader in the sustainable development of the environmental protection industry, Capital Environmental Protection Group provides water services to more than 130 cities across the country. Among them, the infrastructure project of Changzhi Sewage Treatment TOT has been in operation for more than 6 years, with normal and steady operation, which has generated sustained and stable cash flow. In 2022, it was selected as the expansion target of Capital Environmental Protection's Fuguo Capital Water REIT Fund. Changzhi sewage treatment project can perform so brilliantly without effective internal control, so this paper will study and summarize the successful experience of internal control of Changzhi sewage treatment TOT project of Capital Environmental Protection Group, and provide reference ideas and help for enterprises in investing and operating internal control of TOT project.

Keywords: Capital Environmental Protection Group; TOT Project; Sewage Treatment; Internal Control

吉林省推进智能化汽车研发的策略研究[*]

张 丽 鲁旭航[**]

摘 要：本文以吉林省汽车产业为研究对象。目前吉林省智能化汽车研发的主要特征和趋势是：以智能平台建设为竞争的焦点；依托示范区探索车路协同发展；智能化汽车的创新呈多方合作态势；积极储备人才并加快智能化汽车技术人才培养。吉林省智能化汽车研发也存在很多挑战，主要表现为政策法规体系和行业标准亟须加强；汽车智能化研发的技术路径不明确；关键技术及部分基础器件受制于人；智能化汽车研发人才缺口较大。针对吉林省政府层面建议：强化顶层设计，加速法规和标准制定；推动路端智能化建设，搭建车路协同体系；加快示范区建设，构建智能化汽车创新生态；夯实基础研发，推进技术突破。针对吉林省汽车产业层面建议主导产业变革，开启全栈自研道路；引导产业集聚，产业链回归加快供应链的协同创新；加速产业融合，形成新型供应体系；加快产教融合，助力智能汽车领域人才培养。针对吉林省智能汽车企业层面建议：通过场景降维加速智能商用车技术突破；重点突破集成化架构与核心软件研发能力；电动化、网联化和智能化技术互融协同创新，轻资产运营加速商业模式创新。

关键词：智能汽车；研发；创新生态；吉林省

吉林省以其深厚的汽车产业底蕴，一直被誉为汽车产业的佼佼者。目

---

[*] 基金项目：本文系吉林外国语大学2024年度大学生科研与创新一般项目"吉林省智能网联新能源汽车产业新质生产力培育机制与路径研究"（JWXSKY2024B079）研究成果。

[**] 作者简介：张丽（1982— ），女，吉林省长春市人，吉林外国语大学国际商学院副教授，研究方向为产业战略、创新；鲁旭航（2000— ），男，河南省平顶山市人，吉林外国语大学国际商学院研究生。

前，吉林正处于转型升级、追求高质量发展的黄金时期。依托国家汽车电子产业基地的雄厚实力，吉林省正积极推动汽车领域的科技创新，加速构建智能网联汽车国家级产业与技术创新联合体，力求实现产业链与创新链的无缝对接与深度融合。随着智能汽车产业的迅猛发展，产业生态正经历着由链式向圆桌式的转型，形成了一个闭环的产业生态体系。这种转型不仅意味着汽车产业价值链的重新构建，更预示着行业内竞争格局的深刻变化。在这一变革中，智能软件系统、处理器等芯片公司正迅速崛起，占据价值链的制高点，而吉林省传统优势的整车制造、汽车零部件等企业则面临话语权减弱的严峻挑战。为了应对这一挑战，吉林省必须加快智能化汽车的研发步伐，积极拥抱新技术、新趋势，以实现产业链和价值链的攀升。

一 吉林省智能化汽车研发现状

（一）推动吉林省智能化汽车创新发展的相关产业政策

汽车产业是吉林省的重要支柱，而智能化发展被视为汽车产业的新增长点。为此，吉林省制定并实施了一系列产业政策，旨在积极引导和推动智能汽车产业的创新发展。2019年，吉林省发布了《关于支持吉林省智联及新能源汽车供应链产业园发展若干措施的通知》。该文件针对智能网联及新能源汽车供应链企业，特别推出了七条入园优惠政策。在《吉林省国民经济和社会发展第十四个五年规划和2035年远景目标纲要》中，吉林省明确提出了加快智能网联汽车研发及产业化的重点任务。2022年10月，吉林省工信厅、公安厅、交通运输厅联合发布了《吉林省智联汽车道路测试与示范应用管理实施细则（试行）》，其中详细规定了测试互认的相关细则，并特别强调了冬季低温、冰雪路面等特殊场景的测试项目。同时，吉林省依法依规探索商业化示范运营模式，以推动智能汽车产业的商业化进程。

2022年11月，长春市汽车集群被工信部评为国家级先进制造业集群，以此为契机吉林省人民政府在2023年1月印发了《关于实施汽车产业集群"上台阶"工程的意见》（以下简称为《意见》）。《意见》强调，以长春市汽车产业集群为核心，促进地区间的协同合作，推动整车、零部件及后市场三者之间的协调发展，目标是构建具有全球竞争力的万亿级高端汽车产业集群，加速实现制造强省和汽车强省的战略目标。《意见》指出,坚持保证汽车产业的"对标国际、领先全国、辐射区域"的要求,从战略发展全局角度科学制定了集群"分两步走"的中长期发展目标,确定了汽车产业集群"上台阶"工程重要量化指标与智能汽车产业相关的具体指标(见表1)。

表1 吉林省汽车产业集群"上台阶"工程的相关量化指标

年份	2022	2025	2030
企业研发投入(%)	1.5	3.0	4.5
智能网联开放道路里程(千米)	50	1500	3000
国家级创新平台(个)	6	10	15
省级企业技术中心(个)	80	100	150
省级以上"专精特新"企业(户)	93	150	200
企业数字化水平	二级	三级	四级
零部件百亿级企业(户)	1	5	10
汽车电子占比(%)	16	23	30
地方配套率(%)	45	55	70
整零比	2.5∶1	1.5∶1	1∶1

资料来源:《吉林省人民政府关于实施汽车产业集群"上台阶"工程的意见》。

《意见》指出,到2025年,在实现中国一汽建成世界一流企业的基础上,努力将长春建成世界一流汽车城,产业集聚能力得到加强,行业的整体结构得到完善,行业的发展空间得到充分利用,形成一个以长春市为中心的汽车产业集群,吉林、四平和辽源等区域的专业化配套集群,形成协调联动的新型产业发展格局;到2030年培育一批科技力量雄厚的科研院所,形成世界领先水平的汽车产业技术创新系统,建设世界顶尖的汽车产业科技人才聚集之地,建立世界第一的基础设施。基本形成具有高度关联性的产业组织,健全的科技创新体系,完备的生产要素服务体系,具有明显辐射带动效应的世界级汽车高端制造业集群,是吉林省成为中国步入世界汽车大国行列的一张亮丽名片。

(二)吉林省智能化汽车研发的现状

吉林省汽车产业凭借其雄厚的实力,汇聚了红旗、解放、大众、丰越等八大知名整车制造企业,其产品阵容广泛,覆盖各级乘用车、中重型卡车及客车等多个细分市场。这一强大的产业规模使吉林省在全国汽车产业中稳居第一阵营的领先地位。一汽集团在2004年就启动了智能汽车业务的探索工作,2015年一汽集团正式提出了"挚途"智能驾驶路线图,从"挚途1.0"先进辅助驾驶到"挚途4.0"的完全自动驾驶。一汽集团在2018年发布了R.Flag"阡旗"计划,希望能够创造面向未来发展的巨大绿色转型的智能汽车技术平台。从技术层面讲,当前一汽集团在车辆控制、规划决策等方面在国内处于领先地位。在研发资源布局方面,一汽集团在自动驾驶汽车方面构建了以总部智能网联开发院、一汽南京分公司、一汽美国硅谷研发公司以及华东(东营)智能网联汽车试验场,通过最大化的协同,推进自动驾驶技术创新和突破的研发体系。其中,一汽南京分公司重点研究的是人工智能、算法、软件等具备前瞻性的V2X等联网技术;一汽美国硅谷研发公司重点突破基于大数据驱动的先进技术;华东(东营)智能网联汽车试验场主要作为相关汽车技术的测试平台。以"多地技术布局"的模式,确保技术可以与一汽的研发人员进行有效的匹配和协作,同时不断构建智能汽车的生态圈,引入高质量的生态资源。

吉林省汽车零部件产业体系较完善,但呈现出较突出的整强零弱格局。吉林省的汽车零部件产业已构建了一个相对完善的产业体系,这一体系覆盖了动力系统、车身系统、汽车电子、底盘以及新能源等多个关键领域。凭借这一强大的产业基础,吉林省在2021年实现了近1800亿元的零部件产业产值,位居全国第八。尽管吉林省的汽车零部件企业在一定程度上为一汽集团提供了配套服务,但其整体规模水平与整车产业的发展并不完全匹配。缺乏世界级的零部件企业,导致吉林省的整零比约为2.5∶1,显示出零部件产业的规模相对较小,本地零部件的配套率尚未达到50%。

吉林省在科学教育创新资源方面高度集中,然而,在智能化汽车领域,这一优势并未得到充分体现。吉林省拥有众多国家级创新机构,如中国科学院长春光学精密机械与物理研究所、应用化学研究所以及吉林大学汽车仿真与控制国家重点实验室等,均为国内领先的研究机构。此外,吉林大学、长春理工大学等21所直属长春的高校均设立了与汽车相关的专业,为汽车产业培养了大量人才。一汽研发总院在全国汽车技术中心中名列前茅,其专利授权量在自主整车企业中更是占据显著地位。尽管吉林省拥有如此丰富的科教资源,但在协同创新、校企合作、产教融合以及技术成果转化等方面,这些优势尚未完全转化为智能化汽车创新的强大驱动力。目前,以智能汽车企业为主体的创新体系仍不够完善，制约了吉林省在智能化汽车领域的进一步突破和发展。吉林省汽车产业集群集聚效应初步显现，但智能化汽车生态体系尚未成型。吉林省是新中国汽车工业的发源地，围绕整车企业自发形成了集整车制造、零部件生产、汽车后市场服务于一体的集群集聚形态，打造了一汽动力总成园、富奥工业园等一批特色汽车产业园区。但吉林省汽车企业智能化转型缓慢，智能汽车及上下游产业链建设仍处于起步期。

目前，吉林省智能汽车产业正面临变革的重要时刻，既拥有显著优势，也存在短板，机遇与挑战并存。吉林省在整车产业方面拥有坚实的基础和庞大的规模，但在智能化转型方面与世界一流的差距仍需进一步提升。目前，在智能化汽车研发方面，吉林省呈现出以下四个主要特征和趋势。

1. 智能平台建设成为竞争的焦点

智能化汽车的发展离不开行业基础平台的支撑，关键在于自主掌握计算芯片、操作系统、运控等核心技术，并推动汽车制造、信息通信、交通运输等行业间的跨界融合创新。一汽集团正在加快智能网联汽车工业互联网平台建设，经过多年的技术发展和产业推进，吉林省汽车产业实现智能汽车市场化突破，红旗品牌创立了R.Flag"阡旗"技术品牌，并计划在未来几年内陆续推出实现L3级、L4级和L5级自动驾驶的量产车型，逐步迈向更高级别的自动驾驶技术。在商用车市场，解放品牌依据智能车辆的场景需求，以构建全球性互联互通体系为目标，打造智能商用车产品，2018年推出了自主研发的L4级港口智能车，2019年发布了全球首款L2量产级智能驾驶商用车。面对科技革命和产业革命机遇，吉林省汽车企业加速转型，但是在智能化汽车的基础共性与核心技术方面仍需加快研发进程，车联网安全保障技术与产品仍需提升研发能力，车载操作系统、芯片、高性能传感器等技术仍需加速追赶。

2. 依托示范区探索车路协同发展

2018年4月，长春市为推进智能网联汽车技术的发展，正式颁布《长春市智能网联汽车道路测试管理办法（试行）》，对参与测试的主体、车辆以及驾驶人提出了明确的标准和要求。同年7月，工信部与吉林省人民政府携手行业巨头一汽集团，共同揭开了国家级智能网联汽车应用（北方）示范区的序幕。这一重大项目的建设重任落在了启明信息技术股份有限公司员工的肩上。他们精心打造了一个占地35万平方米的封闭测试场地，并配备了长达3000米的封闭测试道路。在这个先进的示范区中，设计了涵盖6大类共计99个不同的测试场景，而这些场景还可以进一步拓展至300多个变化多样的测试环境。为了满足测试需求，示范区内配备了4大类超过100个的智慧交通设施，确保测试过程的全面性和准确性。此外，高精地图和5G信号的全面覆盖，为测试提供了更为精准和高效的数据支持。这一示范区充分利用了一汽集团的行业优势，并依托其所在地独特的四季气候环境，为乘用车、重型卡车等多种类型的智能汽车提供了全面的测试服务。通过这一平台的搭建，长春市乃至吉林省在智能网联汽车领域的技术研发和应用能力得到了显著提升。

一汽集团与吉林省人民政府、长春市人民政府和汽开区人民政府共同建设"旗智春城智能网联示范工程"。该项目以智能汽车为基础，以智慧交通共享、智慧城市共建为核心，将"车、路、云、网、地图、出行"六大应用场景进行有效及深度的融合，创建自动驾驶生态圈，以推动与智能汽车相关的多种业务齐头并进、共同发展。一汽集团在一期工程中，投资建设了11千米的智能公路，并开发专有定制化的自动驾驶云平台，投放了L4级智能汽车，对各项智能汽车业务进行融合。

3. 智能化汽车的创新呈多方合作态势

自2015年起，中国汽车产业迈向了电动化、智能化、网联化和共享化的"新四化"转型之路，这一变革深刻重塑了传统汽车产业的竞争格局。当前，竞合已成为汽车创新生态的核心旋律，有力推动了汽车智能化的广泛普及。面对高额的开发成本、技术创新的长周期挑战以及行业标准制定的关键影响力，主机厂、供应商、科技公司和初创企业之间的紧密合作成为必然趋势。这一合作推动了L2+级和L3级智能汽车的规模化生产，并加速了芯片研发及L4级算法的持续优化。随着科技巨头和互联网企业的不断涌入，汽车产业的新业态正逐渐浮现。吉林省，凭借其深厚的汽车产业基础，其传统整车厂与新兴造车势力在智能化汽车领域的竞争越发激烈。在产业调整和价值链重构的背景下，产业融合的步伐明显加快。一汽集团作为行业领军企业，始终致力于寻求外部合作，构建广泛的战略联盟。通过建立新的技术研发中心，一汽集团正逐步整合产业链上下游的合作伙伴，以扩大技术创新的联盟力量。

2018年，一汽集团率先引入了百度、科大讯飞以及华为等科技巨头作为合作伙伴，共同推动自动驾驶、车联网等领域的创新发展。2019年，一汽集团与阿里巴巴达成战略合作，双方基于斑马智行系统共同研发新一代智能汽车。此外，中国一汽正积极构建以云计算和数据智能为基础，中台和移动协同等关键技术为核心的数字技术体系，旨在引领吉林省汽车产业迈向云端智能的新纪元。

4. 积极储备人才并加快智能化汽车技术人才培养

产业发展，人才先行。智能汽车产业的快速发展与迭代，离不开对于人才的高度重视，吉林省围绕《关于激发人才活力支持人才创新创业的若干政策措施（3.0版）》制订《吉林省汽车产业高端人才引进专项计划》。一汽集团面向智能化汽车业务不断加大人才储备，以保证人才能力建设可以跟上智能化汽车技术发展的要求，截至2022年，一汽集团自动驾驶方面的人才已达到778名。为了加快智能化汽车人才的培养，一汽集团利用吉林省的科教资源优势，积极进行产学研融合发展。一汽集团与吉林大学于2019年联合挂牌成立了红旗学院。红旗学院的培养模式主要针对智能汽车业务实际需求及工作场景，设计专属课程体系，通过个性化学习目标，制订针对性学习方案，开发定制化学习课程。截至目前，红旗学院面向智能驾驶、智能座舱等12个业务方向，与吉林大学合作开发《汽车产业智能网联发展趋势》《全球车企智能驾驶汽车研发》等49门专属课程。

二 吉林省智能化汽车研发的挑战

（一）政策法规体系和行业标准亟须加强

近年来，各国在智能化汽车领域不断发布新政策和标准，中国在产品管理、道路交通管理、地籍测绘等领域部分法律法规与智能汽车产业发展需求之间仍存在不适用的问题。2021年4月，为明确智能汽车道路测试的要求及交通违章或事故的责任认定等问题，公安部对《道路交通安全法》进行了修订。广东、重庆、江苏、湖南等地正积极推动智能汽车的路试、示范应用和商业化运营。2022年10月，吉林省也印发了《吉林省智能网联汽车道路测试与示范应用管理实施细则（试行）》。但是在准入管理、豁免应用、事故认定、网络安全等领域仍存在部分空白，影响L3级和L4级智能汽车的商业化落地。

（二）汽车智能化研发的技术路径不明确

当前智能化汽车的创新存在两条主要的演进路线。传统产业链中，迭代发展周期主要是主机厂控制下的汽车科技，基于市场竞争、成本、安全性、汽车种类和商业模式等因素的影响，包括一汽集团在内的传统整车厂和一些新兴的电动车厂家大部分采取自动辅助驾驶的渐进式创新路线，其核心技术以自动控制技术为核心，再结合传统模式识别技术。然而最新一代的新能源汽车制造商和以谷歌、百度为代表的互联网巨头等造车新势力，在自动驾驶技术发展上选择了颠覆式创新演进路线。它们致力于自研自动驾驶系统，联合供应商群进行创新，并通过频繁的空中下载更新来实现技术迭代，这样既突破了传统汽车产业的既有合作关系，也吸引了大量跨行业科技公司的参与。渐进式创新路径对产业格局破坏小、风险低，但是，模块化技术广泛应用的智能汽车领域也为颠覆式创新提供了土壤，暂时无法确定哪一条技术发展路径将取得最终的胜利。

（三）关键技术及部分基础器件受制于人

智能汽车产业链长，对产业体系供给能力要求高。目前国内智能汽车产业链存在弱项：相对成熟的内核系统及中间件仍掌握在欧美厂商手中；车规级芯片主要由国外厂商垄断，环境感知核心元器件主要依靠进口；高精度线控执行器有待升级，仿真型测试软件的技术积累不足，产业链不完整。吉林省汽车产业以整车制造为主，缺少智能化汽车领域的科技企业和大量的初创型企业。吉林省在智能化汽车的底层核心技术及器件方面受制于人，难以在短期内形成完全自主可控且完备的智能汽车产业生态体系。目前中国智能化汽车研发人才极其稀缺，吉林省的人才集聚能力较弱，不利于关键技术的突破。以作为智能化汽车产品核心的智能座舱为例，为了加快研发周期且有效提升用户体验，一汽集团的车机系统采用了供应商策略，但借力的同时也失去了竞争主动权，导致产品成本过高，后期的更新迭代也受供应商创新能力的限制，同时与其他竞争品牌的产品同质化也较为严重，影响了智能汽车新产品的市场竞争力。

（四）吉林省智能化汽车研发人才缺口较大

智能化汽车具有跨学科、多领域融合的显著特征，需要大量具有计算机类、电子信息类、通信类等非汽车专业背景的复合型人才。目前全球的智能化汽车人才一直处于供不应求的状态。在加快吉林省智能化汽车研发的过程中，对人才队伍的质和量的需求不断提升。"质"主要体现在对领军人才以及符合智能化汽车发展需要的复合型专业人才的需求上；"量"主要体现在对存量人才的转型及大学生培养的需求上。目前吉林省智能化汽车人才不仅存在供需失衡的问题，还存在人才流失、教育体系不健全、薪酬水平有限等问题，成为制约吉林省智能化汽车创新发展的重要因素。

三 吉林省推进智能化汽车研发的对策建议

（一）针对政府层面的建议

1. 强化顶层设计，加速法规和标准制定

吉林省应紧抓汽车产业"新四化"的发展契机，坚定自主方案的发展理念，从关键技术突破、基础设施建设、政策法规完善、安全监管强化以及社会接受度提升等多个维度，全面梳理关键问题和设定发展目标。同时，积极指导和推动跨领域的协同合作，形成强大的发展合力，共同推动吉林省汽车产业迈向新的发展阶段。以智能化、网联化融合为发展路径，以示范区为抓手，形成智能化基础设施建设规划，推动车路协同发展。以智能汽车为基础、以智能交通为保障、以智慧城市并行与智慧能源融合发展为指引，推动吉林省智能汽车产业与智慧城市双转型。作为汽车强省，吉林省应积极推动智能汽车法律法规、规章的系统性突破，推进智能汽车商业化落地。为确保L3级及以上智能汽车合规上路，应制定明确的准入管理等细则，以支撑安全管理措施的有效实施。同时，积极探索豁免机制，以促进智能化汽车新产品、新技术的创新应用。吉林省应持续对测试示范管理规范进行迭代升级，并以国家智联汽车应用（北方）示范区为平台，加快基础设施建设，深入探索智能汽车的关键应用场景和商业模式，从而为相关法律法规的修订提供实证依据和参考。

2. 推动路端智能化建设，搭建车路协同体系

汽车与道路相互协同的架构模式能够传导与处理基础信息，最终实现真正的高级自动驾驶。目前基础设施的统一安装运维、存量信息与新型数据的融合、终端运营模式的统筹协同正成为发展阻力。需要政府从顶层建设推动下层体系发展，加速完善相关道路交通法规、网络安全法规、基础设施建设规划的构建，建设完备的信息管理体制，实现多元异构数据的融合与统一，

通过行业各方的深度支持和参与推动自动驾驶应用落地。吉林省推动的这一模式处于发展初期，正在迈向智能网联服务的阶段。在双智城市政策的推动下，道路端开始规模化推动车端智能与路端智能的技术验证。从商业模式维度来看，车路协同正向价值导向转变，推广初期车路协同具有公益属性，需要通过提高消费者的接受度与依赖度来推动其商业化落地。政府应减少干预，给V2X企业更多话语权，推动生态融合，加速市场化发展。

3. 加快示范区建设，构建智能化汽车创新生态

为加强电动化和智能化汽车创新生态建设，需推进智能网联汽车的国家应用示范区的快速成立。这一建设应以智慧场景化应用为核心维度，深入开展车联网和智能网联的测试与先行示范工作。同时，以一汽集团为龙头，着力构建六大模块的"电动化+智能化"全产业链。此外，针对智能电动汽车产业链的细分领域，吉林省应采取一系列措施来强化关键环节。吉林省应深入分析产业链中的每个环节，找出那些具有核心竞争力和发展潜力的环节，并加大投入和支持力度，确保这些环节能够保持领先地位。关注现有产业链中的短板，通过引进先进技术、加强研发和创新等方式，尽快补齐这些短板，提升整个产业链的竞争力。吉林省应积极延伸产业链上下游，拓展新的增长点和业务领域。吉林省应与供应商、经销商等合作伙伴建立更加紧密的合作关系，形成更加完善的产业链生态体系。此外，积极寻求与国内外知名企业的合作机会，引进更多的先进技术和管理经验，推动产业链的升级和发展。

4. 夯实基础研发，推进技术突破

一方面，针对智能化汽车的技术架构和共性基础技术需求，吉林省要充分发挥自主创新重大科技专项的引领作用，打通技术创新全链条，推动基础前沿、重大的核心技术与应用示范型研究领域的突破。

另一方面，吉林省应全力推进国家数智化汽车技术创新中心的建设进程，并充分发挥一汽集团的引领作用，以期实现更高效的协同发展和创新突破，聚集技术链、产业链上的优质创新资源，构建研发与开源生态系统，提升吉林省智能汽车产业链的整体竞争力，实现关键技术自主可控，并推动产品转化与示范应用。

此外，吉林省还应对产业链中的自主产品和技术进行评估，分析供应链存在的风险，确保能如期公布新型技术和创新产品目录，促进企业间的协作创新和国产化发展。同时，吉林省应进一步加大对产业链中薄弱部分

和"卡脖子"问题的改进力度,积极推动关键零部件技术的创新突破,以此不断提升吉林省智能汽车产业的整体实力与产业化能力。

(二)针对智能汽车产业层面的建议

1. 主导产业变革,开启全栈自研道路

吉林省汽车产业应抓住产业重构的战略机遇期,通过智能化转型实现自主品牌的产业升级。从智能汽车企业发展路径来看,渐进式创新路径与颠覆式创新路径是企业选择切入自动驾驶赛道的两个主要方向,包括一汽集团在内的多数中国企业倾向于选择渐进式路径,通过技术降维或场景降维方式加速自动驾驶技术的落地,而以美国企业为代表的西方智能汽车企业则更倾向于选择颠覆式创新路径。但是,从长期来看不能放弃颠覆式创新路径,虽然短期内因车联网标准尚未统一、基础设施缺失等阻碍了L3级及以上智能汽车的商业化落地进程,但是,高级别无人驾驶汽车必然是智能汽车的终极进化形态。吉林省汽车产业应该通过技术研发提供自动驾驶软硬件一体化技术和运力服务,形成全栈式自动驾驶解决方案,结合场景需求实现快速响应与技术更迭,尽快形成商业闭环,主导智能汽车未来的产业变革。

2. 引导产业集聚,产业链回归加快供应链的协同创新

智能汽车产业的发展将催生新的供应链创新需求。吉林省汽车产业在传统市场具有较强的竞争优势,但是,智能化汽车的发展已进入产品和市场格局重构期。汽车的智能化发展,产生了大量驱动感知层、决策层、执行层和网联层的新技术需求。吉林省应加快打造智能化汽车研发生态圈,构建主机厂、自动驾驶科技企业、出行科技企业和智慧交通服务商协同创新格局,推动电动化与智能化汽车协同发展,重塑产业链发展格局。围绕智能汽车产业发展趋势,吉林省汽车产业应着重引导智能汽车相关配件生产企业入驻,打造智能汽车产业集聚,不断完善智能汽车产业链,实现吉林省汽车产业高质量发展。

3. 加速产业融合,形成新型供应体系

经历了前期的技术积累,智能汽车产业已经进入了商业化探索阶段,多方技术的融合带动了产业创新生态的建设。随着技术的成熟度不断提升,生态建设的持续深入,智能汽车产业将由政府主导转变为市场主导,吉林省汽车产业应抓住智能汽车技术成熟的窗口期,形成稳定的新型供应体系与产业链。吉林省智能汽车产业应打造软硬件一体化的超级供应商,以

"合作"而非"供应"的形式参与创新生态合作。创新生态共建初期,是以政府为主导,实现技术的进步仍依赖与政府部门的合作,同时稳定的现金流与合作模式探寻也为未来迎来真正的规模化量产打下基础。一旦实现智能汽车量产,稳定的供求关系与差异化产品特征将成为未来的核心竞争力。

4. 加快产教融合,助力智能汽车领域人才培养

智能汽车产业是技术密集型产业,智能化汽车的创新研发和"卡脖子"技术的攻关离不开人才的聚集。智能汽车产业进入技术创新和产业转变的关键阶段,面临人才竞争的问题凸显、技术人才需求增多、人才结构性匮乏等问题。吉林省智能汽车产业应强化人才建设的引进力度,加快产教融合,发挥吉林省科教资源优势,促进智能汽车的产业端与教育端的链接和融合,将学科教育与产业升级相结合培养高精人才,确保吉林省智能汽车创新发展的高层次应用型人才和高端技术技能人才供给。

(三)针对智能汽车企业层面的建议

1. 通过场景降维加速智能商用车技术突破

当前,受法律法规的限制,乘用车市场短期内实现高级自动驾驶的难度较大,智能车的商业化路径应为先封闭后开放、先商用后私人。从智能汽车企业发展路径来看,渐进式路径与颠覆式路径是企业选择切入智能汽车赛道的主要路径方向,为了抢占智能汽车的市场机会,企业可以选择技术降维或场景降维方式加速智能汽车技术的落地,技术降维主要体现为将L3/L4级自动驾驶技术降维打造ADAS解决方案,场景降维体现为由高维场景降到低维场景。将自动驾驶解决方案应用到低维场景下实现规模落地,更考验企业的场景解读能力。新基建浪潮下,依托中国智能港口的场景优势,2019年,一汽解放通过场景降维,已经推出全球首款智能港口车,取得了全球智能商用车的技术领先优势,因此应该以商用车市场为突破口,将L4级智能商用车的研发扩展到环卫和矿山等半封闭场景,抢占智能车创新的高地,实现高级智能商用车的技术突破,为智能乘用车的研发提供技术的先验,树立一汽集团智能汽车全球领先的品牌形象。

2. 重点突破集成化架构与核心软件研发能力

受自动驾驶相关政策限制,包括一汽集团在内的大部分整车厂都是通过OTA来实现高级自动驾驶技术。但是居高不下的OTA投诉率证明了整车厂对OTA的监管不力和技术的不成熟等问题。一汽集团也正在积极进行电

子电气架构的转型与研发,加大软件研发的掌控力度,2019 年,博世与一汽解放合作,共同研发了商用车的 FOTA 前沿技术,目前解放全系列重卡车型已经全面加持该技术,实现量产化生产。硬件预埋是一汽集团实现 FOTA 的主流方式,2021 年上市的多款车型开始搭载高级自动驾驶硬件配置,但硬件的堆砌导致整车成本过高,如何提高软件研发能力、平衡 FOTA 效果与硬件成本成为一汽集团需要思考的问题,同时在技术快速更迭下,对未来产品技术发展路线的预测也至关重要。

3. 电动化、网联化和智能化技术互融协同创新

电动化、网联化和智能化并非三条平行的技术发展路径。这三者是相辅相成的关系,可以相互融合、相互补充。电动化底盘与新型一体化电子电气架构的融合,为网联化和智能化技术提供了理想的应用平台。网联化和电动化技术的运用极大地推动了汽车智能化研发的步伐,引领汽车产品形态实现质的飞跃,焕发出全新的生命力。吉林省的汽车企业应该顺应汽车产业"新四化"的发展趋势,积极推进电动化、网联化与智能化技术的互融协同创新,强化智能汽车的产品需求和应用牵引,推动跨界创新资源的有效整合。智能汽车的互融协同创新不仅意味着技术创新的供给者要联合起来,还需要和应用者联合起来,在用户和供给者之间形成良性互动,从而推出符合消费者需求、具有技术领先性的智能网联电动汽车产品。

4. 轻资产运营加速商业模式创新

与传统汽车的发展路径不同,智能化汽车必须以技术创新来驱动商业重构,通过商业模式变革来重构生态体系。品牌真正的竞争力,在于它通过技术创新形成的体验革命,以及它通过体验带来的商业模式的创新。智能化汽车时代应该颠覆传统汽车行业渠道经销商的销售模式,更好地维护用户触点,并通过 OTA 的软件付费实现良好的运营生态。传统汽车企业智能化转型的重点仍停留在生产领域,而造车新势力厂商在组织架构上完成了统一化,在互联网运营服务情感化的交互能力上做出了非常大的努力,对传统企业构成了较大的威胁。吉林省的汽车企业应加快数字化转型,通过数字化为其供、产、销各环节赋能,驱动产品和服务的转型,秉持以用户为中心的理念,以打造智能出行产品为目标,保持与用户深度联结,持续挖掘用户的内在价值,为用户提供完善的智慧生活服务。在提供智能汽车软硬件产品的同时,加快构建智能服务平台,提供数据增值和车队运营等服务,以智能化汽车技术创新为基础,加速商业模式创新。

目前全球智能化汽车的研发都处于起步阶段，这种从0到1的创新是吉林省汽车产业弯道超车的机遇期。中国拥有世界先进的汽车智能化技术、稳定的产业链、超大规模市场和数字生态优势。吉林省应抓住汽车产业"新四化"的发展机遇期，从政府、产业和企业三方面共同发力，加快推进智能化汽车的研发，助力吉林省汽车产业突破传统的以市场换技术的产业发展路径，以智能化汽车研发为抓手，打造新的竞争优势，推动吉林省汽车产业在全球价值链上的攀升。

Research on Strategies for Promoting Intelligent Automotive Research and Development in Jilin Province

Zhang Li, Lu Xuhang

Abstract: This study focuses on the automotive industry in Jilin province. Currently, the main characteristics and trends of intelligent vehicle research and development in Jilin province are focused on the construction of intelligent platforms as the competitive focus. Exploring the coordinated development of vehicle and road based on demonstration zones. The innovation of intelligent vehicles presents a multi-party cooperation trend. Actively reserving talents and accelerating the cultivation of intelligent automotive technology talents. There are also many challenges in the research and development of intelligent vehicles in Jilin province, mainly manifested in the urgent need to strengthen the policy and regulatory system and industry standards. The technical path for intelligent research and development of automobiles is unclear. Key technologies and some basic components are subject to human control. There is a significant talent gap in the research and development of intelligent vehicles. The Jilin provincial government should strengthen top-level design and accelerate the formulation of regulations and standards, promote the intelligent construction of road terminals and build a vehicle road coordination system, accelerate the construction of demonstration zones and build an intelligent automotive innovation ecosystem, consolidate basic research and development, and promote technological breakthroughs. The automotive industry in Jilin province should lead industrial transformation and embark on a path of full stack self-development, guiding industrial agglomeration and accelerating supply chain collaborative innovation through industrial chain regression, accelerate industrial integration and form a new supply system, accelerate the integration of industry and education, and assist in the cultivation of talents in the field of intelligent vehicles.

Keywords: Intelligent Vehicles; Research and Development; Innovation Ecosystem; Jilin Province

催生雁归经济，助力乡村振兴*
——基于对亳州市外出农民工务工人员的调查

娄淑华　周亚军**

摘　要：就业是民生之源头，创业是民生之力量。农民工作为一个特殊又庞大的群体，已经成为产业工人的重要组成部分。同时在乡村振兴战略目标和"大众创业，万众创新"的背景下，农民工返乡就业创业依旧是政府工作的重中之重。通过大量的文献梳理，发现学者对农民工返乡创业问题做出了积极有益的探索，同时发现尚缺乏对于农民工返乡意愿以及背后原因的深度挖掘。本文基于国内理论和实践的研究成果，了解农民工现状，据此分析务工人员返乡就业创业存在的问题，并且通过对亳州市农民工在外务工人员展开问卷调查，对重要因素做出系统性描述统计、相关性分析和卡方检验。本文对于支持农民工返乡创业就业、解决农民工就业难、加速人口城镇化进程以及助力乡村振兴具有重要的理论和现实意义。

关键词：外出农民工；返乡就业创业；亳州市

一　研究背景与调研目的

（一）研究背景

1. "三农"问题是关系国计民生的根本性问题

习近平总书记指出："农业农村农民问题是关系国计民生的根本性问

---

* 基金项目：本文系2022年度教育部高校思想政治理论课教师研究专项"高校思想政治理论课社会调查研究实践教学项目构建研究"（22JDSZK024）的阶段性成果。

** 作者简介：娄淑华（1955—　），女，吉林省梨树人，吉林外国语大学马克思主义学院教授，博士生导师，主要研究方向为思想政治教育、高校思想政治理论课建设；周亚军（1998—　），男，安徽省安庆市人，吉林外国语大学马克思主义学院硕士研究生。

题，必须始终把解决好'三农'问题作为全党工作重中之重。"[1] 改革开放以来，中国经济高速发展，沿海地区经济发展迅速，东西部地区经济发展差距逐渐拉大。受经济发展水平影响，各地区务工就业情况也各不相同。在此期间，中部和北部地区大量农村劳动力外流，转而向长江三角洲等发达地区寻找就业机会，一时之间出现"民工潮"现象。自20世纪80年代起，大量农村剩余劳动力涌入城市就业，他们主要投身于建筑业和制造业，为我国的现代化进程和城市化建设作出了重要贡献。至今，他们仍然是国家经济发展的中坚力量。

2. 乡村振兴战略背景下政府推出返乡就业创业政策

中国是世界人口大国，劳动力转移等就业问题也就成为国家发展面临的一项重大问题。2008年国际金融危机的冲击使得东部沿海地区经济增速出现波动，部分农民工返乡创业——他们在具备丰富技术知识和积累了一定财富的情况下，踏上了回乡创业的道路。2015年，国家推出"大众创业，万众创新"政策，同时中部北部地区各级政府创造良好的创业环境，为有理想、有技术的工作者提供创业基础和背景。因此，回乡就业创业人数稳步增长，为当地提供了大量劳动力，经济市场重新焕发生机。近年来，为响应国家政策，安徽省和亳州市两级政府实行一系列返乡创业政策。然而，农民工受教育水平普遍偏低，知识水平和专业技能有限，对于返乡就业创业的意愿也就不尽相同。因此，深入了解农民工就业创业意向，并根据实际情况提供相应的政策措施，提高国民就业率成为中国现阶段重要工作。

3. 新冠疫情背景下返乡浪潮焕发新业态

新冠疫情暴发加剧了就业压力，使得就业形势更加严峻。求职者的求职计划和渠道受到了影响；许多中小企业难以维持生存，超过七成的中小企业选择保持人员规模不变或适度裁员。在疫情期间，整个中国经济增长乏力，对创业和就业都带来了不利影响。返乡创业也在危机中寻找机遇，探索发展新业态、新产业和新商业模式。比如，电商在城市的普及使得农村市场拥有巨大潜力。在疫情防控期间，一些基层干部带头进行直播，为家乡特产代言，为乡亲们推销产品。只有在危机中发现机遇，将压力转化为动力，才能抓住机遇、借力发展，带领乡亲共同发展、共同致富，为乡村振兴注入内生动力。

---

[1] 习近平：《决胜全面建成小康社会 夺取新时代中国特色社会主义伟大胜利——在中国共产党第十九次全国代表大会上的报告》，人民出版社2017年版，第32页。

(二) 调研目的

本次调研的目的是对农民工外出务工后对于返乡就业创业意愿的具体情况进行分析，研究外出农民工就业的基本情况，以便于对农民工返乡就业创业进行更全面的了解，并为政府扶持农民工就业提供更好的数据。本次调研的目的可以总结如下：了解外出务工人员的性别、年龄、学历、工资待遇、工种、就业所在地、务工类型、企业经营状况、单位总人数、是否愿意长期在此工作、是否有专业特长、是继续在外就业还是愿意返亳就业创业等基本情况；从学历、工资待遇、工种、是否有专业特长等不同的角度分析影响农民工返乡就业创业的因素；明确农民工返乡就业创业所遇到的障碍；为探究农民工返乡就业创业确认方向，为鼓励农民工返乡就业创业做出相关总结。

(三) 调研意义

1. 理论意义

"农村、农业、农民"是党和国家工作关注的重点领域。农民工有序返乡、积极开展创业、为本土产业提供服务等行为必然具有其内在规律。通过对乡村振兴战略和返乡农民工创业的理论分析，可以把握乡村振兴战略的时代意义和关键内涵。结合乡村文化、生态、产业等方面的研究，运用定量和定性分析的研究方法，尝试在返乡农民工创业领域进行一定的理论创新发展，同时在农民工创业与乡村振兴关系方面进行理论探索。本文主要通过调查问卷方式，运用 SPSS 统计学方法从多方面、多角度进行整理分析亳州籍外出务工人员真实就业情况，建立了比较科学完善的研究体系，最终得到亳州籍外出务工人员对返乡创业的意愿以及影响外出务工人员返乡就业创业的主要因素等结论，并提出相应建议，在一定程度上可以弥补外出务工人员返乡就业创业情况和影响因素方面关注的不足。

2. 现实意义

本文立足返乡农民工就业创业意愿实际，运用相关理论试图提出促进本区域返乡农民工创业的有效路径，进而提出振兴乡村的思路与建议措施。中国农民工数量庞大，其就业问题对社会整体产生着强烈的影响。外出务工人员返乡就业创业是农村经济发展的新出路，也成为中国当前"三农"问题的解决方法。预测农民工倾向于返乡就业还是选择外出工作，能够为政府制定相应的农民工就业服务政策措施提供重要信息，有针对性地完善政策建议。同时通过调研农民工选择返乡就业创业大数据分析得出结论，为部分失业者提供重要的指导作用。社会中存在着大量因收入、地区、家庭等影响因素而未找到工作的劳动者，其社会价值被大量闲置。通过对其研究，可更好地充分利用人力资源、促进社会经济可持续发展。

（四）研究方法与思路

本文是对安徽省亳州市在省外务工的农民工进行农民工回乡就业创业影响因素的研究。研究背景是"鼓励农民工返乡就业、创业和实施乡村振兴战略"，在文献梳理和理论解释的基础上，对研究问题进行假设检验和模型构建，进而设计研究问卷和进行实地调研。文章介绍了研究的背景和意义，引出了研究主题。通过研究国内文献提出了研究思路和方法，并根据前期调研准备和后续研究探索，提出了研究思路，为后续相关研究问题的修正奠定了基础，技术路线如图1所示。

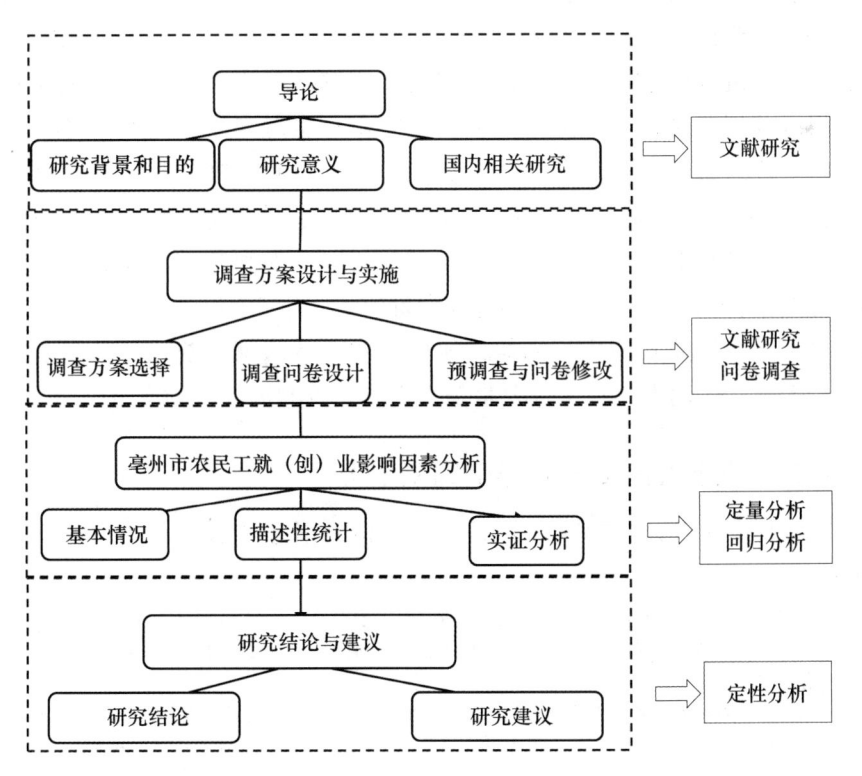

图1 技术路线

二　研究现状

（一）关于返乡创业的研究

国内学术界密切关注农业发展。农民工回流创业也是中国特有的社会现象，研究该问题更多地要考虑中国的现实情况。程春庭认为，农民工回乡创业是指农民工返回家乡所在的县域或乡镇创办企业，包括开设饭店、从事经商活动或参与非农业生产等行为。他指出，返乡并不一定意味着回到户籍所在的农村地区，而创业的投资额可从数千元到几百万元不等。① 根据孙红霞等的观点，农民工回乡创业不仅可以提高农民工收入和解决他们持续就业的问题，还有助于推动当地农村社会经济的持续发展。② 潘江认为，农民工回乡创业不仅是全面建成小康社会的发展需要，也是农业农村发展的需要。农民工返乡创业有助于推动农村地区的发展，促进乡村振兴的实现。这种观点强调了农民工返乡创业对于促进农村经济发展和实现乡村振兴的重要性。③ 夏柱智指出，通过对47个个案的深入研究，农民工返乡创业的动机可以包括自我价值的实现和家庭两个方面。此外，创业资源的获得以及创业模式的转变（如组织化创业）也对农民工返乡创业产生重要影响。这些因素的综合作用对于农民工返乡创业的决策和实践具有重要意义。④ 王昕宇等将农民工返乡创业特点总结为：外出务工的农民工返乡创业，选择在户籍地或周边地区创业，充分利用个人和外部资源，识别并利用创业机会，进行风险投资并创造社会价值。⑤ 研究指出，尽管有外出经验的农民工返乡创业并非主流趋势，他们仍主要寻求就业机会。此外，创业所需的资金、劳动力、技术等要素条件仍需要政府进一步的支持。

（二）关于农民工收入影响因素研究

教育程度对农民工的收入有影响已经得到诸多学者的认可。张锦华等

---

① 程春庭：《重视"返乡创业"增强县域经济整体发展能力》，《中国农村经济》2001年第4期。
② 孙红霞、郭霜飞、陈浩义：《创业自我效能感、创业资源与农民创业动机》，《科学学研究》2013年第12期。
③ 潘江：《农村外出务工人员返乡创业问题研究》，《中国人力资源开发》2013年第7期。
④ 夏柱智：《嵌入乡村社会的农民工返乡创业——对H镇38例返乡创业者的深描》，《中国青年研究》2017年第6期。
⑤ 汪昕宇、陈雄鹰、邹建刚等：《我国农民工返乡创业影响因素研究的回顾与展望》，《北京联合大学学报》（人文社会科学版）2018年第3期。

的研究结果表明，教育显著提高了新生代农民工的工资收入，并且新生代农民工的教育收益率比老一代农民工的要高很多，尤其高中学历与大专学历阶段的教育收益率更为明显。① 技能培训对农民工收入的影响方面，张晓恒等采用倾向得分匹配 QPSM 模型分析发现，新生代农民工日均工资因为接受职业技能培训而增加 3.157—3.484 元，月工资增幅约为 5.90%，且职业技能培训对具有初中及以下学历的新生代男性农民工收入的促进作用更强。② 章莉和蔡文鑫认为，户籍歧视可以解释农民工和城镇职工平均收入差距的近1/3，且歧视效应随收入提高而增加。③ 工资制度对农民工收入的影响，张世伟和张娟在研究劳动合同对农民工劳动报酬的影响时发现，签订长期劳动合同将促使女性农民工和男性农民工的劳动报酬水平分别提高 20.29% 和 11.76%，签订短期劳动合同将促使女性农民工和男性农民工的劳动报酬水平分别提高 10.86% 和 5.48%。④

（三）关于农民工就业质量和对策的研究

目前关于农民工就业质量的研究主要围绕农民工的薪酬待遇和工作稳定性。韩俊通过研究得出结论，新生代农民工虽然在文化素质、工作稳定性等方面比老一代农民工更高，但仍存在工薪收入低、工资不能及时发放等问题，并且新生代农民工签订劳动合同的意识较弱，工作环境较恶劣，依法维权的能力不足。⑤ 张敏和祝华凤研究发现，农民工的就业质量和社会认同感整体相对较差，尤其是新生代农民工作为新生力量，工作经验还不足，存在工作工资收入偏低、工作不稳定、缺少职业发展机会、社会保障水平低等问题，就业质量有待提高。⑥

国内的研究大体都是从个人、企业和政府三个层面对提升农民工就业质量的对策进行了相关研究。从政府层面来看，陈藻指出，政府要统筹城

---

① 张锦华、王雅丽、伍山林：《教育对农民工工资收入影响的再考察——基于 CHIP 数据的分析》，《复旦教育论坛》2018 年第 2 期。
② 张晓恒、朱战国、刘余等：《职业技能培训与新生代农民工收入增长——基于倾向得分匹配模型的分析》，《统计与信息论坛》2017 年第 3 期。
③ 章莉、蔡文鑫：《中国劳动力市场收入户籍歧视的无条件分位数分解》，《复旦学报》（自然科学版）2017 年第 1 期。
④ 张世伟、张娟：《市场化、劳动合同与农民工劳动报酬》，《吉林大学数量经济优秀成果汇编（2018 年卷）》，2019 年。
⑤ 韩俊：《关于实施乡村振兴战略的八个关键性问题》，《中国党政干部论坛》2018 年第 4 期。
⑥ 张敏、祝华凤：《新生代农民工就业质量与社会认同问题研究》，《中国青年研究》2017 年第 1 期。

乡工作完善城乡就业制度，适度放宽户籍政策取消相关权利限制，提高农民工的福利待遇，助力进城务工的农民工尽快实现"市民化"的转变，实现稳定就业，提高就业质量。① 从企业层面来看，企业作为农民工的直接雇主，应增强责任意识，勇于担当提高农民工的就业质量的重任，规范用人制度。姜胜洪指出，企业应该拓宽农民工政治参与渠道，健全民主管理机制，构建和谐的劳动关系，提高农民工的社会地位。② 从农民工自身层面来看，肖小勇等指出，重视职业教育学习和加强职业技能培训，可以增加其人力资本，进而提高自身能力，让其更好地走向技术和管理岗位，增加收入，获得更多的工作福利，从而提高其就业质量。③

通过对国内的文献进行综述和整理，即可发现我国农民工就业现状及质量问题。学术界普遍认为，农民工返乡创业这一现象可以提高农村的经济发展水平，推动农村地区的发展，促进乡村振兴的实现。农民工返乡创业，既是全面建成小康社会的发展需要，也是农村发展的需要。农民工的收入主要受教育程度、技能培训、户籍制度、长短期劳动的影响。新生代农民工和老一代农民工之间也存在不少差异，新生代农民工的文化素质较高，身体较好，而老一代农民工的经验更足，更能够吃苦耐劳。为提高农民工就业质量，分别从个人、企业、政府三方面进行提升。政府要完善城乡制度，企业要增强责任意识，个人要提升能力，把握机遇。

三 调查方案设计

（一）调查方案选择

本文主要采取的调查方法为问卷调查法。将问卷调查与数据作为本文论述的基础，对安徽省亳州市农民工基本情况进行介绍以及基本面描述，并初步归纳农民工就业创业的影响因素。在对问卷深入分析之后，透视农民工个人基本情况、返乡就业创业意愿、创业需求政策等方面之间的制约关系，为破解农民工就业创业意愿提供实证分析。此外，本文辅以访谈法，真诚地向外出务工农民工询问农民工目前就业情况以及对返乡就业创业的

---

① 陈藻：《提升新生代农民工就业质量　确保统筹城乡工作快速推进》，《成都行政学院学报》2010年第6期。
② 姜胜洪：《城市化进程中新生代农民工的舆情问题研究》，《社科纵横》2011年第2期。
③ 肖小勇、黄静、郭慧颖：《教育能够提高农民工就业质量吗？——基于CHIP外来务工住户调查数据的实证分析》，《华中农业大学学报》（社会科学版）2019年第2期。

认知与想法等各方面信息。

本次项目选取亳州市三县一区为调查样本所在地,对亳州市外出务工农民工进行调查,再对调查的结果进行深入的研究与分析。共发放问卷1000份,收回有效问卷980份,剔除无效问卷20份,有效率达到98%。

(二) 调查问卷设计

此次调查问卷主要分为三大部分,分别为农民工个人基本信息、农民工务工基本状况、影响农民工就业创业因素。其中农民工个人基本信息主要包括农民工的性别、年龄、文化程度等;农民工务工基本状况包括农民工务工省份、务工类型、工资状况等;影响农民工就业创业因素主要包括外出务工人员的薪资状况、家庭情况、公司经营状况以及务工单位人员规模等。

(三) 预调查与问卷修改

为了检查问卷的效度,调研小组在正式调查之前做了充分的准备工作。小组成员在学校周边农村进行了为期两天的预调查,旨在对问卷设置的问题进行完善以及为正式的问卷调查开展打基础。

四 问卷调查结果分析

(一) 被调查对象的基本情况

目前亳州市新生代农业转移人口的教育水平相对较低。大多数人只有高中及高中以下学历。他们进城之前,很少从事农业生产活动,几乎没有接受过培训,也没有获得任何职称。他们主要在工业和建筑业等需要体力劳动的岗位工作,基本工资水平较低,并且现在18—30岁素质偏高的劳动力外出务工的也越来越多,大多数从事餐饮业及服务业。亳州市农民工选择返乡就业创业或继续外出务工的意愿也因人而异。本次针对农民工选择返乡就业创业还是继续外出务工的调查涉及亳州市三县一区,均为在外地务工的亳州籍人员。调研小组对返乡农民工在务工地区,务工职位、学历、工资待遇,务工单位状况等多方面进行充分调查。

(二) 农民工就 (创) 业的描述性统计

1. 性别结构

根据调查数据显示,农民工外出务工人群中男性占比较高,为72%,

而女性只占28%（见图2）。造成这一现象的主要原因是自古以来我国就对劳工性别较为注重，由于男性身体较为强壮，在重体力及技术领域类的职业岗位上占据优势，且相应的此类职业工资薪酬相对较高。而且对于女性来说，由于对女性长期的偏见及身体素质与技术能力的限制，女性外出务工人员主要以工地后勤、家政保洁为主，并且外出流动只是暂时的，这种流动随时有可能因为结婚或生育而中断。一旦女性农民工回到农村，她们可能会受到流出地的社会结构和文化的束缚，而被传统的父权制度禁锢于照顾家庭和从事农业劳动之中。

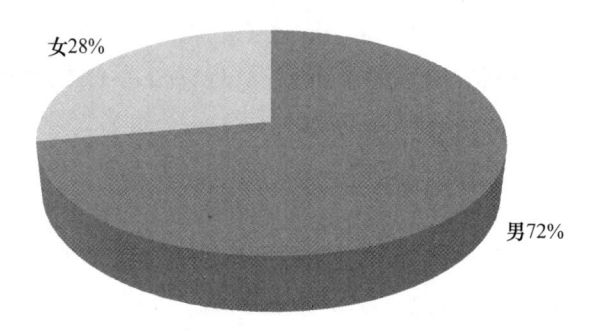

图2 外出务工人员性别结构

2. 年龄结构

调查数据显示，外出务工农民工主要年龄集中在30—39岁，占总人数的31.9%；最少的是60—69岁，只占2.1%。根据国家统计的信息显示，2018年中国共有农民工2.8836亿人。农民工的平均年龄高达40.2岁，年龄在40岁以下的人占总人数的73.1%，年龄在20岁以下的人占总人数的21.0%。结合上面对年龄的交叉分析可知，外出务工农民工多是男性，且在30—39岁的年龄阶段，这类人群多是青壮年，此类人群思想活跃，具有较前卫的思想创造力，在体力和思想上都具有比较优势，与调查数据相符合。另外外出务工农民工的年龄呈现低龄化，反映了当下社会发展中的教育问题。

3. 务工省份分布

调查数据显示，农民工外出务工主要选择浙江省、江苏省，分别占总人数的30.5%、28.6%（见图3）。然而在20世纪外出打工农民工最多的地方——广东省现在只占8.2%。这样的变化一方面是因为广州发展程度高，智能的发展使得广州的制造业被机器设备取代，需要从事低端制造行业的

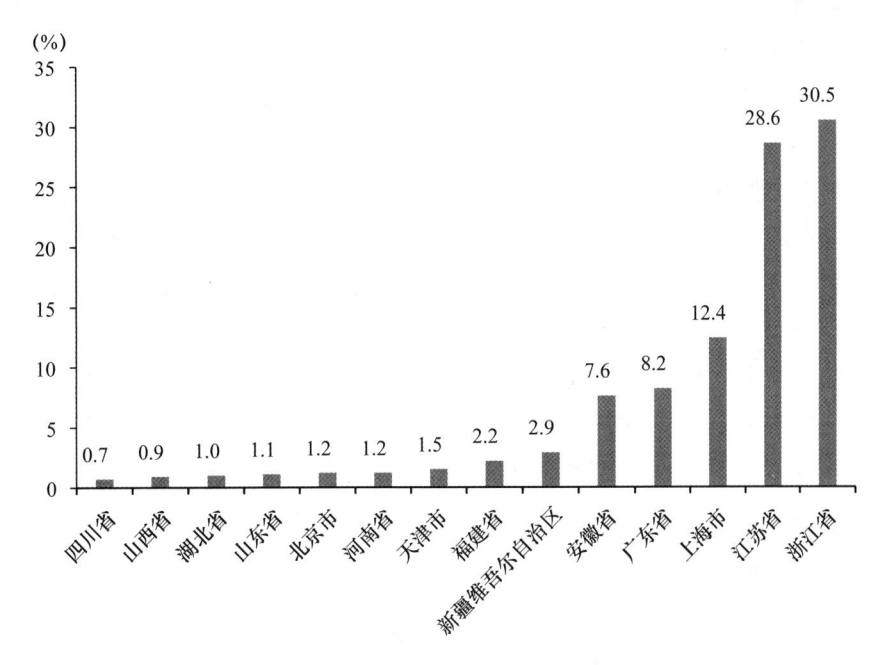

图3 外出务工人员选择就业省份

工人少；另一方面生活成本高，工资低同时与亳州市的距离较远，往来活动不方便更是在此地外来务工人员数量少的主要原因。并且近年来浙江、江苏等地经济条件发展好，务工农民工工资水平不断上升，且两地工业发达，对务工人员需求大，工作机会较多。同时相比北上广深这类超一线城市，江浙地区距离亳州市较近，交通方便，利于务工人员出行，并且物价水平较低，生活压力较小，使人们的生活幸福感得到增加。综上可以得出城市地区经济生活环境以及距离家乡远近都能够较大程度影响外来农民工务工人员数量，经济条件好，离家近的城市更能够吸引外来农民工务工人员在此工作。

4. 学历结构

调查数据显示，高中及以下学历的人占64.2%，其中占比最多的是初中学历，占43.2%；本科及以上的则占22.8%，反映了亳州市在外务工农民工学历多为初中学历。据此可以得出结论：学历较低的人在本地由于缺少竞争力多会选择外出务工寻找就业机会。此外亳州市本科及以上学历的人外出务工占比较小，结合外出务工人员在外务工职业的交叉分析反映了亳州市在外务工人员多从事瓦工等体力类工作性质的职业，学历要求不高，并且学历较高人群多从事当地单位各项工作。亳州市的人才保留政策的实施，让更多的学历高的人才都选择留在本地来支持本省建设，因而学历也是影响亳州市在外务工人员是否愿意返乡创业的重要因素。

5. 务工时间

调查数据显示（见图4），农民工外出务工类型主要分为短期一年以内和长期一年以上，分别占30.5%和69.5%。农民工在外务工比较重视务工单位的业务经营状况。结合公司经营状况以及单位总人数数据进行交叉分析可以看出，经营状况良好的企业以及单位人数较多、企业规模较大的公司更能够吸引外来农民工务工人员长期在此工作，同时也对应了亳州市农民工在外务工人员在外务工类型多为长期一年以上，而企业规模较小，经营状况一般，面临的经济风险较大不能给企业员工稳定的工作环境，不利于吸引员工继续工作，此外更不利于吸引外来农民工务工人员长期工作，无法给员工带来归属感。

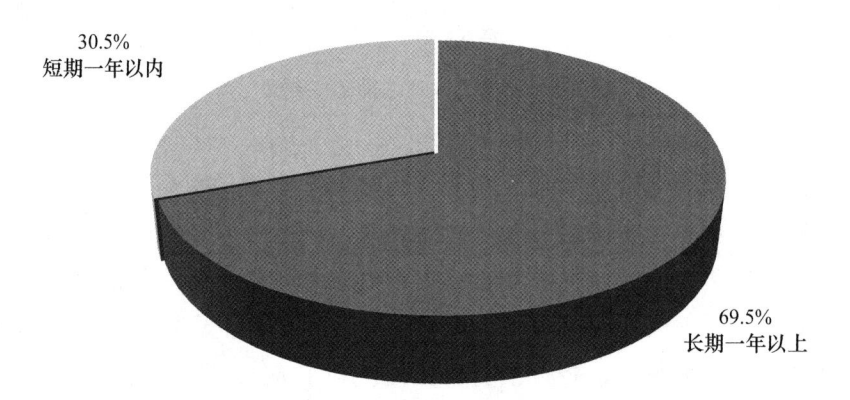

图4 外出务工人员务工类型结构

6. 工资薪酬

调查数据显示（见图5），亳州市外出农民工务工人员工资薪酬为2000元及以下的人占22.5%，其次为4000—5000元占20.0%，而高收入阶段的8000元及以上共计只有4.4%。结合年龄和学历数据进行交叉分析，20岁以下的人和60—69岁的人占总数的23.1%，此类人群收入较其他年龄阶段较少，多为零工或退休人员。从学历来看，高学历人数占比较少，同时工资的高收入阶段人数也较少，高学历的务工人员工资较高也会影响其返乡创业的意愿，工作稳定、工资待遇良好促使此类人群愿意继续在外长期工作。此外，在外工作的人多为农民工人群，从中国建筑工程施工及同领域层面分析，就业时间与收入影响紧密相关。按劳分配的制度标准，工作时间越长其薪酬收入则越多，约30%的人在外工作少于一年，和工资的低收入人群数也近乎相等。

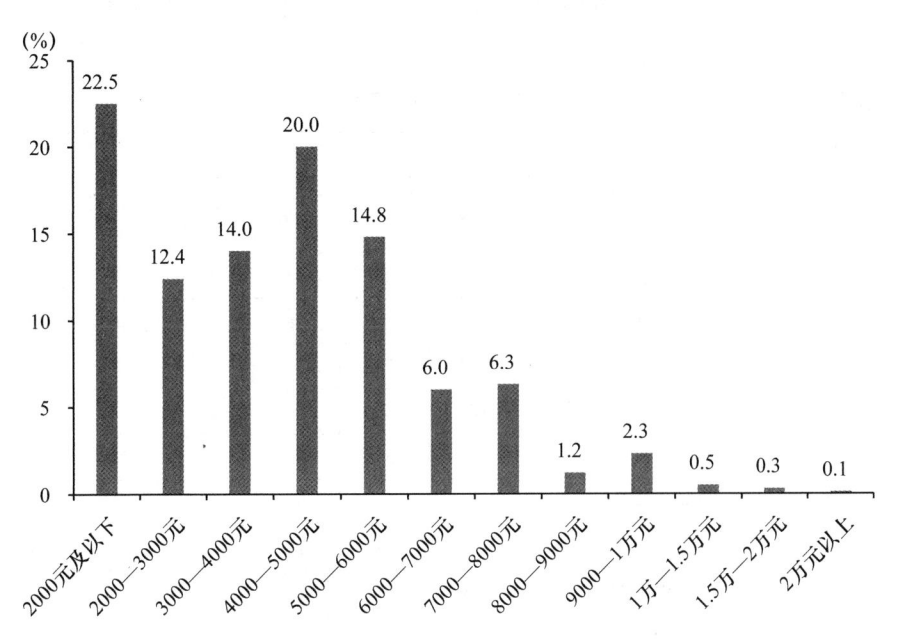

图5 外出务工人员工资薪酬情况

五 农民工就业创业影响因素的实证分析

(一) 列联表与卡方检验

1. 学历层次与工资待遇交叉分析

表1为根据调查数据使用SPSS软件所做的亳州市外出务工人员学历和工资待遇之间关系的列联表。亳州外出务工人员学历与这类人群在外工作工资待遇之间关系密切，体现为观测值与期望的频数之间直观上有着较大的差异。

表2为使用SPSS 21对列联表所做的卡方检验结果。卡方结果表明，亳州市外出务工人员学历与其工资薪酬之间关系密切，P值非常小［渐进Sig.（双侧）］，非常接近0，表明两个变量之间并不独立。

表2的结果说明了这两个变量之间并不独立，但并没有告诉这两个变量之间相关性有多强。为了进一步知道两个变量之间的相关强度，利用SPSS 21软件给出的三个相关系数（见表3）。φ系数、Cramer的V系数以及相异

系数都较大,且均通过0.01的显著性水平检验,表明外出务工人员学历与这类人群外出务工工资薪酬之间有着很强的正相关性,也间接地表明外出务工人员所在单位工资薪酬可能是务工人员在外工作意愿的影响因素之一。

表1 　　　　　　　外出务工人员学历与工资待遇

			学历					合计
			小学	初中	高中	专科	本科	研究生及以上	
工资待遇	2000元及以下	计数	0	143	104	73	57	7	384
		期望计数	24	173	73	78	38	46	384
	3000—4000元	计数	2	111	34	22	3	1	173
		期望计数	3	107	34	12	17	0	173
	4000—5000元	计数	1	78	57	23	12	28	199
		期望计数	26	28	11	94	19	21	199
	5000—6000元	计数	1	47	28	17	24	30	147
		期望计数	3	45	21	24	26	28	147
	6000—7000元	计数	3	1	5	24	10	17	60
		期望计数	0	5	4	3	5	43	60
	7000—8000元	计数	2	2	6	23	9	18	63
		期望计数	5	0	3	4	8	43	63
	8000—9000元	计数	0	3	2	2	5	11	23
		期望计数	0	2	3	11	2	5	23
	9000—1万元	计数	1	3	152	4	3	0	163
		期望计数	10	13	14	8	17	101	163
	1万—1.5万元	计数	0	0	141	4	1	1	147
		期望计数	3	4	6	13	26	95	147
	1.5万—2万元	计数	0	0	56	2	3	2	63
		期望计数	2	4	3	11	6	37	63
	2万元以上	计数	1	0	8	4	4	6	23
		期望计数	0	4	4	2	9	4	23
合计		计数	11	388	189	194	119	99	1000
		期望计数	76	385	76	128	188	247	1000

表2　亳州市在外务工人员学历与工资薪酬的卡方检验结果

	值	df	渐进 Sig.（双侧）
Pearson 卡方	391.151[a]	53	0.000
似然比	166.305	53	0.000
有效案例中的 N	1000		

注：a.53 单元格（80.3%）的期望计数少于5。最小期望计数为0.01。

表3　亳州市在外务工人员学历与工资薪酬的相关性度量（对称度量）

		值	近似值 Sig.
按标量标定	φ	0.625	0.000
	Cramer 的 V	0.280	0.000
	相依系数	0.530	0.000
有效案例中的 N		1000	

由表3能够得出亳州市外出务工人员学历与在外务工职业工资薪酬之间有着很强的联系。结合上述表格分析得出，亳州在外务工人员学历与他们工资薪酬呈非常强的正相关关系，亳州市在外务工人员的学历多为初中学历占比达到43.2%，同时也对应在外务工人员工资薪酬多在2000元以下（22.5%）。综合学历与工资待遇进行交叉分析可以发现学历较高的人群所从事的职业的工作待遇要优于其他学历工作待遇。由此可以得出在外务工人员工作总体待遇的好坏也是可以直接影响亳州市外出务工人员是否愿意长期在外工作或是返亳回乡创业。

表4　外出务工人员职业、工资薪酬与外出务工人员学历的相关性分析

变量		职业	工资薪酬
外出务工人员学历	相关系数	0.790*	0.875*
	p 值	0.030	0.025

注：上标 * 表示 $p<0.05$；该表中的数据用 SPSS 21 计算得到。

从前面的表格着重选取了外出务工人员职业和外出务工人员学历、外出务工人员工资薪酬和外出务工人员学历两两双变量（见表4），先是用卡方检验，拒绝此类所务工人员职业和外出务工人员学历相互独立的原假设，进一步计算 pearson 相关系数 0.790，结论是外出务工人员学历很大程度上

影响亳州市务工人员外出务工职业，并呈现 0.030 的显著性，理论上有足够高的置信度说明此结论，同理运用 pearson 相关性分析和显著性双侧检验得出外出务工工资薪酬的相关系数为 0.875，并且通过了 0.025 的显著性检验。分析结果中二者相关系数值均大于 0.7，说明外出务工职业与外出务工工资薪酬和外出务工人员学历之间均呈紧密的正向相关关系。

2. 务工单位总人数与外出务工意愿交叉分析

表 5 为根据调查数据使用 SPSS 软件所做的亳州市外出务工人员务工单位总人数和外出务工意愿之间关系的列联表。可以看出，亳州市外出务工人员所在企业单位人数与这类人群外出务工意愿之间关系密切，体现为观测值与期望的频数之间直观上有着较大的差异。

表 5　　　　　　　　　务工单位总人数×外出务工意愿

			是否愿意长期在此工作		合计
			否	是	
单位总人数	1000 人及以上	计数	5	7	12
		期望计数	1	11	12
	200—500 人	计数	8	16	24
		期望计数	4	20	24
	50—200 人	计数	31	33	64
		期望计数	15	49	64
	500—1000 人	计数	2	1	3
		期望计数	2	1	3
	50 人及以下	计数	581	340	921
		期望计数	703	218	921
合计		计数	627	397	1000
		期望计数	713	311	1000

表 6 为使用 SPSS 21 对列联表所做的卡方检验结果。卡方结果表明，亳州市外出务工人员所在单位总人数与其是否愿意在外地长期工作之间关系密切，P 值非常小［渐进 Sig.（双侧）］，非常接近 0，表明两个变量之间并不独立。

表 6 的结果说明了这两个变量之间并不独立，但没有告诉这两个变量之间相关性有多强。为了进一步知道两个变量之间的相关强度，利用 SPSS 21 软件给出的三个相关系数（见表 7）。φ 系数、Cramer 的 V 系数以及相依系数

都较大，且均通过 0.01 的显著性水平检验，表明外出务工人员所在单位总人数与这类人群外出务工意愿之间呈很强的正相关性，也间接地表明外出务工人员所在单位规模人数可能是务工人员在外工作意愿的影响因素之一。

表6　　　　务工单位总人数与外出务工意愿的卡方检验结果

	值	df	渐进 Sig.（双侧）
Pearson 卡方	15.585[a]	4	0.000
似然比	15.155	4	0.000
有效案例中的 N	1000		

注：a. 4 单元格（30.000%）的期望计数少于 5。最小期望计数为 0.000。

表7　　在外务工单位总人数与外出务工意愿之间的相关性度量（对称度量）

		值	近似值 Sig.
按标量标定	φ	1.365	0.000
	Cramer 的 V	0.760	0.000
	相依系数	0.782	0.000
有效案例中的 N		1000	

由表7能够得出结论：亳州市外出务工人员所在单位人数规模与其在外继续务工的意愿之间有着很强的联系。结合上述表格分析得出结论：亳州市在外务工人员所在单位多为 50 人以下的企业规模且工资薪酬多为 2000 元以下或 4000—5000 元，企业规模与工资薪酬成正比的结果使得企业规模大小与在外务工人员在外继续工作的意愿之间联系更密切。企业规模越大的公司发展的空间就越大，使得在外务工人员工作待遇的上升空间越大，越能吸引务工人员在此工作。由此我们可以得出，在外务工人员工作总体待遇的好坏可以直接影响亳州市外出务工人员是否愿意长期在外工作或是返亳回乡创业。

（二）农民工就业创业影响因素的回归分析

1. 建立模型

（1）多元回归模型

通过以上比较深入地对返乡就业或者创业外出务工的相关性分析以及

显著性检验，已经初步了解到了影响亳州市外出务工人员的返乡的多重因素，但是还缺乏系统性建模论证。鉴于前面已有的结论，选取其中比较具有研究价值的变量，建立了多元回归模型：

$$Y_i = \beta_0 + \beta_1 X_1 + \beta_2 X_2 + \beta_3 X_3 + \beta_4 X_4 + \varepsilon_i$$

其中，假定被解释变量 Y_i 为是否愿意返亳就业创业，X_1、X_2、X_3 和 X_4 分别为学历、经营状况、是否有专长及工资薪酬 4 个解释变量，ε_i 为满足计量模型过程的随机干扰项，$\varepsilon_i \sim N(0, \sigma^2)$。该多元回归模型使用的为截面数据，数据量随机抽取的有效样本 1000 个。

（2）变量选取依据

内部环境因素。"个人学历"，这一变量属于外出务工人员返乡创业的必不可少的前提条件，也可以说是个体资源禀赋中一项基本的素质以及是创业者必不可少的属性。"是否有专长"，是否有一项职业技能会给予农民工安全感，在外地靠着一门手艺技术使得外地生存得以为继，在很大程度上是国家鼓励农民工返乡创业的一块绊脚石。

外部环境因素。"经营状况"，农民工处在一个效益好的企业工作就会倾向于惯性地持续留在那里工作，而不是谋求新出路。"工资薪酬"，一般认为，那些外出人员宁愿远赴他乡就是在寻求更多就业机会发展和工资报酬，那么工资不那么理想的人就会积极地往自主创业的方向努力寻求突破。

2. 变量分析

被解释变量。本文被解释变量为亳州外出务工人员对于返乡就业创业的意愿程度为指标进行回归分析。本文对字符串型的一些变量进行简单的虚拟化，即对愿意返亳就业创业的取值为 1，不愿意的则取值为 0。因变量的这一选取非常贴合亳州市返乡务工者意愿程度这一关注点。

解释变量。影响亳州市外出务工人员的返乡意愿因素很多，我们选取了其中较为重要的两个内部环境因素和两个外部环境因素，同时这 4 个解释变量的选取也是基于实际考察最能反映外出务工人员的意愿程度，比较符合实际情况。首先是"个人学历"这一变量是基于较低的文化素质不利于返乡务工人员对于市场形势的理性分析与把握的基础上得出负相关的设想，这样作为整个模型的关键变量也有了很好的解释，另外，中国人传统普遍具有不露财的观念，将工资待遇这一变量全部取上限值应该更为符合实际情况，也便于处理分析。

下面是各变量的具体含义及赋值说明，变量的说明和解释如表8和表9所示。

表8　　　　　　　　　　　　变量含义与赋值

变量	变量含义与赋值
个人学历	虚拟变量，小学=1；初中=2；高中=3；专科=4；本科=5；研究生及以上=6
工资待遇	赋值变量，2000元及以下=2000元，3000—4000元=4000元，4000—5000元=5000元，5000—6000元=6000元，6000—7000元=7000元，7000—8000元=8000元，8000—9000元=9000元，9000—10000元=10000元，10000—15000元=15000元，15000—20000元=20000元，20000元及以上=30000元
是否有专长	虚拟变量，有=0；无=1
经营状况	虚拟变量，效益好=1；效益一般=0
是否愿意返亳就业or创业	虚拟变量，愿意=0；不愿意=1

表9　　　　　　　　　　　　关键变量与控制变量

变量名称	关键/控制变量	返乡创业就业的
年龄	控制变量	?
个人学历	关键变量	+
工资待遇	控制变量	?
经营状况	控制变量	?
是否有专长	控制变量	?

注："+"表示随着个人学历变量指标值的增加，亳州返乡创业意愿程度将增加；"?"表示随着变量指标值的增加，亳州返乡意愿度的影响不确定。数据来自课题组的调查。

3. SPSS关于变量的处理分析

（1）一元线性回归模型

由表10结果可知，R^2为0.744，说明反映因变量的变差中被估计的回归方程所解释的比例为74.4%，说明其解释力度极强，具有足够的说服力。调整后R^2为0.841，表示在用样本量和模型中自变量的个数进行调整后，在因变量取值的变差中，能被因变量与年龄、个人学历、经营状况、是否有专长及工资待遇的多元回归方程所解释的比例为84.1%。

表 10　　　　　　　　　　　模型残差独立性检验

模型	R	R²	调整 R²	标准估计的误差
1	0.586a	0.744	0.841	0.406

注：a. 预测变量：（常量）经营状况、个人学历、是否有专长、工资待遇。b. 因变量：是否愿意返亳就业 or 创业。

表 11　　　　　　　　　　　方差分析

模型		平方和	df	均方	F	Sig.
1	回归	85.750	4	21.438	130.182	0.000b
	残差	163.850	995	0.165		
	总计	249.600	999			

注：a. 因变量：是否愿意返亳就业 or 创业。b. 预测变量：（常量）经营状况、个人学历、是否有专长、工资待遇。

根据表 11 中得出，$F = 130.182$，显著性 P 值为 0.000，说明线性关系是显著的，很大程度上可以认为几个解释变量与"返亳务工人员返乡就业创业 or 继续外出务工"有很强的相关性，说明回归模型通过了置信水平为 0.05 的 F 检验，认为所拟合的方程具有统计学意义。

表 12　　　　　　　　　　　回归系数

模型	非标准化系数		标准系数	t	Sig.
	B	标准误差	试用版		
（常量）	0.701	0.048		14.479	0.000
个人学历	−0.053	0.022	−0.066	−2.467	0.014
工资待遇	0.033	0.007	0.126	4.668	0.000
是否有专长	−0.638	0.030	−0.558	−21.425	0.000
经营状况	0.058	0.074	0.020	0.774	0.439

注：a. 因变量：是否愿意返亳就业 or 创业。

偏回归系数的显著性检验可以看显著性一列，以显著性水平为 0.05 为例，发现"个人学历""工资待遇""是否有专长"三个指标的 P 值均小于 0.05，说明这几个自变量对于"返亳务工人员返乡就业创业 or 继续外出务工"的影响都是显著的，而"经营状况"这一指标变量不符合总体上模型的线性检验，自变量的偏回归系数检验通过，说明不存在多重共线性。结果见表12。

标准化回归系数：在其他自变量取值不变的条件下，自变量 X_1（这里是指原始数据）每变动一个标准差，因变量平均变动 A 个标准差。显然，B 的绝对值越大，说明该自变量 X 对因变量的影响就越大，相对于其他自变量而言，它对因变量的预测也就越重要。与其他系数的含义类似，可见在三个自变量中，是否有专长（X_3）是预测因变量最重要的变量。

（2）单变量的方差分析

可以看出，"修正的模型"进行的是整个方差分析模型的检验，F 值为 50.769，$P<0.001$，拒绝原假设，因此所用的模型有统计学意义，其中有的因素系数不等于0。该结论等于说不同意影响因素之间有差异。从第三行开始对模型中各因素进行检验，其原假设为："个人学历""工资待遇""是否有专长"这三个因素对于因变量没有影响，因素系数等于0。检验 F 值和 P 值均与第一行的检验结果相同，结论也完全等价。从最后一列来看，"经营状况"这一变量需要剔除，P 值大于 0.05 偏高，其他几个变量检验效果理想。结果见表13、表14。

表13　　主体间效应的检验因变量：是否愿意返亳就业 or 创业

源	Ⅲ型平方和	df	均方	F	Sig.
校正模型	95.264a	12	7.939	50.769	0.000
截距	6.356	1	6.356	40.648	0.000
工资待遇	13.378	10	1.338	8.555	0.000
是否有专长	78.676	1	78.676	503.144	0.000
经营状况	0.122	1	0.122	0.781	0.377
误差	154.336	987	0.156		
总计	520.000	1000			
校正的总计	249.600	999			

注：a. $R^2 = 0.382$（调整 $R^2 = 0.374$）。

表14　　　　　参数估计表因变量：是否愿意返亳就业or创业

参数	B	标准误差	t	Sig.	95% 置信区间	
					下限	上限
截距	-0.590	0.404	-1.461	0.144	-1.382	0.202
[工资待遇=2000元]	0.559	0.396	1.410	0.159	-0.219	1.336
[工资待遇=3000元]	0.664	0.397	1.674	0.094	-0.114	1.443
[工资待遇=4000元]	0.851	0.397	2.146	0.032	0.073	1.629
[工资待遇=5000元]	0.776	0.397	1.956	0.051	-0.002	1.555
[工资待遇=6000元]	0.675	0.399	1.692	0.091	-0.108	1.457
[工资待遇=7000元]	0.699	0.399	1.754	0.080	-0.083	1.481
[工资待遇=8000元]	0.638	0.412	1.550	0.122	-0.170	1.446
[工资待遇=9000元]	0.607	0.404	1.503	0.133	-0.186	1.400
[工资待遇=10000元]	1.000	0.433	2.309	0.021	0.150	1.850
[工资待遇=15000元]	1.000	0.457	2.190	0.029	0.104	1.896
[工资待遇=20000元]	0a	0.000	0.000	0.000	0.000	0.000
[是否有专长=是]	0.654	0.029	22.431	0.000	0.597	0.712
[是否有专长=否]	0a	0.000	0.000	0.000	0.000	0.000
[经营状况=有]	-0.065	0.073	-0.884	0.377	-0.208	0.079
[经营状况=无]	0a	0.000	0.000	0.000	0.000	0.000

注：a. 此参数为冗余参数，将被设为零。

六　调研结论

本文对于此次市场调查研究的结果并结合当前农民工选择外出就业还是返乡就业创业的实际情况进行分析。通过抽样调查分析个人学历、公司规模和经营状况以及是否愿意长时间在外地工作对工作在外是否愿意返乡就业创业所获得的结论如下。

其一，外出务工人员以男性为主，且收入不高。调查结果显示，亳州市农民工外出务工人员中有72%是男性，出现这种现象主要是由于农村人口受教育水平较低，所以外出基本是从事专业技能要求较低，但体力劳动相对高的工作，如建筑行业、制造业等，由于男性体力相较于女性体力较强，这对于男性而言相对较有优势。同时由于在传统观念的影响下，企业对女性歧视仍然存在，主观认为女性抗压能力不及男性，因此男性外出务工比例较大。然而从事技术水平较低工作，加之外出务工人口越多，竞争压力增加，收入也就不尽如人意。

其二，亳州市外出务工人员创业意识淡薄。亳州市外出务工人员因对创业政策的认识程度不高、理解不透彻而没有创业意识。其主要原因为以下五点：第一，大部分农民工在就业时只希望稳定舒适，并没有创业思想和奋斗精神；第二，农民工知识文化水平不高，就业思想简单；第三，没有一定的经济常识和创业能力，创新创业思路不清晰；第四，创业需要启动资金，而多数农民工缺乏此类创业资金，创业对其有较大困难；第五，农民工传统观念强烈，对政府相关创业优惠政策了解不够，不能认识到政府政策扶助作用，较少关注政府推出此类创业政策内容，对创业方法知之甚少。

其三，时间成为务工人员选择外出的重要阻碍。全国经济大发展，亳州市各种新兴产业的出现给当地带来更多的工作单位，当地农民工获得更多工作机会，相对亳州市外出务工人员，能够有机会在本市工作将不会选择外出务工。根据回归分析可得出结论，对于外出务工人员，时间成为务工人员外出务工的重要阻碍，外出务工者并不会选择长时间在外务工，大部分亳州市人们选择外出务工后回乡发展，这也是农民工返乡就业创业的内在优势。

其四，公司规模与经营状况直接影响农民工返乡就业创业。外出务工单位规模与经营状况很大程度上决定亳州市务工人员外出务工意愿，当企业经营状况良好时，企业将提高员工工作积极性，员工忠诚度也会增加，员工对企业依赖度上升，升职空间大会吸引员工继续工作。外出务工人员工作单位规模反映出企业人员质量与资产等各方面重要指标，可以通过企业规模预测出企业未来发展方向，可作为外出务工人员是否选择继续外地工作的参考要素。

其五，外出务工人员以低学历为主。根据外出就业人数学历的归纳总结可知，选择外出务工的人数中有64.2%是高中及以下学历，农村人口学历低的现象存在于中国大部分地区，农村经济水平落后，直接影响农村教育水平的落后。近年来外出务工人员教育水平以初中到高中为主，虽然有国家九年义务教育政策扶持，但部分家庭还会因经济压力选择放弃学业。这些农民工因缺少高学历就业空间小，在找工作方面较为被动，不得不外出寻找更多的就业机会，因此外出务工多为低学历者。农民工想要返乡就业创业，就需要多关注政府相关政策，并学习一技之长，提升自身文化水平和知识技能，才有创业的可能性。

七 吸引和促进农民工返乡就业创业的对策与建议

第一，密切关注返乡农民工情况，提高政府服务效益。政府要密切关注返乡农民工的思想动态，了解农民的所想所需，尽政府之力，为农民工办好事、办实事。各乡镇及其有关部门应设立监测动态网络，并切实做好返乡农民工的思想引导工作；对长期滞留在家的农民工，政府要着重关注，对有资金积累、管理经验、市场洞察力强、有创业需求的返乡农民工，政府要实行特别的联系与服务。尽力完善政府服务水平，提高政府效益。

第二，紧抓社会福利保障，提高农民工社保服务质量水平。在研究小组的调查中，有5.9%的农民工没有任何保险。政府应切实抓好社保服务，要做好跨市、跨省就业农民工基本养老保险关系的交接转移，加大国家财政在农民工社会保障福利制度的支出比例。此外，建立健全农民工维权预案也是提高农民工社会保障的一项重要举措。

第三，鼓励农民工返乡创业，提供创业优惠政策，以创业带动就业。亳州市外出务工人员所在单位的人数规模与他们在外继续务工的意愿有很大的联系。一般来说，企业规模越大公司发展空间越大，从而更能吸引务工人员在外工作。研究小组调查得知，企业规模较小（50人及以下）占据了大多数，因而会有更多的人有返乡创业的意愿，政府也应该积极引导有资金积累、市场信息、管理经验和创业需求的农民工返乡创业并开展多种形式的创业培训，特别是需鼓励返乡农民工大力发展以种养殖业为主的农业开发项目，并提供有关创业优惠政策，带动村民脱贫致富，以先富带动后富，以创业带动就业。

第四，创造更多的就业岗位，建设家乡。亳州市外出务工人员的整体工资水平较低且大部分从事较辛苦的体力劳动工作，且超过90%的外出务工人员选择在外省务工，距离家乡较远，难以感受家乡的温暖。基于我国大环境背景下，鼓励农民工尤其是在外工作不理想的务工人员返乡就业创业,创造更多的就业岗位,投身于家乡建设。目前国家支持并鼓励农民工返乡就业创业,并且对有资金积累、市场信息、创业需求的农民工有一定的帮扶政策。

Promote the Return of Geese to the Economy and Assist in Rural Revitalization: Based on a Survey of Migrant Workers in Bozhou City

Lou Shuhua, Zhou Yajun

Abstract: Employment is the source of people's livelihood, and entrepreneurship is the power of people's livelihood. Farmers' work is a special and large group that has become an important part of industrial workers. At the same time, in the context of the rural revitalization strategy goals and "mass entrepreneurship and innovation", the return of migrant workers to their hometowns for employment and entrepreneurship remains a top priority for the government. Through extensive literature review, it has been found that scholars have made positive and beneficial explorations on the issue of migrant workers returning to their hometowns to start businesses. However, it has been found that there is still a lack of in-depth exploration into the willingness of migrant workers to return home and the underlying reasons behind it. This article is based on the research results of domestic theory and practice, to understand the current situation of migrant workers, and to analyze the problems existing in the employment and entrepreneurship of migrant workers returning to their hometowns. Through a questionnaire survey of migrant workers in Bozhou City, a systematic description and statistics, correlation analysis, and chi square test are conducted on important factors. This article has important theoretical and practical significance for supporting migrant workers to return home for entrepreneurship and employment, solving their employment difficulties, accelerating the process of population urbanization, and assisting rural revitalization.

Keywords: Migrant Workers Going Out; Returning Home for Employment and Entrepreneurship; Bozhou City

欧盟法律框架下消费者评价的规制研究

贾路路[*]

摘　要：本文研究欧盟法律框架下对电商平台消费者评价的规制问题，旨在揭示中国卖家在欧盟市场合规经营所面临的挑战。通过文献分析和案例研究，本文系统探讨了欧盟相关法律规制和电商平台的自我规制实践，重点分析了现行欧盟法律框架对消费者评价规制的有效性。研究发现，欧盟在消费者评价规制方面虽然缺乏专门性立法，但是，从法律体系来看，现行欧盟法律框架已经建立了对消费者评价问题的合规要求。本文为跨境贸易的中国卖家提供合规建议，以促进中欧跨境电商的健康发展，同时为政策制定者提供理论依据，推动中欧在消费者保护领域的法律合作。

关键词：消费者评价；先合同信息；自我规制；消费者权利指令；电子商务指令

一　背景介绍

在经济全球化浪潮的推动下，中国卖家将"中国制造"通过跨境电子商务平台直接销售至欧盟市场已成为一种日益普遍的商业模式。其中，大量中国卖家通过亚马逊平台将商品存放在亚马逊的仓库中，并利用亚马逊平台处理送货、退货和换货等事宜（FBA），直接面向欧盟消费者，实现了足不出户，行销欧盟消费市场。

然而，为了吸引亚马逊平台的消费者关注和购买以及提升自身商品在

---

[*] 作者简介：贾路路（1991—　），男，浙江省杭州市人，葡萄牙里斯本新大学博士研究生，吉林外国语大学国际关系学院教师，研究方向为在线消费者评价的规制。

平台的搜索排名，一些卖家沿用了在中国市场广泛采取的手段，如随产品邮寄小卡片承诺向撰写好评的消费者提供报酬、返现，甚至通过微信群组有计划、有组织地利用在欧盟的华人华侨、留学生等群体操纵好评。据报道，从2021年4月开始，亚马逊平台上的中国卖家经历了一次大规模"封号潮"，行业从大卖家到中小卖家均受到波及。据深圳市跨境电子商务协会的统计，此次封号共波及超过5万个中国卖家，行业损失预估超千亿元人民币。[①] 2021年9月，亚马逊方面回应，亚马逊取消了600多个中国品牌的销售权限，涉及约3000个账号。

对于封号的原因，亚马逊强调，此次被封号完全没有外在因素影响，并非针对中国卖家，封号的主要原因是由于卖家操控消费者评价。另外，从欧盟市场监管的角度看，随着在线市场的蓬勃发展，欧盟对电商平台规范经营的要求也日益加强。时至今日，消费者评价的规制问题，不但没有过时，反而依然是消费市场的一大顽疾，也是欧盟法学界讨论的热点话题。

如何在遵守欧盟相关法律法规的前提下进行合规经营，成为中国卖家开拓和发展欧盟市场时亟待解决的问题。合规经营不仅关乎中国卖家当前的盈利，还关系到中国卖家在欧洲市场的声誉、形象和长期发展。其中，消费者评论看似是一桩不起眼的小事，背后却蕴含着复杂的法律问题和巨大的法律风险。

二 欧盟法对消费者评价的直接规制

在探讨欧盟对消费者评价的直接规制时，有两个问题必须回答。首先，作为描述产品情况和使用感受的消费者评价，其规制是否可以被纳入《消费者权利指令》中的前合同信息规制框架，以确保消费者在购买前能够获得全面、准确的信息。其次，更进一步地，这些评价作为影响消费决策的关键信息，其规制是否应该纳入《不公平商业实践指令》中禁止误导消费者的商业行为的框架内。

---

① 昌道励、欧志葵、王彪等：《跨境电商如何应对"成长的烦恼"？》，《南方日报》2021年8月24日。

（一）《消费者保护指令》：前合同信息的披露

基于《欧洲联盟运作条约》（Treaty on the Functioning of the European Union），特别是其中的第 114 条关于高水平消费者保护目标的规定，欧洲议会和理事会通过整合若干先前的关于消费者合同的指令，在 2011 年制定颁行《消费者保护指令》。该指令第 6 条远程和场外合同的信息要求中规定，在消费者受远程或场外合同或任何相应的要约之前，交易商应以清晰易懂的方式向消费者提供包括商品或服务的主要特征、交易商身份、联系方式、价格、退货政策等，并对其进行详细的列举，遵守信息要求的举证责任应由交易商承担。在网络购物时，消费者评价所蕴含的信息往往与上述信息重合交叉，而且消费者评价是消费者从自身角度根据实际消费体验进行的反馈，因此，对潜在购买者而言，更具有参考性。根据欧盟委员会在酒店行业的一项研究，消费者更信任用户生成的内容，而不是从公司获得的任何其他旅行信息。①

然而，目前消费者评价是否属于消费者权利指令中的交易商的信息披露范围存在争议。Narciso 主张，鉴于消费者评价在消费者购买决策发挥的实际作用，其已经成为事实上的先合同信息。② 这一观点指出，消费者在购买过程中倾向于依赖他人的经验和感受以辅助其决策，因此，消费者对于产品或服务的评价已经成为一种重要的信息来源，对于消费者最终的购买决策产生了实际影响。在这种情况下，消费者的评价不仅仅是一种附加信息，且可以被视为一种受法律约束的先前合同信息，对于交易双方的权利和义务具有一定的法律效果。然而，反对观点认为，消费者评价是由消费者自愿发布的，且交易商对其不具有充分的控制能力。如果将消费者评价纳入先合同信息义务，无疑会增加交易商的管理成本，而且不能保证交易商能够实际地做到。轻率地将消费者评价纳入受欧盟消费保护相关指令中，非但不能起到规制消费者评价的作用，反而会减损法律的权威。

然而毫无疑问的是，虚假的消费者评价应当界定为交易商披露的信息，而且是以非法方式披露的信息。这是因为，虚假的消费者评价往往是由商家或其代理人非法操纵的结果，而且是以合法形式掩盖非法的实质，违反

---

① Nwaogu, T., Simittchieva, V., Whittle, M., et al., *Study on Online Consumer Reviews in the Hotel Sector*, 2014.
② Narciso, M., "The Regulation of Online Reviews in European Consumer Law", *European Review of Private Law*, 557–581, 2019.

了消费者保护指令中对交易商的信息披露的要求。从消费者角度考虑，虚假的消费者评价也侵犯了消费者的知情权和选择权。这种操纵消费者评价的行为可能误导消费者，影响其购买决策，从而损害消费者的权益。从市场规制的角度看，虚假的消费者评价也会扰乱欧盟内部市场秩序，破坏公平竞争环境，对市场经济的正常运行造成负面影响。

（二）《不公平商业实践指令》：禁止误导消费者

《不公平商业实践指令》（*Unfair Commercial Practices Directive*）是另一个与消费者评论的规制密切相关的欧盟指令。该指令于2005年颁布，目的在于促进欧盟内部市场的正常运作，并实现高水平的消费者保护。该指令的主旨是为了规制消费合同中交易商的不公平的商业行为，确保消费者免受误导。

那么，什么是不公平的商业行为？《不公平商业实践指令》第5条第2款规定，如果一个商业行为被认为与交易商的专业勤勉相悖，并且严重扭曲或可能严重扭曲一般消费者的经济行为，则该商业行为被视为不公平。同时，其第2条第1款第e项中对"严重扭曲消费者的经济行为"的解释是，利用商业行为显著削弱消费者作出知情决策的能力，从而导致消费者作出原本不会作出的交易决定。到目前为止，主流的学术界已经认可受操纵的消费者评价可以导致消费者作出错误的购买决定。例如，消费者评价越来越被消费者用来作出关于旅游的知情决策。[①] 消费者评论是产品和品牌信息的重要来源，有助于促进在线消费者的购买决策。[②] 因此不难确定的是，操纵消费者评价属于一种被该指令禁止的不公平的商业行为。

《不公平商业实践指令》还特别指出，误导性的商业行为应当被认为是不公平的。该指令第6条规定，如果一个商业行为包含虚假信息，因此是不真实的，或者以任何方式，包括整体呈现，欺骗或可能欺骗一般消费者，或者无论哪种情况都会导致或可能导致他作出本来不会作出的交易决策，那么这个商业行为将被视为具有误导性。因此，消费者评价也可以引起误导性而不需要经过严重扭曲或者可能严重扭曲测试而被直接判定为误导性

[①] Filieri, R., "What Makes an Online Consumer Review Trustworthy?", *Annals of Tourism Research*, 58, 2016, 46-64.

[②] Devika, P., Veena, A., Srilakshmi, E., et al., "Detection of Fake Reviews Using Nlp Sentiment Analysis", Proceedings of the 6th International Conference on Communication and Electronics Systems, ICCES 2021, 1534-1537.

的商业行为。更具体地说，该指令的附件1（黑名单）在最新的修订版本中列举了一系列在任何情况下被视为不公平的商业行为，其中第23c条规定，提交或委托其他法人或自然人提交虚假的消费者评论或认可，或虚假陈述消费者评价或社会认可，以推广商品。为了指导执行该指令，2016年欧盟委员会发布《关于不正当商业行为指令2005/29／EC执行/应用的指南》，其通过举例的方式特别指出了虚假评价属于不公平商业行为，这个虚假评价的例子即一个酒店网站发布了正面评价，声称是消费者的评价，实际上是由酒店业主自己编写的。① 这就意味着，不管虚假消费者评价是否实际地影响了具体的消费者的购买决策，一旦交易商实施此类行为，即可被认定为不公平的商业行为。通过对《不公平商业实践指令》的解读，从抽象定义到具体示例，操纵消费者评价都可以被认定为不公平的商业行为。如果交易商操纵消费者评价，将可能面临欧盟法和成员国国内法处罚的风险。

那么问题是，如何判断交易商的操纵消费者评价的行为。由于消费者评价操纵的隐秘性、复杂性和广泛性，市场监管部门如果无法有效识别消费者评价的操纵，那么此类规定也就会因为不具有可操作性而成为一纸空文。考虑到与消费者评价的触及距离以及在分析和处理消费者评价的专业性，平台在消费者评价的议题上或许更具有优势。因此，在论及消费者评价的规制上，不得不涉及平台对消费者评价的自我规制。

三　平台内部对消费者评价的自我规制

电商平台是消费者评价机制的创建者和维护者，消费者评价可靠性关系到平台的声誉和商业价值。不论是维护自身商业利益的角度，还是满足法律合规要求的角度，平台都有动力对消费者评价进行自我规制。而且，无论是从技术治理能力，还是用户协议的规则设计，没有任何第三方比平台更适合对消费者评价进行规制。经合组织也承认，保障消费者评价的核心作用应委托给在线平台，它们通常对服务提供商和用户行使不同程度的控制和影响，因此它们是这样做的最佳机构。②

---

① European Commission, *Guidance on the Implementation/Application of Directive 2005/29/EC on Unfair Commercial Practices*, Commission Staff Working Document, COM, 2016, 320 Final.
② Inglese, M., *Regulating the Collaborative Economy in the European Union Digital Single Market*, Cham：Springer Nature Switzerland AG, 2019.

(一) 平台自我规制的动机

可靠的消费者评价机制是平台的重要资产，也反映了平台的声誉。Narciso 认为，在线评价主要功能之一就是向市场参与者传递信任（或建立声誉）。① 与卖家的立场不同，通常情况下平台并不在乎消费者评价是正面的还是负面的，平台更在乎的是消费者评价的可靠性。负面的评价会直接影响卖家的声誉，但是，在一定程度上却能够培育消费者对平台的信任。

从消费心理学角度，虚假评价可能导致消费者的购物决策和体验不符合预期，从而导致消费者对购物平台失望和不满。研究表明，提供不法信息的卖家可能会试图误导或欺骗用户，而这可能会阻止用户使用平台的服务。② 消费者一旦失去了对平台的信任，已经注册的用户会停止在平台选购商品，未注册的个人也不会注册为平台用户。没有消费者的平台，对新的交易商入驻也没有吸引力。就这样，失去了消费者和交易商二者信心的平台，也便失去了市场地位和商业价值。虽然从法律层面来说，虚假评价在平台的存在未必属于平台的责任，但是消费者可能将不满情绪从对卖家转移到对平台上，从而在心理上降低对平台的好感和信任。平台在消费者对评价的信任，则会直接影响平台的商业价值。

从功能来说，如果一个平台充斥着大量的虚假评价，则会导致平台设立的消费者评价机制失灵。一个无法实现基本的自我管理职能的平台，很难在激烈的市场竞争环境中生存和发展。对于虚假评价引起的信任问题，市场监管部门也不会视而不见。欧盟委员会在《欧洲在线平台和数字单一市场的机遇和挑战》中指出，虚假评价可能会破坏平台本身的商业模式，也可能导致更广泛的信任丧失。一个平台、一种商业模式，甚至网络购物方式，可能会因为虚假评价的问题而走向消亡。为了抑制这种趋势，欧盟市场监管部门则会收紧对平台的监管。为了缓解来自监管方面压力，平台也有动力去维护对消费者评价自我规制的有效性。如果平台未能有效实施在线内容的自我规制，可能会招致公共监管的加强；当自我规制运行良好时，公共监管往往会减少公权力干预的意愿和程度。从欧盟的官方立场上看，从 2016 年开始，欧盟委员会进一步鼓励在线平台在欧盟范围内协调一

---

① Narciso, M., "The Unreliability of Online Review Mechanisms", *Journal of Consumer Policy*, 2022.

② Buiten, M. C., de Streel, A., & Peitz, M., "Rethinking Liability Rules for Online Hosting Platforms", *SSRN Electronic Journal*, 2019.

致的自律监管工作。①

因此，无论是从维护自身商业利益的角度还是从法律合规的角度，电商平台都具有治理虚假的消费者评价问题的内在驱动力。那么，下面通过亚马逊平台来考察平台是如何采取措施对消费者评价进行自我规制的。

（二）平台的"反操纵政策"：以亚马逊为例

亚马逊的客户评价的"反操纵政策"规定，任何试图操纵评价的行为，包括直接或间接提供虚假、误导或不真实内容，都是被严格禁止的。顾客评论应该为顾客提供来自其他购物者的真实产品反馈。亚马逊对任何旨在误导或操纵客户的评论采取零容忍政策。如果确定卖家试图操纵评价或以任何其他方式违反了相关规定，亚马逊可能会立即暂停或终止卖家权限，删除评价，并从列表中移除相关产品。

从法律的角度来看，亚马逊的"反操纵政策"在性质上属于"用户协议"的一部分。亚马逊平台借助用户协议的自我规制措施，发挥着类似公权力的功能。从各国的法律实践和理论来看，对消费者评价平台自治既合法又是必要的。董京波教授指出，平台自治是监管链条的重要一环。② Cusumano等认为，存在一些通过自律更好地处理的领域，特别是平台运营问题，因为外部人员难以理解和监控。③ 具体到消费者评价的治理问题上，如果不肯定平台利用技术手段的自我规制，那么也很难依靠其他力量进行规制。

从执行方式的角度来看，亚马逊的"反操纵政策"往往是通过自动检测系统，特别是其中的算法模型实现的。研究发现，与消费者相比，自动检测系统表现出比一般消费者更高的准确性。虽然大多数现有的机器学习技术对于评论垃圾邮件检测不够有效，但已发现它们比人工检测更可靠。④ 因此，平台的反消费者评价操纵政策与其说是一种一套规范体系，不如说是一系列的技术措施。Cantero Gamito 认为，声誉（即消费者

---

① European Commission, *Online Platforms and the Digital Single Market Opportunities and Challenges for Europe*, 2016.

② 董京波：《平台自治的监管问题研究——以平台的双重身份为视角》，《商业经济与管理》2022年第7期。

③ Cusumano, M. A., Gawer, A., & Yoffie, D. B., "Can Self-Regulation Save Digital Platforms?", *Industrial and Corporate Change*, 30 (5), 2021, 1259-1285.

④ Crawford, M., Khoshgoftaar, T. M., Prusa, J. D., et al., "Survey of Review Spam Detection Using Machine Learning Techniques", *Journal of Big Data*, 2 (1), 2015.

评价）制度下，消费者评价成为新的质量基准，并可用作争议解决的参数，有效取代规则和执行的法律类别。事实上，由于技术上的优势，平台越来越多地承担监管中介的角色。① Buiten 等也观察到这一点，指出公共监管机构在监管活动中越来越依赖平台，这是由于其拥有卓越的运营能力、数据库和对平台用户的直接触及。②

因此，当中国卖家通过亚马逊平台进入欧盟市场时，鉴于官方的自治政策和平台在反消费者操纵的技术能力，不可避免地需要遵守其"反操纵政策"中关于消费者评价的规定。

虽然在线平台在治理消费者评价方面具有内在动力，但不能忽视的是，平台自治也已经面临法律合规的压力。欧盟并没有完全放任平台的自我规制，比如平台自治并不能有效应对自我优待的问题，从而损害平台用户（即消费者和卖家）的合法权益。法律的干预不仅在于保护消费者权益，还在于维护市场公平和透明度，以及促进数字经济的长期的可持续发展。

四 欧盟法通过平台对消费者评价施加的间接规制

从世界范围内来看，尽管存在显著差异，但各地的司法管辖区都在加大对在线平台的监管压力，以应对平台权力积累。③ 因此，平台在推动消费者评价的自我治理的同时，也应考虑与现行法律框架相协调，以确保其活动符合法律规定。

（一）《电子商务指令》：不要求平台对消费者评价的一般性监控义务

欧盟于 2000 年颁布《电子商务指令》，其旨在消除跨境信息社会服务的障碍，以确保这些服务在内部市场的自由流动，并为企业和消费者提供

---

① Cantero Gamito, M., "Regulation. com. Self-Regulation and Contract Governance in the Platform Economy: A Research Agenda", *European Journal of Legal Studies*, 9 (2), 2017, 53-67.

② Buiten, M. C., de Streel, A., & Peitz, M., "Rethinking Liability Rules for Online Hosting Platforms", *SSRN Electronic Journal*, 2019.

③ Cantero Gamito, M., "Regulation of Online Platforms", *SSRN Electronic Journal*, 2022.

法律确定性和信心。该指令对平台规制的重要意义在于统一了欧盟范围内网络中介的最低责任标准。其第 15 条规定，不允许各成员国法律对网络中介施加一般性的监控用户在线内容的义务。

《电子商务指令》是在 20 世纪 90 年代网络经济刚刚兴起的时代背景下产生的，其目的在于确保网络经济的发展有一个宽松的发展环境。因此，该指令并不要求平台企业承担主动的信息审核义务，只要平台对其存储、传播的信息不加以干预即可。同样重要的是，上述规定也是为了保护用户的基本人权，如隐私权和言论自由。① 鉴于消费者评价是在线消费者自主发布的信息，《电子商务指令》中对网络信息的一般性规定自然也适用于对消费者评价规制。也就是说，在目前欧盟的法律框架下，平台实际上不必担心因为对消费者评价缺乏检测措施而承担法律责任。

从实践来看，此条款为中小平台的生存和发展提供了宽松的法治空间。因为中小平台往往不具备大平台一样的技术治理能力和强势的自我规制措施。

（二）《不公平商业实践指令》：专业勤勉义务

《中华人民共和国电子商务法》第 38 条第 2 款明确提到在线平台的安全保障义务，然而在欧盟法层面上并无类似规定。发挥类似作用的是《不公平商业实践指令》第 5 条第 2 款中的专业勤勉义务，即可以合理地期望贸易商对消费者行使的特殊技能和谨慎标准，且这种期待与诚实的市场惯例和/或贸易商活动领域的一般诚信原则相称（第 2 条第 1 款第 h 项）。平台虽然不是消费者合同的直接当事人，但是作为提供交易环境、撮合交易的居间人也符合该指令对"交易商"的定义，应当承担相应的专业勤勉义务。

具体到消费者评价的问题上，尽管发布虚假评价的责任首先由操纵虚假评价的"交易商"承担，但是，平台也对其提供的消费者评价机制的可靠性负有一定的勤勉义务。作为提供商品或服务交易平台的管理者，平台在防范和处理虚假评价方面负有重要责任。电子商务平台作为联系消费者与平台内销售商的桥梁，有能力也有责任为网络交易营造一个公正健康的平台环境。② Martínez Otero 认为，提供评级系统的领先在线平台拥有管理良好的机制来检测、报告和删除虚假评论，这可能表明其遵守了勤勉条款

---

① Madiega, T., *Reform of the EU Liability Regime for Online Intermediaries: Background on the Forthcoming Digital Services Act*, 2020.

② 梁馨丹：《我国电子商务平台法律责任探析——以网络交易信息披露的立法完善为视角》，《立法评论》2021 年第 1 期。

的要求。① 如果平台明知自己创设和维护的消费者评价机制充斥着虚假评价，而没有采取与其技术能力相称的必要措施，很难令人信服平台在这种情境下是专业勤勉的。

从侵权的角度来看，电子商务平台创设了消费者评价机制，如果没有维护评价的可靠性，相当于创造了危险环境。这种情况下，消费者可能会受到误导，导致不正确的购买决策，进而造成经济损失。按照这样的推理，似乎平台要为虚假消费者评价负责。需要注意的是，回到欧盟《电子商务指令》的相关规定，即欧盟成员国不得要求平台对在线信息进行监控，这就意味着平台没有法定义务去审查并过滤虚假消费者评论。这里就出现了一个悖论，一方面平台有维护交易环境安全的专业勤勉义务；另一方面在具体手段上，平台却没有审查和过滤虚假消费者评价的义务。因此，在这样的情况下，主张平台为虚假评价的存在负责是在理论上也面临阻碍的。

然而，以上分析并不意味着平台必然对虚假消费者评价免责。专业勤勉义务为电商平台的评价机制的可靠性提供了合规的底线，即它不要求高水平的消费者评价的可靠性，但是至少不能够对过于明显的虚假消费者评价视而不见，尤其是大型的电子商务平台在技术能力上具有明显的优势的情况下。而且法律不要求平台承担监控和过滤的义务，并不表示平台不可以通过自愿的方式进行自我规制。因此，笔者认为，平台在保证消费者评价可靠性的议题上，专业勤勉义务是具有优先性的。

（三）《电子商务指令》：知道删除义务

欧盟《电子商务指令》第 14 条引入了避风港规则，即在托管或传输第三方提供的内容时，网络中介仅在意识到违法行为且未采取适当措施制止时才可能承担责任。与禁止一般性的监控义务类似，最初引入中介责任豁免是为了促进新兴的互联网市场。②

如何判断平台的实际知道、何时以及如何获得这种实际知道或意识的问题必须根据具体情况进行评估。③ 欧盟成员国的法院和执行机构对此有不

---

① Martínez Otero, J. M., "Fake Reviews on Online Platforms: Perspectives from the US, UK and EU legislations", *SN Social Sciences*, 1 (7), 1-30, 2021.

② Frosio, G. F., "Reforming Intermediary Liabilityin the Platform Economy: A European Digital Single Market Strategy", *Northwestern University Law Review*, 112, 2017, 19-46.

③ Hoffmann, A., & Gasparotti, A., *Liability for Illegal Content Online Weaknesses of the EU Legal Framework and Possible Plans of the EU Commission to Address them in A "Digital Services Act"*, Centre for European Policy, March, 2020.

同的认识。在奥地利、法国、意大利、葡萄牙和西班牙，法院认为，在没有明显违法性的情况下，托管服务提供商没有义务删除或禁止访问有争议的内容。奥地利法院进一步解释，明显违法性是指"对任何非律师来说都是显而易见的，无须进一步调查"的情况。① 虚假的消费者评价通常具有合法性的外观，而且操纵者往往会"勤勉地"致力于使虚假的消费者评价达到以假乱真的程度，娴熟的消费者和高超的算法有时候甚至都无法完全准确地判断。因此，一般来说，虚假的消费者评价在欧盟法的语境下不能够被认定为显而易见的违法性，从而无法达到平台应该实际知道的程度。

同时，欧盟法院认为，在判定平台是否实际知道时，还应当考虑平台对在线内容的干预程度。根据欧盟《电子商务指令》的要求，只有不加以干预的平台，才能享受避风港规则。在线平台若享受欧盟《电子商务指令》第14条的责任豁免，其必须进行纯粹技术性、自动性和被动性质的活动，这要求它不具备对存储信息的认识或控制，即被动和中立。② 这样的解释路径可能会带来不利后果，即提供者可能出于享受避风港规则的保护而不愿主动调查平台内信息的合法性，即使其有能力这样做。因为一旦平台通过调查得知可疑内容而没有及时有效地采取行动，其可能也会面临法律责任的风险。

然而，基于自身定位和业务发展的需要，现在在线平台积极干预平台内信息的现象日益普遍。比如，亚马逊平台对消费者评价的自动监测和过滤机制，而且亚马逊对消费者评价的干预是贯穿在消费者的评价的提交、分析处理、展示等全过程的。那么这种主动干预的方式是否符合欧盟《电子商务法》的免责规定，便引发了某种程度的不确定性。因为它可能导致这些干预网络信息产生和传播过程的平台被定性为"主动"和"非中立"平台，从而失去其可以从中受益的责任豁免。③ 但是，从判例来看，法院一般不判定主动审查在线信息的平台承担法律责任。2017年，在《关于应对非法内容的通讯》中欧盟委员会指出，符合《电子商务指令》第14条的托管提供商，如果其采取积极措施检测、移除或禁止访问非法内容，将不会受到惩罚（此类表述还被称为"善良的撒马利亚人条款"）。

---

① European Commission, *Overview of the Legal Framework of Notice-and-Action Procedures in Member States*, 2019.

② Buiten, M. C., de Streel, A., & Peitz, M., "Rethinking Liability Rules for Online Hosting Platforms", *SSRN Electronic Journal*, 2019.

③ Bertolini A., "Liability of Anlire Platforms", *European Parhamentary Research Service*, 2021.

直到 2022 年 10 月，欧盟出台了《数字服务法案》(Digital Services Act) 才第一次以法律的形式确立平台审查在线内容的合法性问题，即免除了平台在自愿调查过程中可能承担的责任。根据该法案第 7 条的规定，在线平台可以自愿进行调查，以检测、识别、删除或禁止访问非法内容。这体现了法律对实践中广泛存在的在线平台对网络信息审查的承认，也表现了欧盟认可和鼓励在线平台对消费者评价进行监控。平台对在线内容的检测和过滤的争议至此基本上得以解决。

相应地，在以后的商业实践中，卖家将不可避免地受到来自平台自我规制措施的合规压力，这在欧盟在线市场已经成为不可逆转的趋势。而且，电商平台对涉及消费者评价操纵引发的争议处理将更加具有立法层面的支持，而不必担心法律合规的问题。

(四)《不公平商业实践指令》：消费者评价信息的说明义务

平台的交易量或者活跃程度，在整体上关乎平台的商业利益，因此平台有动力去促成交易。部分以消费者评价为主营业务的平台，如"猫途鹰"(Tripadvisor)，或者较高程度依赖消费者评价的可靠性获取业务的平台，如缤客(Booking.com)，为了吸引和鼓励消费者使用其平台服务，倾向于运用具有迷惑性的语言技巧或其他方式使人相信消费者评价机制的可靠性，而且这种可靠性实际上可能是平台无法实现的水平。

由于平台本身的逐利性，这是平台自我规制方式往往难以解决的问题。在这种情境下，平台有意或者无意扮演了虚假评价操控者的帮凶的角色，助长了虚假评价的产生和蔓延等。

2014 年，意大利竞争市场监控部门(ICA)对"猫途鹰"发布了处罚决定，就是因为"猫途鹰"声称"提供来自真实旅行者的可信建议"和"你会找到很多可以信赖的真实评论"，但是其采用的工具和程序不足以验证这一点，因而对消费者构成了误导。[①] 这个案例被认为是平台对消费者评价误导性说明的经典案例，对后面的欧盟立法产生了重要影响。

因此，在《不公平商业实践指令》最近的一次修订中，在第 7 条令人误导的信息缺失中增加了第 6 款关于消费者评价的规定，即如果交易商(此语境下是指在线平台)提供消费者对产品的评论，关于交易商是否以及

---

① Biffaro, L., "Unfair Commercial Practices and Online Consumer Reviews: The Italian TripAdvisor Case", *Italian Antitrust Review*, 1, 2014, 181-185.

如何确保所发表的评论来自实际使用或购买该产品的消费者的信息应被视为是重要的。如果对此类信息的说明构成遗漏，则可以被视为不公平的商业行为。具体来讲有三个。首先，平台需要对消费者评价是否来自真实的消费者进行说明。其次，如果平台有这方面的保证、承诺，或者通过不同形式令潜在消费者相信平台有这样的保证，那么平台则需要进一步说明是如何确保评价信息是来自真实的消费者，否则类似于意大利竞争市场监控部门对"猫途鹰"的处罚后果将会再次发生。最后，如果平台不对消费者评价的真实性作出令人误解的承诺，甚至主动提示潜在的购买者注意消费者评价的可靠性，则不需要说明承担相应的说明义务。

需要特别指出的是，此款规定并不是要求平台要确保消费者评价的真实性，而是强调当平台在作出上述宣称的时候，有责任确保消费者评价来自真实的消费者。例如，亚马逊平台通常会使用"验证购买"（Verified Purchase）的标签来注明相关消费者评价来自真实的消费者，并且其采用了相关的算法对消费者评价的真实性进行检测。尽管说明义务不会导致提高在线审查可靠性的措施，但它们通常受到赞赏。[①] 这项义务促使平台对待消费者评价采取更谨慎的态度，并采取切实的措施实现消费者评价真实性的目标。对平台内的卖家来说，这也意味着消费者评价的操控行为可能会受到更多来自平台的检测和控制。

总　结

综上所述，消费评价规制已全面嵌入欧盟法律框架的各层级，从欧盟条约到具体条例、指令以及相关官方文件，形成了多维度的规制机制。而且不容忽视的是，欧盟法通过对平台的赋权、认可和鼓励，实现了对消费者评价的间接规制。因此，对于意图进入欧盟市场的卖家而言，深入理解并遵循这些规制措施至关重要。卖家在经营过程中，应避免因操纵消费者评价而可能构成违规，从而有效防范因违规操作而可能面临的平台或欧盟成员国市场监管部门的处罚，以确保其业务能够持续、稳定地在欧盟市场发展。

---

① Đurović, M., & Kniepkamp, T., "Good Advice is Expensive-bad Advice Even More: the Regulation of Online Reviews", *Law, Innovation and Technology*, 14（1）, 2022, 128-156.

Regulationof Consumer Reviews in EU Consumer Protection Law
Jia Lulu

Abstract: This paper studies the regulation of consumer reviews on e-commerce platforms under EU legal framework, aiming to reveal the challenges encountered by Chinese sellers in complying with regulations in the EU market. Through literature analysis and a case study, this paper systematically explores relevant EU laws and regulatory practices on a typical e-commerce platform. It focuses on analyzing the effectiveness of the current EU legal framework in regulating consumer reviews, filling gaps and deficiencies in this research field. The study finds that although the EU lacks specific legislation on consumer review regulation, the current EU legal framework has established compliance requirements for consumer review issues from a systematic perspective. The practical significance of this study lies in providing corresponding compliance suggestions for Chinese sellers engaged in cross-border trade, promoting the healthy development of China-EU e-commerce industry. Meanwhile, it provides a theoretical basis for policymakers and facilitates legal cooperation between China and the EU in the field of consumer protection.

Keywords: Consumer Reviews; Pre-contractual Information; Self-regulation; Consumer Rights Directive; E-commerce Directive

民办高校教育研究

近二十年中国民办高等教育研究热点问题综述[*]
——基于CiteSpace的可视化分析

左玉玲　颜晓雅[**]

摘　要：通过检索中国知网（CNKI）核心数据库中民办高等教育研究的相关文献，共筛选纳入文献2431篇。运用CiteSpace 6.2.R2软件对2003年至2023年6月2日已发表的中国民办高等教育研究的发文量、作者、研究机构等分别进行可视化分析，结果显示，民办高等教育研究的发文量呈现阶段性上升的趋势，2008年和2019年是两个重要的转折点。发文机构主要来自公办院校，合作多发生在同一研究机构内部之间的部分合作。厦门大学教育研究院发文量居首位，其中高产作者为王一涛和徐绪卿，两位学者发文数并列第一。关键词聚类分析显示民办高等教育的研究主题主要集中在"独立学院""人才培养""分类管理"等方面。

关键词：民办高等教育；研究热点；可视化；CiteSpace

一　问题提出与研究方式

2021年5月14日颁布的《中华人民共和国民办教育促进法实施条例》

---

[*] 研究项目：本文系2023年度吉林外国语大学学生科研项目"中国式现代化背景下民办高等教育发展路径的研究"（JWXSKY2023B509）的研究成果。

[**] 作者简介：左玉玲（1977—　），女，吉林省长春市人，吉林外国语大学教务处处长、教授，研究方向为高等教育管理；颜晓雅（1996—　），女，湖南省衡阳市人，吉林外国语大学教育学院研究生。

第三条规定，各级政府依法支持和规范社会力量举办民办教育，其中包括确保民办学校依法办学，具有独立的管理机制。此外，该条例还鼓励和引导民办学校提高质量，办出特色，满足多样化的教育需求。① 民办教育已成为我国教育事业的重要组成部分。《2022年全国教育事业发展统计公报》显示，全国共有民办高校764所，占全国教育机构总数的25.36%，其中，普通本科学校390所，本科职业学校22所，高等职业（专科）学校350所，成人高校2所。值得注意的是，民办普通本科和高职本科在校生总数为924.89万人，同比增长79.15万人，占全国普通本科和高职本科在校生总数的25.27%。② 这些数字表明，政府对民办高等教育的大力支持产生了深远的影响。此外，民办院校在资源和资金方面也为国家教育的整体发展作出了巨大贡献。

近年来，民办高等教育相关的研究日益增长，有一些学者对民办教育研究进展进行了梳理。其中，杨刚要选择了民办高等教育的定位、产权、分类管理、转型发展等问题进行综述③；王真和王华回顾了改革开放四十年我国民办高等教育的发展④；方晓田基于政府与市场关系演进的视角分析了中国民办高等教育七十年发展历程⑤；王迎春等基于CiteSpace可视化图谱分析了1988—2018年我国民办职业教育的研究情况⑥。学者的研究都为民办高等教育的研究提供了思路。但是，从内容来看，有些研究较为片面，主要选择民办高等教育的某一个层次，如民办职业教育，抑或是某一个视角，如政府与市场的关系等；从方法来看，近期对民办教育的研究综述采用的多是定性研究方法，只有极少数学者采用定量研究方法。本文用CiteSpace软件对2003—2023年民办高等教育研究的发文量、研究机构、热点问题等进行归纳和分析，通过总结民办高等教育相关的研究，为推动民办高等教育发展提供经验。

---

① 中华人民共和国教育部：《中华人民共和国民办教育促进法实施条例》，http：//www.moe.gov.cn/jyb_sjzl/sjzl_zcfg/zcfg_jyxzfg/202110/t20211029_575965.html。
② 中华人民共和国教育部：《2022年全国教育事业发展统计公报》，http：//www.moe.gov.cn/jyb_sjzl/sjzl_fztjgb/202307/t20230705_1067278.html。
③ 杨刚要：《中国民办高等教育研究综述》，《中国成人教育》2017年第17期。
④ 王真、王华：《改革开放40年我国民办高等教育发展回顾与展望》，《高教探索》2019年第3期。
⑤ 方晓田：《中国民办高等教育七十年发展历程——基于政府与市场关系演进视角》，《高等教育研究》2019年第9期。
⑥ 王迎春、贾旻、田斌：《近三十年我国民办职业教育的研究进展——基于CiteSpace可视化图谱分析》，《中国成人教育》2019年第23期。

本研究的数据来自中国知网（CNKI）的综合全文数据库。在 CNKI 中采用了高级检索方法，具体检索条件设置为"主题＝民办高校，或主题＝民办高等教育，或主题＝民办院校"，采用精确匹配法。来源类别包括核心期刊和 CSSCI 来源期刊，主要学科选择为高等教育。发表时间范围为 2003 年至 2023 年 6 月 2 日。本研究共初步检索到 2513 篇文献。在剔除重复、会议报告、访谈等文章，收集到的精练研究样本为 2431 篇论文。本研究中采用的分析工具是 CiteSpace 6.2.R2——这是一款用于信息可视化和科学计量分析的强大软件，它通过动态的、多维的和对时间敏感的可视化，有效地揭示了文献中的潜在知识。①

二　民办高等教育研究的时空图谱

民办高等教育研究的时空图谱，指民办高等教育研究的时空分布情况：时间分布包括文献的年度分布情况，空间分布是研究者和研究机构的分布情况。时空图谱展现的是民办高等教育研究近二十年的宏观信息，总结这些信息有利于开展下一步的研究。

（一）民办高等教育研究的时间分布图谱

文献的年度分布是一个重要指标，揭示了民办高等教育研究领域的关注程度和发展轨迹。运用 Excel 工具对样本文献进行统计分析，如图 1 所示，可以将近二十年来民办高等教育研究分为三个阶段。第一阶段为 2003—2008 年。这一阶段民办高等教育的研究论文数量呈持续上升趋势，但发表的论文总量仍然相对有限，2008 年是一个转折点，发表了 189 篇论文。这一激增标志着该领域研究活动轨迹的重大转变。第二阶段为 2009—2018 年。在 2008 年之后各年总体上呈现稳定的产出规模，这一阶段，没有太大的波动。第三阶段为 2019—2023 年。2019 年达到近二十年来的峰值（238 篇），之后开始逐年下降。

---

① 李杰、陈超美：《CiteSpace：科技文本挖掘及可视化》（第二版），首都经济贸易大学出版社 2017 年版，第 2 页。

图1 民办高等教育研究文献年代分布

(二) 民办高等教育研究的空间分布图谱

1. 作者分布

为了分析民办高等教育研究领域作者之间的合作模式，CiteSpace 采用了以下设置。节点类型：作者；时间跨度为 2003—2023 年；时间切片为 1 年。得出的作者共现知识图谱显示有 427 个节点和 114 条连线，密度为 0.0013（见图 2）。对图 2 的分析表明，作者节点之间的连接有限，是一个分散的网络结构。这表明该研究领域的作者之间缺乏广泛合作，大多数合作规模较小，仅涉及两个人。此外，使用 CiteSpace 进行的统计分析显示，2431 份文件样本中共涉及 426 位作者。图 3 显示了按发表论文数量排序的

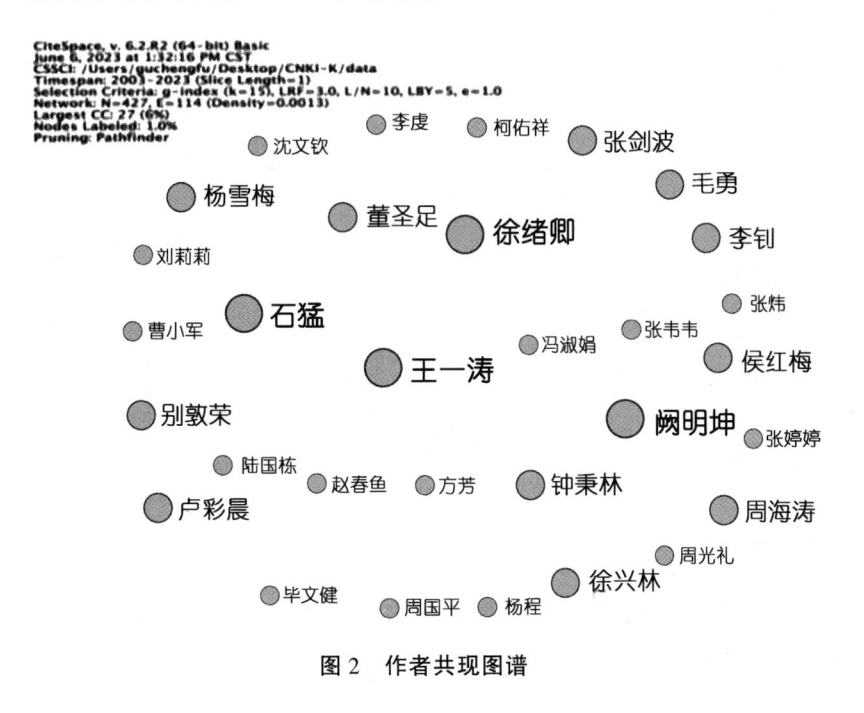

图 2 作者共现图谱

前十的学者,其中王一涛和徐绪卿两位学者共同占据了发表论文数量的首位。

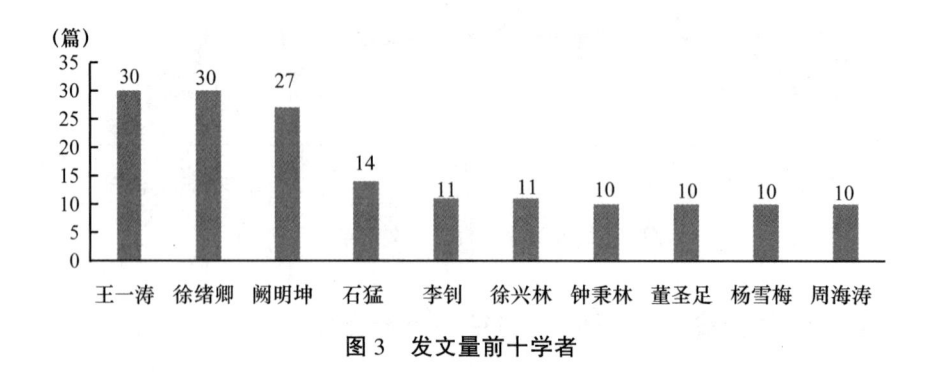

图3 发文量前十学者

王一涛 30 徐绪卿 30 阙明坤 27 石猛 14 李钊 11 徐兴林 11 钟秉林 10 董圣足 10 杨雪梅 10 周海涛 10

2. 机构分布

表1显示,厦门大学教育研究院发表的文章数量(46篇)在发文院校中最多,其次是浙江树人学院(38篇)和北京大学教育学院(33篇)。这些结果表明,公立院校对民办高等教育的研究贡献巨大,而只有少数民办院校有显著的研究成果。为了促进持续发展,民办学校应加强在民办高等教育领域的研究工作。

表1 发文量前十机构 单位:篇

序号	机构名称	发文量
1	厦门大学教育研究院	46
2	浙江树人学院	38
3	北京大学教育学院	33
4	黄河科技学院	30
5	山东英才学院	24
6	华中科技大学教育科学研究院	23
7	中国人民大学教育学院	19
8	北京师范大学	15
9	北京师范大学教育学部	15
10	浙江树人学院中国民办高等教育研究院	15

从跨机构研究可以看出,研究机构比较分散,有149个连线,没有明显的集群(见图4)。只有少数研究机构开展合作,如厦门大学教育研究院与

清华大学教育研究院的合作等。此外，有些合作发生在同一研究机构内部，如山东英才学院与山东英才学院民办高等教育研究所之间的合作。

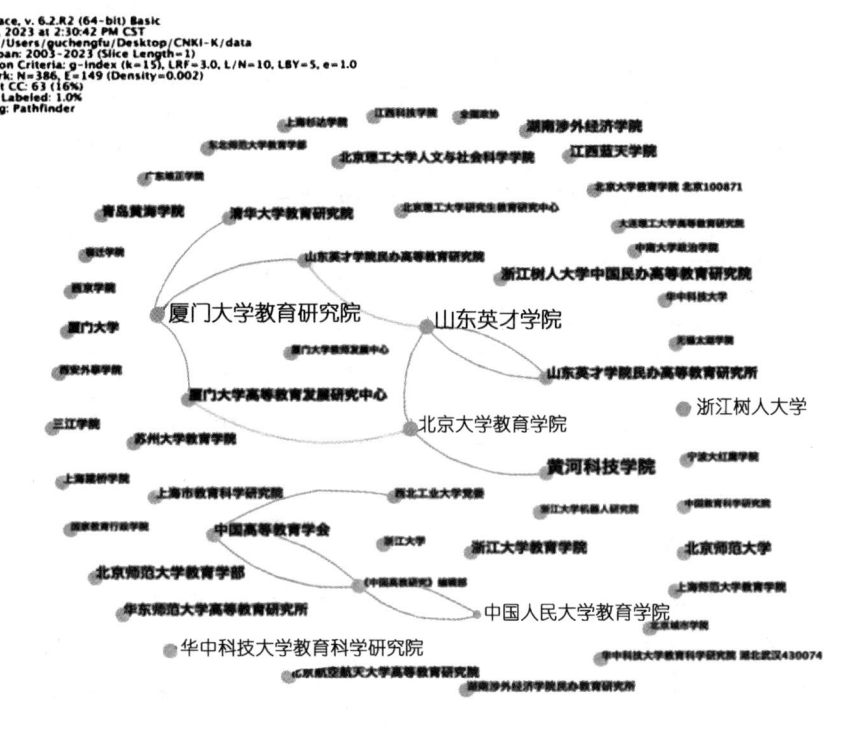

图4　民办高等教育研究机构

三　民办高等教育研究热点分析

（一）研究热点

研究热点是一定时期内有大量论文广泛探讨的特定研究问题或主题。作者利用关键词简明扼要地捕捉文章的核心内容，反映出研究的价值和方向。经常出现的关键词通常用于确定研究领域的热点问题。在进行CiteSpace关键词共现分析时，本文采用了以下设置：时间切片为3年，节点类型为关键词，选择标准为"TOP N=50"。表2列出了CiteSpace关键词共现分析得出的高频关键词。在表2中不包括"民办高校""民办高等教育""民办院校"3个检索词。由表2可以看出，高频次关键词主要是围绕"办学者""人才培养""办学模式""教学质量""教学改革""学生""教师""治理结构（内部治理）""民办机制（分类管理）"等主题。

表 2　　　　　　　　　　高频关键词

关键词	频次	关键词	频次	关键词	频次	关键词	频次
独立学院	119	人才培养	27	大学生	18	新时代	14
高等教育	100	非营利性	26	治理结构	18	青年教师	13
公办高校	83	公益性	26	办学模式	18	美国	13
民办大学	56	政府	22	私立高校	18	师资队伍	13
分类管理	54	高校	22	民办学校	17	内部治理	12
对策	47	教师	22	产权	16	转型发展	12
民办教育	43	营利性	21	影响因素	16	政策	12
发展	33	现状	21	教学质量	15	教学改革	12
私立大学	30	举办者	21	创新	14	辅导员	12
问题	30	管理	20	合理回报	14	本科教育	11

（二）研究主题

利用 CiteSpace 软件对关键词进行聚类和分析，生成关键词群知识图谱（见图 5）。这些聚类描绘了当前我国民办高等教育研究领域的热点问题。包括"民办高校""独立学院""高等教育""日本""民办大学""公办高校""营利性""问题""高校""一流大学"及"人才培养" 11 个聚类标签。

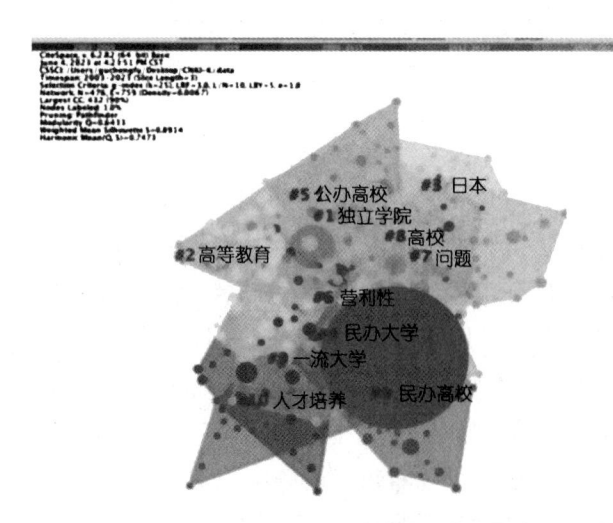

图 5　关键词共词聚类分析图谱

根据关键词聚类知识图谱，选择"聚类"菜单栏中的"聚类汇总"选项，生成了关键词共现网络聚类表（见表3）。在对每个聚类内的关键词进行分析和总结后，发现各聚类之间存在内容重叠的情况。因此，本文将我国民办高等教育的研究内容整合为三大主题领域，即"独立学院""人才培养""分类管理"。

表3　　　　　　　　　　关键词共现聚类分析

聚类号	聚类大小	标识词（选取前5个）
#0	81	民办高校、辅导员、法人治理、治理模式、队伍建设
#1	41	独立学院、转设、民办高校、民办教育、大学排行榜
#2	41	高等教育、科研论文、转型发展、办学模式、改革
#3	40	日本、私立大学、私立高校、启示、美国
#4	39	民办大学、专业设置、办学特色、调查分析、创新创业
#5	34	公办高校、民办学校、举办者、比较研究、合理回报
#6	34	营利性、非营利性、分类管理、治理结构、基金会
#7	34	问题、对策、现状、政策、管理
#8	23	高校、创新、科研、发展、创业教育
#9	23	一流大学、发展战略、通识教育、学科建设、培养模式
#10	21	专业发展、自主成长、社会责任、人才培养、持续发展

1. 民办高等教育之独立学院的发展与转设

独立学院是民办高等教育的重要组成部分。早期有学者对独立学院的发展进行了深入的研究，近些年独立学院转设的相关问题成为研究热点。在民办高等教育"独立学院"研究主题下主要包括"发展""转设"等关键词。

第一，独立学院发展的研究。姜代武指出，我国独立学院经历了一个复杂的演变过程，从"二级学院"过渡到"独立学院"，最终成为"民办普通高校"。[①] 钟秉林和周海涛从院校教育学的角度切入，将独立学院的发展划分为三个不同的阶段。独立学院在这短短二十年间几经周折，"依附"期（1999—2002年）的独立学院办学目标是服务于申办高校的整体利益，既没有独立的办学资格，其办学条件也不足以支撑其发展；"独立"期（2003—

---

① 姜代武：《我国独立学院的十年"独立"之路》，《现代教育科学》2009年第7期。

2008年）在相关政策的支持下才开始实行新的办学机制、办学模式和管理体制。①

第二，独立学院转设的研究。有学者认为，独立学院的转设主要有两个重要原因。一方面，第四次工业革命的推进要求提升职业教育体系，因此，独立学院面临的生存机会有限，促使其进行必要的转型。另一方面，以"素质教育"为核心的教育综合改革促进了包括独立学院在内的职业教育体系的定位转变。② 2020年5月，教育部印发了《关于加快推进独立学院转设工作的实施方案》，提出了转设的多种途径，如转型为民办或公办院校，甚至完全终止独立学院身份。此外，教育部还要求所有独立学院制定转设工作计划。③ 此方案进一步加快了独立学院完成转设的进程。独立学院转设既是一种机遇，同时也面临许多挑战。针对转设过程中出现的问题以及如何解决这两个层面，有学者进行了研究。阙明坤指出独立学院转设是一项重大政治变迁，这种变迁面临诸多风险，通过模糊综合评价法对独立学院转设的相关风险进行评估，评估中考虑了社会稳定、法律政策、教育教学等多方面因素。根据评估结果，其强调独立学院的合法转设要符合当地实际情况，还建议建立健全领导体制，积极应对独立学院转设过程中的风险。④ 贺祖斌和刘微微认为，从办学现实来看，独立学院转设后仍然面临学科建设定位不清、办学特色难以凸显、教师队伍结构不稳定等一系列问题。针对这些问题他提出了完善现有的教学管理制度、稳定师资队伍、优化教学体系等一系列解决策略。⑤

从现有文献来看，有关独立学院转设的研究大多属于定性研究。这种方法虽然有价值，但可能无法捕捉到涉及学校、教师、学生和社会实体等利益相关者的风险和挑战的复杂方面。单纯强调定性可能会忽略这些错综复杂且往往是无形的因素。因此，即将开展的研究应转向以问题为中心的方法，采用实证数据收集和分析模型。这将为独立学院的有效转型提供更深入的见解和指导。此外，可以开展案例研究，分析和总结已经转型的独立学院的经验，可以为还处于转型过程中的院校提供有价值的指导。转型阶段是独立学院的

---

① 钟秉林、周海涛：《独立学院发展再审视》，《教育研究》2019年第4期。
② 朱国华、吕鑫宇：《独立学院转设的缘起、路径选择与发展前景》，《职业技术教育》2021年第34期。
③ 中华人民共和国教育部：《关于加快推进独立学院转设工作的实施方案》，http：//www.moe.gov.cn/jyb_ xwfb/moe_ 1946/fj_ 2021/202106/t20210607_ 536085. html。
④ 阙明坤：《"十四五"时期稳妥推进独立学院转设的思考——基于教育风险防范的视角》，《河北师范大学学报》（教育科学版）2022年第5期。
⑤ 贺祖斌、刘微微：《论独立学院转设后高质量发展路径》，《高校教育管理》2023年第3期。

一个重要转折点。在此期间，各院校应抓住机遇，提升自身的办学条件，要努力确保办学条件在各方面达到民办普通高校应有的基本要求，如改善基础设施和提高教师质量等一系列措施，使之与学校的发展目标和人才培养要求相一致。

2. 民办高等教育人才培养模式的改革与专业设置的优化调整

人才培养是民办高校的核心使命。如何提高人才自主培养质量，这是民办高校人才培养模式必须直面的问题。要应对这一挑战，就必须不断改革和创新现有的人才培养模式，根据人才培养模式优化专业设置，提高人才自主培养的质量。民办高等教育"人才培养"研究主题下主要包括"培养模式""专业设置"等关键词。

第一，民办高校人才培养模式的研究。有研究指出，民办院校的现状、师资力量、历史背景、生源等因素共同决定了其培养应用型、职业型人才的首要目标。[①] 这是适应社会对高层次专业人才的多样化需求，实现差异化、专业化发展的必然战略选择。[②] 现有民办高校人才培养模式的研究中多以某一所学校为研究对象，抑或是选择某一类专业进行研究。例如，在法学人才培养模式的研究中，徐秀霞和刘丽荣指出，目前大多数民办本科院校将培养"高级专门法律人才"作为教育目标，所采用的培养模式往往偏重研究型或教学型，在强调理论教学的同时，不经意间忽略了专业实践能力的培养，课程设置也缺乏特色，偏理论轻实务，这些因素进一步导致学生在不会学习的基础上更加不愿意学习，不利于应用型人才的培养。[③] 培养应用型人才，需要不断创新人才培养模式，制订适合民办高校的人才培养方案，才能实现人才培养目标，契合社会发展对人才的需求。陈宏敏等采用实证研究方法，调查了民办本科院校创新人才培养模式的发展和实施情况，尤其关注学科竞赛。这种研究方法拓展了创新人才培养模式的研究范围。[④] 此外，以吉林外国语大学为例，该校开创了多种人才培养模式，如"外语+专业""专业+外语""双外语""小语种+英语+专业"等。这些模式形成了"多语种翻译+"的应用型人才培养体系，标志着人才培养模式的显著创新。吉林外

---

① 何绍芬：《试论地方本科院校高素质应用型人才培养模式》，《中国成人教育》2011年第18期。

② 姜朝晖、钟秉林：《民办本科院校人才培养模式的研究现状与展望——我国民办高等教育改革与发展探析（六）》，《中国高等教育》2011年第22期。

③ 徐秀霞、刘丽荣：《民办高校应用型法学人才培养模式的建构——以长春财经学院为例》，《职业技术教育》2019年第35期。

④ 陈宏敏、赵慧琴、郭银华：《民办本科高校创新人才培养模式的构建与实践》，《实验室研究与探索》2020年第12期。

国语大学已成为吉林省培养"多语种翻译+"人才和探索创新研究生培养模式的重要基地。

第二，民办高校专业设置的研究。专业设置是人才培养模式的关键环节，对实现培养目标至关重要。民办高校因紧密结合市场环境，能够根据社会需求变化灵活调整专业，这是一大优势。然而，近年来，这些高校的专业设置仍难以摆脱"千人一面"的困境。王一涛、徐绪卿研究表明，民办高校在根据自身办学能力和社会需求预测灵活设置新专业方面受到了一系列政策限制，虽然2003年颁布的《民办教育促进法实施条例》第22条赋予了民办高校根据办学目标自主设置专业、设计课程、选用教材的权利，但这种自主权并不意味着专业设置的无限制自由。实际上，与公立大学相比，民办高校在设置专业时面临更多的限制。这些限制阻碍了民办院校独特优势的发挥，阻碍了人才培养质量的提高，也为满足市场需求带来了挑战。[1] 唐铁寒肯定了民办高校以市场为导向设置专业的合理性，同时也指出市场机制本身对高校专业设置具有一定的局限性，进而提出在根据市场需求设置专业以后，还要依据教育的规律、学科专业建设的特性，进行学科专业建设。[2] 潘奇和阙明坤对129所民办本科院校实施调查后指出民办高校存在专业设置仍严重同质，偏好低成本专业，以及专业设置与办学定位、区域人才需求脱节等问题，其原因是没有形成科学的专业设置理念，专业设置程序紊乱。其建议民办高校应树立危机意识，践行培育高水平、有特色专业的理念，并加强顶层设计，建立专门负责专业设置的职能机构来突破困境。[3]

民办高校通过改革人才培养模式和优化专业设置，持续提升教育质量，这与国家对高等教育改革的要求相符。《国家中长期教育改革和发展规划纲要（2010—2020年）》（以下简称《发展纲要》），强调了教育质量的提升，而人才培养则是提高教育质量的关键所在。总结上述研究，必须认识到一点，即培养目标是人才培养模式的根本基石，它既是教育事业的出发点，也是教育事业的落脚点。要推进对民办高校人才培养模式的研究，先要深入探讨人才培养的目标。这一探索的核心是围绕"培养什么样的人才"这一根本问题展开的。在这一阶段，民办本科院校应

---

[1] 王一涛、徐绪卿：《民办高校专业设置：管制与自治》，《教育发展研究》2008年第8期。
[2] 唐铁寒：《民办高校专业设置以"市场为导向"的局限性》，《中国成人教育》2016年第2期。
[3] 潘奇、阙明坤：《民办本科院校专业设置的问题、成因与对策——基于129所民办本科院校的调查》，《教育发展研究》2016年第17期。

将应用型人才培养放在首位，注重培养具有较强职业适应能力和就业竞争力的人才。民办本科院校应建立与相关职业相适应的专业，确保培养的毕业生具备就业市场所需的技能和知识。此外，在人才培养规格方面，关键是要从精英主义教育观转向多种规格、多样个性、多元文化的广阔视角。这就需要认识到学生的不同需求和愿望，因材施教，满足他们的个性需求，同时促进包容性，营造文化氛围浓厚的学习环境。总之，对民办高校人才培养模式的认识，必须全面审视人才培养的目标和规格、设置合理的专业、强调培养具有职业针对性和适应性的应用型人才，以及采用包容个性化和多元文化的广义教育质量观，如此将极大地促进这些院校人才培养工作的发展。

3. 民办高等教育分类管理下营利性与非营利性办学模式的研究

2010年，《发展纲要》提出，积极探索营利性和非营利性民办学校分类管理。随后，《全国人民代表大会常务委员会关于修改〈中华人民共和国民办教育促进法〉的决定》（以下简称"《民促法》修正案"）于2016年11月发布，并于2017年9月1日起实施，将民办教育分类管理政策提升到法律层面。从《发展纲要》到《民促法》修正案标志着政策从积极探索到实际落实，从而将分类管理政策上升为法律框架。这项政策的出台理顺了民办教育的管理体制，促进了政府对民办学校的财政支持，使民办教育得到了大量的财政投入。与此同时，这项政策的颁布也给民办高等教育带来了各种挑战。在民办高等教育"分类管理"研究主题下主要包括"营利性""非营利性"等关键词。

第一，营利性办学模式的研究。研究者主要关注营利性民办高校办学困难这一层面。牛三平和陈浩认为，营利性民办机构面临多方面的困境。这种困境的突出特点是：不友好的制度框架、公众的抵制以及这些教育机构的内部压力所带来的挑战。① 别敦荣和石猛认为，营利性民办高校要努力解决资产清算不明确、盈利前景不确定以及缺乏明确优惠政策等问题。② 吴华和王习从财政方面进行了阐述，强调营利性民办高校比公办学校承担更多的税收负担。税负的增加反过来又削弱了营利性民办教育机构的市场竞争力。③ 雷承波和阙明坤深入探讨了有关招生和建立与这一转型合理匹配的

---

① 牛三平、陈浩：《促进营利性民办高校发展的几点思考》，《教育理论与实践》2019年第36期。
② 别敦荣、石猛：《民办高校实施分类管理政策面临的困境及其完善策略》，《高等教育研究》2020年第3期。
③ 吴华、王习：《营利性民办学校应该享受税收优惠》，《中国教育学刊》2017年第3期。

师资队伍的问题。① 这些复杂的问题是当前我国营利性民办高校发展所面临的不可回避的现实问题。

第二，非营利性办学模式的研究。学者除分析非营利性民办高校办学中存在的一些问题，也重点关注到基金会办学使其成为近几年研究的热点。郑淑超和周海涛指出，一些非营利性私立高校在决策过程中表现出优先考虑自身利益的倾向，这种倾向可能导致其在作出重要决策时不重视自身的非营利性定位。② 此外，虽然非营利性民办高校可以依法享受国家提供的税收优惠政策，但在执行某些政策时会遇到困难，同时，在决策过程中其往往面临坚持非营利性导向的挑战。这些都会影响其发展，导致办学成本增加、吸引捐赠困难。尽管如此，吉林外国语大学就非营利性民办高校办学模式进行了深入的理论研究与实践探索——该校采取了财产公证等措施，促进了捐赠的社会化，支持了学校的可持续发展。③ 在非营利性民办高校基金会办学的研究中，熊丙奇认为，基金会办学模式的成功有可能为我国非营利性民办大学的办学和发展带来重大突破，尤其是在西湖大学——该校探索成功后将有利于推动基金会办学的发展。④ 秦和从多个角度探讨了建立非营利性民办高校基金会的意义和必要性，包括解决制度设计和治理结构的缺陷、拓展融资渠道、促进民办高校的长期发展等，同时提出了对成功实施此类基金会至关重要的关键原则、意见和战略方向。⑤

由此可见，同等法律地位与差别化扶持政策、举办者的办学情怀与主观因素、民办高校办学的实际情况、民办高校的竞争力等是影响民办高校分类管理路径选择的重要因素。分类管理从主客观两个方面都可能面临创新环境不完善和创新资源不充足的现实境地。在新政策的颁布和实施下，不论是营利性民办高校还是非营利性民办高校在办学过程中都面临许多困境。通过制定明确而有吸引力的鼓励和奖励政策、引导举办者选择"非营登记"、开展混合型民办高校发展试点，打通民办高校发展的第三条道路等

---

① 雷承波、阚明坤：《我国发展营利性民办高校若干难点分析及相关建议》，《教育与职业》2017年第7期。
② 郑淑超、周海涛：《基金会办大学：非营利性民办高校办学模式的创新》，《高等教育研究》2022年第2期。
③ 黄洪兰、柳海民：《探索营利性与非营利性民办高校分类管理——以吉林华桥外国语学院为例》，《高校教育管理》2018年第4期。
④ 熊丙奇：《西湖大学的办学模式和办学制度设计值得关注》，《上海教育评估研究》2018年第3期。
⑤ 秦和：《基金会：非营利性民办高校制度创新的一种探索》，《教育发展研究》2019年第21期。

方法可以修补政策的漏洞，解决分类管理政策面临的困境。从举办者的视角出发，依法保护各类举办者的利益，进一步明确营利性民办高校的相关政策，积极引导、规范社会力量举办非营利性民办学校三个层面可以破解举办者选择困难的现状。① 针对现有的政策漏洞，破解分类管理政策难题，必须制定鼓励激励政策。这些政策应旨在引导举办者选择"非营登记"，促进混合制民办高校发展试点项目的实施。

总的来说，中国民办高等教育经历了独特的发展历程，学术界对分类管理改革的研究已取得一定进展。然而，自2017年全面推行分类管理以来，对于民办高校分类管理的实际进展情况，包括各省份的实施情况、顺利程度以及在过渡期未达预期目标的情况的研究仍然较为有限。这是一条漫长而值得去探索的路。在这条路上，与其快速行动、破除陈规，不如放慢脚步、弥合裂缝。

结　论

第一，发文量与国家政策关联。回顾民办教育法颁布的时间节点，自2002年12月颁布《中华人民共和国民办教育促进法》以来，一共进行了三次修正，分别是2013年6月进行第一次修正，2016年11月进行第二次修正，2018年12月进行第三次修正。② 这三个阶段的发文量起伏与该政策的修订相对应。值得注意的是，自2019年以来，有关民办高等教育的研究发文量出现了明显的下降，这表明我国民办高等教育的发展与国家政策之间存在着密切的关联。这种关系凸显了政策的修改会对民办高等教育的研究成果产生一定的影响。

第二，民办高等教育的研究分布较为零散。这表明该领域的研究人员和机构之间缺乏合作意识和有效的合作机制，独立研究成为主要的研究模式，导致知识和研究成果的共享与流动性不够强。这一问题的存在不利于拓宽民办高等教育研究的视野。一些研究主题或研究视角在某种程度上有一定的狭隘性，同时也局限了研究方法。近二十年来民办高等教育的研究

---

① 陈文联：《举办者视阈下民办高校分类管理制度的调适与创新》，《中国高教研究》2018年第5期。
② 中华人民共和国教育部：《中华人民共和国民办教育促进法》，http://www.moe.gov.cn/jyb_sjzl/sjzl_zcfg/zcfg_jyfl/202204/t20220421_620261.html。

方法偏向定性研究，但实际上民办高等教育研究中存在大量难以定性的因素，主观性分析很难客观地陈述事实，缺少定量研究的数据支撑，很多研究都存在一定的偏差。各民办机构通过合作，进行资源共享，丰富数据资料，在一定程度上能促进民办高等教育实证研究的发展。

第三，通过关键词聚类归纳民办高等教育的研究主题主要集中在"独立学院""人才培养""分类管理"等。独立学院转设研究广受关注，促进独立学院转设是"十四五"时期中国民办高等教育改革的重要目标。独立学院在我国高等教育体制改革与创新中崭露头角，取得了重要成就。这些院校在推进民办高等教育发展、促进高等教育普及方面发挥了建设性作用。现阶段独立学院转设和发展面临新的困境，是值得研究的方向；"人才培养"相关的研究应做到与时俱进，因为人才培养实质上具有滞后性，人才培养模式需要不断更新以适应国家、社会等对人才的需要，其专业设置及其调整始终是民办高校发展改革中的关键问题，直接影响人才培养质量。数据显示和调查结果表明，虽然民办高校的办学规模和层次已有显著进展，但仍存在旧有问题，并不断出现新挑战，这些因素影响了民办高校的招生和就业。提高人才培养质量，必须从专业设置机制创新的角度来思考问题，在适应市场需求的基础上推进学科建设工作。"分类管理"近年来研究热度不断攀升。分类管理改革的广泛实施，使营利性民办高校和非营利性民办高校的数量大幅增加。这一发展不仅提高了民办高校的法律地位，也提升了民办高校的社会地位。学校办学不断规范，社会效益显著。尽管取得了这些积极进展，但民办高校的高质量发展也面临各种挑战，亟待解决。

针对中国民办高等教育研究的实际情况以及结合文献梳理的结果，今后民办高等教育研究可以从以下方面开始突破。其一，健全民办高等教育政策法规体系。这需要完善法规和政策，保障民办高等教育的利益，以填补与国外相关法律和政策的差距，并解决执行过程与法律所规定不一致的问题。其二，建立多学科视角，促进合作研究。应加强民办高校与公办高校、企业、行业的合作，以实现科研与地方经济社会的共同发展。其三，激励科学研究，探索发展路径。科学研究是民办高校的重要职能，对人才培养起基础性作用，是其可持续发展的关键推动力。综上所述，密切关注政策变化、加强合作与知识共享、深化核心主题的研究，以及探索解决民办高等教育发展难题的前沿研究主题，是提高民办高等教育研究的数量和质量的努力方向,是促进民办高等教育实现高质量发展的有效路径。

An Overview of Hot Issues in China's Private Higher Education Research in the Past Two Decades:
Citespace-based Visualisation Analysis

Zuo Yuling, Yan Xiaoya

Abstract: A total of 2,431 articles were screened and included in the literature by searching the relevant literature on private higher education research in the core database of China Knowledge Network (CNKI). Citespace 6.2.R2 software was used to visualise and analyse the number of published articles, authors and research institutions of China's private higher education research published from 2003 to 2023 respectively, and the results showed that the number of published articles of private higher education research showed a phased upward trend, with 2008 and 2019 being two important turning points. The issuing institutions are mainly from public institutions, and the cooperation mostly occurs in part between the same research institutions. The Institute of Educational Research of Xiamen University leads the list of issuing institutions, in which the high-producing authors are Wang Yitao and Xu Xuqing, two scholars tied for the first place in the number of issuing institutions. The keyword clustering analysis shows that the research topics of private higher education mainly focus on "independent colleges" "talent cultivation" "classification management" and so on.

Keywords: Private Higher Education; Research Hotspots; Visualisation; CiteSpace

教育强国背景下微专业建设的势、道、术

董 政*

摘　要：在教育强国战略背景下，高等教育体系正面临前所未有的转型与发展机遇。本文从"势、道、术"三个维度系统探讨了微专业建设的必要性、原则和具体方法。首先，微专业的建设顺应了新时代教育发展的"大势"，紧密结合了市场需求和社会发展，能够灵活调整课程设置和教学方法，以培养学生的创新能力和实际操作能力，从而更好地服务于国家的战略需求。其次，微专业的"道"涉及其建设的基本原理和规律，强调以立德树人为核心，构建适应新时代要求的教育体系，具体包括高阶性、交叉性和应用性三大特征，旨在培养符合新技术、新业态、新模式、新产业需求的复合型人才。最后，微专业建设的"术"包括课程设计、教学方法、实践体系和评估反馈等具体实施策略，强调以学生的学习体验为中心，提升微专业的实际效果和学生的获得感。

关键词：微专业；教育强国；复合型人才；高等教育转型

在当下教育强国战略背景下，高等教育体系正面临前所未有的转型机遇。习近平总书记在强调教育强国建设的重要性时，明确指出："我们要建设的教育强国，是中国特色社会主义教育强国，必须以坚持党对教育事业的全面领导为根本保证，以立德树人为根本任务，以为党育人、为国育才为根本目标，以服务中华民族伟大复兴为重要使命。"[①] 在此背景下，高校微专业的建设不仅是响应国家战略的具体实践，也是促进教育公平、实现

---

* 作者简介：董政（1987—　），男，浙江省温州市人，博士，吉林外国语大学国际关系学院副院长，硕士生导师，副教授，研究方向为法理学、法治教育。
① 习近平：《扎实推动教育强国建设》，《求是》2023年第18期。

个性化教育需求的重要途径。微专业能够紧密结合市场需求和社会发展，通过灵活的课程设置和教学方法，培养学生的创新能力和实际操作能力，从而更好地服务于国家的战略需求。

为了深入推进微专业建设，需要从"势、道、术"三个维度进行系统分析。首先，"势"即教育发展的大趋势，微专业建设需顺应教育强国战略的发展需求，利用新技术和新模式，推动教育质量的提升；其次，"道"涉及微专业建设的基本原理和规律，强调以立德树人为核心，构建适应新时代要求的教育体系；最后，"术"即具体实施策略和路径优化，包括课程设计、教学方法、实践体系、评估反馈等。三者的有机结合，将有效推动微专业建设，更从容地迈向教育现代化，为建设教育强国贡献力量。

一 势：微专业建设的时代语境

（一）全球化的世界之势

在当前全球化的大背景下，我们正处于世界百年未有之大变局。这一变局涉及技术革命、地缘政治变化及经济结构的快速转型。在这种复杂多变的环境中，全球对于高素质人才的需求迅速增长，特别集中在信息技术、生物科技、新材料科技等快速发展的领域，不仅重塑了行业的发展趋势，也极大地改变了对人才能力的期望。

全球化时代的高素质人才需要具备的不仅是深厚的专业技能，更包括跨文化交流能力、迁移能力、创新能力和应变能力。这些能力使得人才能够在全球性变局中从容和高效地工作，理解并解决复杂的跨国问题。为此，高等教育体系必须进行相应的调整，以适应这一新的人才培养需求。微专业的建设正是对这种需求的有效回应。微专业通过模块化的课程设计，能够迅速整合新的学术研究和行业进展，使课程内容保持持续性的迭代更新，从而更好地契合行业需求。这对于学生了解全球问题、参与国际事务以及在国际化环境中寻求职业发展机会，具有至关重要的作用。

（二）智能化的科技之势

在智能化科技之势日益显著的时代，微专业教育模式显得尤为重要——

它能从多个角度为学生提供应对快速技术变革的专长教育。技术技能的直接培养是许多"智慧+"微专业的核心。随着人工智能、机器学习、数据科学和云计算等领域的迅速发展，相关技术技能的需求也在增加。微专业通过专门设计的课程，使学生能够直接掌握这些高技术技能，有效地满足当前及未来市场的需求。[①] 创新能力的培育同样关键。智能化时代不仅要求技术操作能力，更加重视创新和批判性思维。微专业通过项目式学习和问题解决任务，鼓励学生不仅要掌握现有技术，还要积极探索新的可能性和改进方法，从而推动技术的持续发展和应用。跨学科学习的促进也是微专业建设的一个重要方面。智能化技术的应用已经渗透到多个领域，包括医疗健康、金融服务、制造业和物流等。微专业能够提供跨学科课程，如数据分析与公共健康、人工智能与法律伦理等，帮助学生理解并应对智能技术在不同行业中的实际应用，增强其在多领域的工作能力。

总之，微专业教育模式通过其灵活性和专业性，在智能化的科技趋势下培养出具备高技能、创新精神和跨学科能力的人才，为他们在快速变化的工作环境中提供了坚实的基础。

（三）应用化的教育之势

微专业的建设符合当前向实用性和实效性转变的教育趋势。随着经济和技术的快速发展，特定行业对专业技能的需求持续增长，而传统教育模式难以满足快速变化的职业市场需求。微专业通过与行业的紧密合作，设计与市场紧密相关的课程内容，使学生能够学习到最新的行业知识和技术，强化其职业技能。微专业项目通常包括丰富的实践环节，如实验室工作、实地调查、企业实习以及与行业专家的互动，使学生能够将理论知识直接应用于实际工作场景中。例如，金融科技微专业可能会包括区块链技术的应用课程，在其中学生不仅学习区块链的理论基础，还能参与到具体的区块链项目开发中，体验从设计到实施的全过程。

这种应用化的教育模式不仅提升了教育的现实针对性和实用价值，还大大缩短了学生从学校到职场的过渡期，使他们能够快速适应并有效地投入职业工作中。因此，微专业教育的应用化符合时代的要求，能为行业培养大批即战力强、适应性高的新兴人才，为社会经济的发展注入了新的活

---

① 胡志远、沈祁萌、刘栋：《e 时代的教与学：基于慕课的混合教学模式改革探索与实践》，《大学教育》2020 年第 1 期。

力和创新能力。①

(四) 个性化的学习之势

在教育全球化和技术创新的推动下，个性化学习已成为现代教育体系的一个核心趋势。微专业教育模式通过提供定制化的学习路径和灵活的课程选择，充分满足了学生个性化的学习需求——这种教育形式为学生的个人和职业发展提供了有力支持。微专业允许学生基于自身兴趣选择专业方向，如科技爱好者可以选择与信息技术或人工智能相关的专业，而艺术热衷者则可能倾向于选择视觉艺术或数字媒体设计等领域。这种兴趣驱动的学习方式使学生更投入于学习过程，因为他们能够探索和深入学习自己真正热爱的领域，从而在专业技能和知识掌握上达到更高水平。② 此外，个性化的学习路径不仅适应不同学生的学习风格和节奏，还能通过提供多样化的教学方法来满足各种学习需求，如通过小组讨论、项目驱动学习或个别辅导等，帮助每位学生找到最适合自己的学习方式。这种灵活性不仅提升了学习效率，还增强了学生的学习体验。微专业的设置还考虑到学生的职业规划，使学生能够根据市场趋势和个人职业目标选择相关专业。这种方式不仅为学生提供了必要的知识和技能，还帮助他们在激烈的职场竞争中清晰定位，为未来的职业发展奠定基础。

二 道：微专业的内涵、特征与挑战

(一) 微专业的内涵

微专业是针对特定职业技能或学术领域提供深入教育的学习路径，旨在通过集中、精致、即时的课程提供专业化和深度的学习体验。这种教育形式的课程结构通常由一系列紧密相关的课程组成，专为快速掌握具体技能而设计。微专业不仅有助于加深学生在特定专业领域的知识，为进一步的学术研究或专业学习奠定基础，同时也强调职业技能的培养，直接对接

---

① 曹丹：《从"校企合作"到"产教融合"——应用型本科高校推进产教深度融合的困惑与思考》，《天中学刊》2015 年第 1 期。

② 颜正恕、徐济惠：《线上线下一体化"互联网+"个性化教学模式研究》，《中国职业技术教育》2016 年第 5 期。

行业需求，能够增强学生的职业竞争力。它的教育模式突出灵活性和个性化，允许学生根据个人兴趣和职业规划自主选择课程，同时调整学习计划以适应个人时间和节奏。此外，微专业课程设计强调实践性和互动性，包括项目工作、案例研究和实地实习等元素——这些都旨在增强学生的实际操作能力和行业联系。微专业教育模式在现代高等教育体系中具有独特的价值，能够有效地满足现代社会对教育多元化和个性化的需求。

（二）微专业的特征

微专业作为一种新兴的人才培养模式，具有高阶性、交叉性和应用性的特征。

第一，高阶性。我国教育政策下的微专业专指"四新"微专业，即新技术、新业态、新模式、新产业。这意味着微专业的设置必须融入新技术、新业态、新模式、新产业，否则微专业就不具有高阶性或前沿性的课程内容，从而背离了微专业这一教育模式的初衷和主旨。[①] 微专业的这种高阶性教育并非传统意义上的通识教育或简单的技能培训，它更加注重在特定领域内培养深厚而全面的专业能力。微专业课程旨在使学生能够掌握并应用最新的技术和理念，解决实际问题，推动行业创新。例如，一个以新技术为核心的微专业可能会深入教授人工智能、区块链或生物技术等领域的高级应用，而以新业态或新模式为核心的微专业则可能侧重于数字化转型、智能制造或可持续发展策略的实施。反之，许多高校开设的诸如公务能力、实用法学、教师教育、通用俄语等微专业，要么属于传统的专业范畴，与辅修学位并无本质区别，要么是挂微专业之名的各类职业证书培训班。微专业教育模式的高阶性要求其课程内容要引领行业发展的最前沿。这种教育方式远远超出了传统通识教育和基础技能培训的范畴，更侧重于在新兴技术和业态中培养具有深度理解和创新能力的专业人才。高校必须确保微专业课程能够真正反映和融入"四新"，确保教育内容的实时性和前瞻性。只有这样，微专业才能真正达到其旨在解决行业具体问题、推动技术创新和应对市场快速变化的目标。

第二，交叉性。微专业的根本旨趣是复合型人才培养，因此，其必然具有鲜明的交叉性或跨学科性特点。在探讨微专业的交叉性时，可以将其分为低阶复合和高阶复合两个层级。低阶复合主要是指"让"学生复合，

---

① 王宇：《慕课微专业分析及其对我国慕课建设的启示》，《中国远程教育》2018 年第 12 期。

即微专业本身并不具有复合性,而是针对某一特定专业的学生,通过"让"其他专业的学生参与,从而在结果上实现某种程度的复合。这种低阶复合本质上仍然属于封闭式的专业教育,其交叉性较低,更多地侧重于提供特定领域的专业知识和技能。例如,上文提及的某些高校开设的实用法学微专业、通用俄语微专业等,这些微专业本身并不具有跨学科属性,仅仅是在传统的专业领域内(如法学、俄语)开展教学。高阶复合则更具有开放性和交叉性。在高阶复合中,微专业本身就具有鲜明的交叉复合性,形成了微专业"与"学生之间的"双向复合关系"。这种微专业是一种开放式的专业教育,内含着"专业+"的元素。在高阶复合中,又可以进一步区分为"弱开放复合"和"强开放复合"。①"弱开放复合"主要是指相近学科间交叉形成的微专业,如外语+教育、外语+传播等微专业。"强开放复合"则是指跨度较大的学科间交叉形成的微专业,如外语+法学、外语+人工智能等微专业。相比之下,"强开放复合"的微专业更具有挑战性和前瞻性,能够为学生提供更广阔的学习领域和职业选择。因此,高校应多开设"强开放复合"的微专业,这有助于提高学生学习的可接受度、学习效率,并为他们将来的就业提供更加广阔的发展空间和竞争优势。

第三,应用性。微专业作为一种应用性教育模式,尤为强调社会实践性和市场性导向。其建设必须紧跟时代潮流,与市场需求相契合,确保为学生提供直接的就业支持。这种应用性意味着微专业教育不是高雅的学术研究或全面的人文教育,而是要求课程内容与实际职业领域密切相关,能够直接应用于工作场景中。在微专业的建设过程中,必须注重行业需求的调研和市场反馈,以确保课程设置和内容设计符合当前和未来的就业趋势。唯有如此,学生才能通过微专业获得的技能和知识,顺利地融入职场中,并实现个人的职业发展和成长。然而,并非所有的微专业都能满足这一应用性的要求。一些素养类微专业,如中国传统艺术、艺术意语、创新创业领导力等,可能更适合作为通识课程来开设,而不太符合微专业的社会实践性和市场导向性特点。因为这些课程可能更多地注重学生的综合素养和人文修养,而不是直接为学生的就业提供支持。

因此,在微专业的设计和开设过程中,高校需要审慎考虑课程的应用性和实践性,确保每个微专业都能够真正地为学生的职业发展提供有力的

---

① 马春生、曾建潮、高春强等:《多学科交叉的人才培养模式研究——以智能机器人微专业为例》,《高教学刊》2021年第8期。

支持和帮助。如此，微专业教育才能真正发挥其在培养复合型人才、满足市场需求和推动社会进步方面的作用。

（三）微专业面临的挑战

虽然在"新文科""新工科"等教育政策的驱动下，各高校均高度重视微专业的建设，并根据学校、学科特点开设了一系列对接行业、聚焦产业、关注职业的微专业。然而，当前高校微专业的建设也面临诸多挑战，需要通过理念、机制、方法上的创新与优化来予以克服和解决。

第一，社会认可度不足。由于微专业并非学历教育，微专业的结业证书仅仅是学校提供的学习证明，无法在教育部学信网上显示。因此，微专业证书的社会认可度不高。这种认可度不高可能会影响学生对微专业的选择和参与意愿。尽管微专业的证书在学校内部具有一定的权威性和参考价值，但在面对社会招聘和职业发展时，其影响力和证明力较弱。[1] 故此，要提高微专业的社会认可度，需要加强对微专业的宣传和推广，建立行业认可标准，并促进微专业与企业、行业的合作，以确保微专业学习的实际价值得到更广泛的认可和应用。

第二，质量标准缺乏统一性。不同学校和机构对微专业的质量标准和认证程序可能存在差异，这导致了微专业的教学质量和学生的学习效果的不确定性。一方面，一些高校可能对微专业的课程设置、教学方法和评估标准进行了充分的研究和规划，确保了微专业的质量和教学效果；另一方面，也有一些高校可能缺乏对微专业的全面理解和有效管理，导致了质量标准的不一致和认证机制的不完善。这种不统一的质量标准和认证机制会影响到微专业的声誉和学生的学习体验，可能造成学生在微专业学习过程中面临困惑和挑战，降低了微专业的教育效果和社会认可度。[2] 因此，为了提高微专业的质量和认可度，有必要加强对微专业的标准化管理和认证体系建设，制定统一的微专业质量标准和认证程序，确保微专业的教学质量和学生的学习效果得到有效保障和提升。

第三，课程缺乏行业实践。这一问题主要由于微专业课程设置过于理论化，缺乏实践操作环节，或者是由于教学资源和平台的不足。在部分微

---

[1] 崔玉荻：《新工科视域下微专业建设路径探索》，《南京理工大学学报》（社会科学版）2023年第3期。

[2] 雷鸣、陈华：《应用心理学心理健康服务微专业课程体系的构建》，《大学教育》2021年第7期。

专业中，学生可能只是在课堂上接触到理论知识，缺乏实际案例分析和行业项目实践的机会。因此，学生在完成微专业学习后可能缺乏对实际工作环境的了解和适应能力，不能真正提升其在就业市场上的竞争力。要解决这一问题，需要高校与行业的合作，将实际工作环节融入微专业的课程设计中，提供更多的实践机会和案例分析，帮助学生更好地掌握和运用所学知识，提升微专业的实用性和就业竞争力。

第四，学分互认与转换机制不健全。微专业的学分互认与转换机制不健全，给学生造成了一定的困扰和不便。由于微专业通常是学生在本专业学习之外选择的"课外班"，学生需要承受额外的学习压力。然而，目前微专业的学分转换力度较小，许多高校的微专业总学分仅能替代同时选修课2—4学分。这影响了学生对微专业的选择和完成的积极性。学生在选择微专业时，可能会考虑到学分转换的问题，如果微专业的学分无法充分转换，就可能影响到学生的学业规划和学习动力。① 因此，为了解决这一问题，有必要加强对微专业学分转换的规范和管理，建立统一的学分转换标准和机制，确保微专业的学分能够得到有效认可和转换，提高学生对微专业的积极性和学习动力。

三 术：微专业建设的方法论

"势"聚焦微专业建设的背景问题，"道"指涉微专业建设的认识问题，而"术"则关注微专业建设的方法论问题。在微专业建设的方法优化上，高校首先要厘清一个关键问题，即谁才是为微专业买单的"甲方"。显而易见，是学生。换言之，微专业建设的成败是学生是否认可、选择、投入与获得。因此，微专业建设的方法优化必须"以学生的学习体验为中心"，提升新鲜度，扩大接受度，增强挑战度，使学生在微专业学习中充满获得感与成就感。在学生中心的理念引领下，本文具体从课程设计、教学方法、实践体系、评估反馈等方面阐释微专业建设的方法、路径和举措。

（一）课程设计

在微专业建设中，课程设计是至关重要的一环。课程设计需要注重专

---

① 张书洋、刘长江、钱钰等：《"跨"与"融"——微专业建设的南航探索》，《高教学刊》2023年第22期。

题性、进阶性与模块化，以确保微专业的教学内容符合学生的学习需求和学习目标。

首先，课程设计需要具有专题性，即所有课程内容需要凝练为一个个互为逻辑关联的专题。这是由微专业的"短小精悍"的特点所决定的。相较于传统专业学历教育，微专业缺少充足的学时学分，因此课程设计需要更加紧凑和精练。教师在设计课程时需要抽取和精练专题，确保每个专题都能够充分展现微专业所涉及的核心知识和技能。

其次，课程设计还应具有进阶性，即课程应当"从浅至深"分阶段地逐步开展。考虑到微专业往往面向非本专业的学生，课程设计需要按照学生的学习水平和背景逐步展开。一是开设基础理论课程，帮助学生建立起必要的基础知识；二是开设具有交叉性内容的课程，促使学生跨学科地思考和学习；三是开设实践操作类课程，让学生能够将理论知识应用到实际操作中，提升他们的实际能力。

最后，课程设计应当具有模块化特点，即课程体系应当区分不同的课程板块，通过提升某一模块中课程间的关联性，形成课程群的"聚合效应"。通过将课程内容划分为不同的模块，可以使学生更加有针对性地选择和学习感兴趣的内容，提高学习的效率和质量。

（二）教学方法

微专业教学方法的创新对于提升学生的学习效果和实践能力至关重要。在微专业建设中，教学方法的创新需要充分考虑学生的学习需求和学习特点，结合微专业的实际情况，采取多样化的教学方法，以达到教学目标和培养目标。

第一，考虑到微专业的高阶性和交叉性特点，教学方法应当注重引入跨学科的教学资源和案例，通过多学科融合的方式来开展教学活动。例如，在集体授课中，可以邀请不同学科领域的教师共同授课，提供多样化的学习视角和内容；在项目制教学中，可以组建跨专业的团队，共同解决跨学科性问题，培养学生的综合素养和团队合作能力。

第二，由于微专业的应用性和实践性要求较高，教学方法应当注重实践操作和案例分析。在聘请行业专家授课时，可以邀请具有丰富实践经验的专业人士来分享真实的行业案例和应用技巧，帮助学生将理论知识与实际应用相结合。在研讨式授课中，可以通过讨论真实案例和实际问题来激发学生的学习兴趣和解决问题的能力，提高教学的针对性和实用性。

第三，考虑到微专业的灵活性和个性化需求，教学方法应当注重学生的个性化学习和参与度。在课程设计和教学安排上，应当充分考虑学生的学习背景和学习需求，灵活调整教学内容和教学方式，提供个性化的学习支持和指导。同时，在评价和反馈环节中，也应当充分尊重学生的个性化学习需求和学习进展，及时给予反馈和指导，帮助学生实现个性化学习目标。

（三）实践体系

微专业的实践体系是其教学体系的重要组成部分，旨在为学生提供丰富多样的实践机会，加深他们对所学知识的理解和应用。微专业实践体系又包括课程实践与课外实践。

课程实践是微专业实践体系的重要组成部分。在课堂上，通过设计多样化的实践活动，使学生在实践中学习、在学习中实践。这种实践形式可以包括案例分析、模拟实验、小组讨论等，通过解决实际问题和应用理论知识来提高学生的实际操作能力和问题解决能力。例如，在人工智能微专业中，可以通过模拟算法设计和编程实践来培养学生的数据分析和程序开发能力。[1]

课外实践也是微专业实践体系的重要组成部分。课外实践包括参观、会议、竞赛、实习等形式，为学生提供更广阔的实践平台和机会。例如，学生可以参加相关行业的展览会或研讨会，与业界专家交流并了解最新的行业动态，还可以参加学科竞赛或创新创业项目，锻炼他们的创新思维和团队合作能力，同时，亦可以通过实习或实训的方式，深入了解实际工作环境和岗位要求，提升他们的职业素养和就业竞争力。

微专业的实践体系旨在通过实践活动，提升学生的实践能力和综合素养，包括课程实践和课外实践两个方面。通过课程内外的实践活动，学生可以巩固和应用所学知识和技能，拓宽视野，增强社会适应能力，为未来的职业发展打下坚实基础。

（四）评估反馈

为建立有效的评估反馈机制，高校可以采取一系列措施，确保微专业

---

[1] 赵峰、张广渊：《"人工智能+"机器人工程微专业的构建与探索》，《齐鲁师范学院学报》2021年第5期。

的教学质量和效果得到全面评估和反馈。

第一，高校应当明确评估的目的和内容，确定评估的指标和标准，以确保评估的科学性和客观性。评估的目的可以包括评价微专业的教学效果、改进教学内容和方法、提升学生满意度等。第二，建立统一的评估组织和管理机制，明确评估的责任部门和评估的程序流程，确保评估工作的规范和有效进行。第三，设计多样化的评估工具和方法，包括问卷调查、访谈、观察、考试成绩等，以满足不同层次和不同对象的评估需求。高校可以根据不同的评估对象和评估目的选择合适的评估工具和方法。第四，建立健全的反馈机制，及时收集、分析和反馈评估结果，为微专业的改进和优化提供科学依据和有效支持。高校可以定期组织评估会议，对评估结果进行讨论和分析，并提出改进建议和措施。

通过以上措施，高校可以建立健全的评估反馈机制，全面了解微专业的教学情况和效果，及时发现和解决存在的问题和不足之处，提高微专业的教学质量和教学水平，为学生提供更好的学习体验和服务。

结　语

在当前教育强国的大背景下，微专业建设具有重要的战略意义。微专业建设作为高等教育领域的一项重要举措，旨在提升我国人才培养水平，满足社会对多元化人才需求，推动教育实践的创新发展。从势、道、术角度上看，微专业建设具有时代性、规律性和方法论的特征。在时代势力的推动下，微专业建设顺应了社会对于知识更新和技能需求的迫切需求；在规律性方面，微专业建设遵循着教育发展的内在规律，着眼于提升人才培养的适应性和创新性；在方法论方面，微专业建设注重从实践出发，倡导学以致用，推动教育教学模式的变革和创新。微专业建设在未来还应该在以下方面持续发展完善：加强与产业、行业的深度融合，提升微专业的实践性和适应性；加强评估机制建设，确保微专业的质量和效果；加强师资队伍建设，提升教师的专业水平和教学能力；加强国际交流与合作，借鉴国外先进经验，拓展学生眼界，在微专业学习中提升国际胜任力。

The Momentum, Principles, and Strategies of Micro-Certificate Programs under the Context of Building a Strong Education Nation

Dong Zheng

Abstract: Under the grand strategy of building a strong education nation, the higher education system is facing unprecedented opportunities for transformation and development. This paper systematically explores the necessity, principles, and specific methods of constructing micro-certificate programs from three dimensions: momentum, principles, and strategies. Firstly, the construction of micro-certificate programs aligns with the "momentum" of educational development in the new era, closely integrating with market demand and social development, enabling flexible adjustments in curriculum design and teaching methods to cultivate students' innovative and practical skills, thereby better serving the national strategic needs. Secondly, the "principles" of micro-certificate programs involve the fundamental principles and rules of their construction, emphasizing the core task of moral education, and building an educational system that meets the requirements of the new era. This includes three main characteristics: advanced nature, interdisciplinarity, and applicability, aiming to cultivate composite talents that meet the demands of new technologies, new industries, new models, and new sectors. Lastly, the "strategies" for constructing micro-certificate programs include specific implementation strategies such as curriculum design, teaching methods, practical systems, and evaluation feedback, focusing on enhancing students' learning experience, improving the practical outcomes of micro-certificate programs, and increasing students' sense of achievement.

Keywords: Micro-certificate Programs; Strong Education Nation; Composite Talents; Higher Education Transformation

比较文学与多元文化互鉴

接受美学视阈下的中国古典诗词日译研究[*]
——以牡丹诗词为例

肖传国　荣喜朝[**]

摘　要：中国古典诗词在日本很受欢迎，牡丹文化也是日本的重要外来文化之一。以古典牡丹诗词研究我国古典诗词的日译有利于明确两种语言的历史交流，探究两种语言的内在联系。在接受美学的理论指导下，古典诗词应以汉文训读法为基本日译方法，兼顾"道春点"和"一斋点"的优点，既要忠实于原文，又要符合日语的语法习惯，同时尽可能地体现原文的韵律美；对于牡丹的品种和词牌宜采用音读加注释的办法，原文宜使用旧字体，"書き下し"宜用新字体，语气助词可以忽略不计；对于再读文字，需要根据上下文判断其词性和意思，确定是否需要再读，并注意固定搭配；复句的主句谓语要前置，训点可以省略，并尽量限制时态助动词的使用。

关键词：古典诗词；接受美学；日语

牡丹文化不仅是中国的重要传统文化，也是日本的重要外来文化之一。牡丹作为重要的审美意象，对中国和日本都具有深远的影响。牡丹在日本很受欢迎，在日语中便有不少关于牡丹的成语，例如形容女性优美坐姿的"座れば牡丹"和形容男子汉气概的"獅子に牡丹"等。在权威日本国语辞

---

[*] 项目基金：本文系吉林省教育厅社科基金项目"接受美学视阈下的中国古典诗词日译研究"（项目编号：JJKH20221234SK）的阶段性成果。

[**] 作者简介：肖传国（1963— ），男，山东省邹城市人，博士，吉林外国语大学东方学院院长，博士生导师，教授，研究方向为日本政治外交、汉日翻译、东亚安全；荣喜朝（1981— ），男，河南省洛阳市人，博士，河南科技大学外国语学院，硕士生导师，副教授，研究方向为中日语言文化比较研究。

典《大辞林》中，以牡丹开头的词语和词组有 22 个，以此结尾的有 16 个。在与《大辞林》并称国语辞典双璧的《广辞苑》中，以牡丹开头和结尾的词语词组数量分别是 17 个和 16 个。中国古典牡丹诗词是自南北朝以来尤其是唐宋时代咏物诗歌的重要代表，是中国诗歌领域的瑰宝。《古代咏花诗词鉴赏辞典》收录的牡丹诗词有 104 首，数量仅次于梅花诗词，跨越唐宋金元明清六代。① 王维、韩愈、刘禹锡、李商隐、苏轼、李清照、陆游、辛弃疾、元好问、徐渭和林则徐等著名诗人都曾留下脍炙人口的牡丹诗词佳句。目前中国和日本都没有系统的关于中国古典诗词翻译的研究成果，在此，拟以"接受美学"为理论指导，总结归纳古典诗词的日语翻译策略和方法。

一 接受美学对古典诗词翻译的指导意义

(一) 接受美学理论与古典诗词特征的契合

中国古代诗词是中国古代文学宝库中璀璨夺目的明珠，具有"合辙押韵、寓意深远、抒情写意、文笔凝练"等特点，是形式与内容的完美结合，意美、语美、音美、形美。其主要是通过创造意象和意境来传达思想感情。它篇幅短小，格律严格。句法特点表现在词语的省略、错列和名词性语式三个方面。省略可以使诗句紧缩、精练，常省略主语、谓语、宾语、介词、方位词；错列是指为了押韵、调平仄、对仗等修辞需要而将诗词成分进行倒装、交叉等，主要有主语被移到谓语后面、宾语置谓语之前和定语后置等几种情况；名词性语式是指句子由名词性词组组成，句中没有作为谓语的动词或形容词，其所隐喻的意思从题意、词序或上下句之间含蓄地表达出来。

诗词作为艺术性最强的语言艺术形式，与其他文学体裁相比具有更多的不确定性和"空白点"，这与接受美学的理念存在某种形式的契合。

接受美学认为，文学作品是包含着思想感情的形象体系，是一种具有内在生命和活力的"召唤结构"（appealing structure），具有"不确定性"（indeterminacy）和"空白"（gap）。② 这些不确定的点和空白需要读者根据

---

① 李文禄、刘维治主编：《古代咏花诗词鉴赏辞典》，吉林大学出版社 1990 年版。
② 姚斯、霍拉勃：《接受美学与接受理论》，周宁、金元浦译，辽宁人民出版社 1987 年版，第 24 页。

自己的经验和知识结构也即"期待视野"进行填补。

接受美学本来是一种文学理论与文学研究方法，由德国学者 H. R. 姚斯（Hans Robert Jauss）于 1967 年提出。接受美学有两个重要概念，即"期待视野"和"视野融合"。姚斯在解释"期待视野"时，首先肯定"审美距离"对于读者获得审美体验的价值，认为作为接受主体的读者在文学阅读前及过程中，心理上往往存在着既成的思维指向与观念。"视阈融合"是指译者在翻译时，应考量读者的期待视野、审美趣味和接受水平，只有读者的期待视野与文学文本相融合，接受和理解这一过程方可成立。姚斯和霍拉勃指出："在作者、作品和大众的三角形之中，大众并不是被动的部分，并不仅仅作为一种反应，相反，它自身就是历史的一个能动的构成。一部文学作品的历史生命如果没有接受者的积极参与是不可思议的。因为只有通过读者的传递过程，作品才进入一种连续性变化的经验视野。"① 从阅读过程来看，有两次"视阈融合"：第一次视阈融合是指作为原作第一读者的译者先品读原作，在理解原作的过程中达成的；第二次视阈融合是指译者翻译出的译作成为译文读者的原作，在译文读者理解译作的过程中达成的。

（二）接受美学对古典诗词翻译的影响

接受美学对于翻译的影响，至少可以从以下三个方面来考虑。

一是对文本意义的把握。接受美学主张文本意义的不确定性。任何文本的意义都具有不确定性。译文作为一个文本的意义也是不确定的，只有通过读者的阅读才能使译文产生意义。一个文本在不同时代被不同民族的读者阅读，由于读者接受的客观条件各异，不同的读者有不同的文化背景，这个文本与脱离作者之手而问世时的文本已发生不同，它经历史上不同民族读者的阐释已形成不同的作品。译文也是一个文学文本，其存在本身并不能产生独立的意义，而是通过译文读者的阅读、理解使其意义具体化，才能达到译文的彻底完成。可以说译文的再现过程，就是译文读者的接受过程。

二是对翻译策略的选择。接受美学主张，只有读者的期待视野与文本相结合，读者才能接受和理解。译者翻译的策略选择根本要旨是达到译语读者接受的目的，实现翻译的功能。译文的读者群不同，其"期待

---

① 姚斯、霍拉勃：《接受美学与接受理论》，周宁、金元浦译，辽宁人民出版社 1987 年版，第 24 页。

视野"和"审美要求"不仅千差万别,而且还会随着时间的流逝、体验的加深和时代的变迁而不断发展变化。因此,面对不同层级和不断变化的读者群,译者要采取不同的翻译策略,并须根据译入语读者这一接受主体的需要,在过程中对原文本进行一定程度的解读和加工。从某种程度上讲,翻译过程是翻译策略的选择过程。这一过程不是简单的纯粹语言文字转换的静态过程,而是译者与读者进行对话,两种文化进行碰撞与交融的过程。

三是对读者中心地位的关注。接受美学理论为翻译研究开辟了新视阈,体现了翻译为受众服务的理念,将文学作品生命链上的三大维度——原作及作者、译文及译者、读者紧密地联结在一起,使之在接受美学翻译观中构成了一个完整的有机体。译者应充分发挥主体性作用,一方面要尊重原作,与原作作者达成视阈融合,最大限度地展现出原作的精髓和风貌;另一方面还要切实考虑读者的审美期待,使其在阅读译文的过程中也能领略和感悟原作的美与价值。文学作品具有许多的余白,译者作为原文的读者和译本的作者,在进行翻译活动时,应充分综合考虑受众的生活背景、文化水平和社会文化环境,从受众的审美需求对源语文本进行再创造。

二 古典牡丹诗词日译的原则与策略

(一) 古典牡丹诗词的基本原则

接受美学视阈下的翻译,强调"读者第一位",认为让译语文本读者能大致和源语文本读者一样去理解和欣赏一个文本是最关键的。[①] 为了达到这一要求,首先需要的是译文的"可接受性"。将古典牡丹诗词译成日语,必须为日本人所容易理解和接受,否则便失去了意义。日本在汉文翻译领域的传统方法是汉文训读法。该方法历史悠久,深受读者欢迎。所谓汉文训读法指的是:"対象たる漢文を、訓読という方法を用いて閲読する作業である(用训读这种方法将对象汉文进行阅读的工作)。"[②] 此处的训读并不是单纯的"訓読み",它指的是:"古典中国語の語順を返り点によって

---

① 刘利国、董泓每:《接受美学视阈下的日本诗歌翻译》,《日语学习与研究》2015 年第 3 期。
② 古田岛洋介、汤城吉信:《漢文訓読入門》,明治書院 2012 年版。

日本語の語順に変換し、それぞれの語句に日本語の音読み・訓読みを当てはめて読解してゆく方法（通过返点将古典汉语的词序变换成日语的词序，然后给各个单词配上相应的日语的音读、训读进行读解的方法）。"① 汉文训读法有着一千多年的历史，并且与时俱进。该训读法"基本完成于奈良时代至平安时代初期"②。进入江户时代，汉文训读法开始多样化起来。江户前期主要有"文之点""道春点""石斋点""嘉点""仁斋点""惕斋点"等各种各样的训读法，其中以"道春点"为代表。江户后期主要有"春台点""后藤点""山子点""冢田点""一斋点"，其中后者是代表性训读法。

在日本汉文训读法是我国古典文献的基本解读方法。其解读范围不仅涵盖四书五经等儒家经典，也包含佛家和道家等宗教著作。该训读法不仅解读《二十四史》等史学著作，而且翻译唐宋八大家的散文甚至《三言两拍》等白话文小说。在日本，我国的古典诗歌、汉诗集，包括初中、高中的《国语》课本中所选用的汉诗词，都是以汉文训读法的翻译形式出现的。例如，面向高中生的古文教材《新古典講読 説話 随筆 故事・小話 漢詩》包含绝句、律诗、古诗等各种类型的汉诗，这些汉诗无一例外都采用汉文训读法进行翻译和解读。③ 古典牡丹诗词作为我国古典文献的重要组成部分理应以汉文训读法为基本的日语翻译方法。

（二）古典诗词翻译的基本策略

汉文训读法流派繁多，特色各异，使用何种训读法进行怎样的翻译，需要按照所译对象的特性进行选择和斟酌。唐宋牡丹诗词是牡丹诗词的代表，其特征如下：花王至尊的国色之美；暮春吐芳的高贵之美；兴亡之叹的社会反思；人花相怜的身世之感。④ 与其他咏物诗词相比，牡丹诗词艺术内涵丰富，承载着浓厚的文化意蕴，并具有沉重的历史感。牡丹诗词至尊高贵的气质、悲世悯人的情怀，要求忠实、准确和富有音韵美的译文与之匹配。古典诗词翻译的基本策略有以下三个方面。

首先，忠实性原则。目前，最具代表性的汉文训读法是"一斋点"和"道春点"。"一斋点"是佐藤一斋（1772—1859）创立的训读法，其特点

---

① 古田島洋介、湯城吉信：《漢文訓読入門》，明治書院2012年版。
② 中澤希男、澁谷玲子：《漢文訓読の基礎》，教育出版2014年版。
③ 天野成之、安斎久美子ほか：《新古典講読 説話 随筆 故事・小話 漢詩》，右文書院2002年版。
④ 王莹：《论唐宋牡丹诗词的政治文化意蕴及其表现艺术》，《文学遗产》2011年第4期。

是忠实于汉文原文，简洁明了。不过，由于其译文过于机械化，缺乏变通，所以有时会产生不符合日语固有语法规范的现象。①"道春点"是林罗山（法号道春，1583—1657）给汉文加注的训点，其译文细致准确，语法标准规范。②但是，由于该训读法过于遵守日文习惯所以在"复文"（将训读后的日文还原成汉文）时有时难以还原汉文的原貌。因此，在翻译过程中应该兼顾"一斋点"和"道春点"所长，避其所短。例如：唐代张祜的牡丹诗《京城寓怀》的后两句"由来不是求名者，唯待春风看牡丹"如果译成：

由来不是求名者もとよりこれ名を求むる者にあらず
唯待春风看牡丹ただ春の風を待ち牡丹を看るのみ。

第一句的"もとより"难以复文成"由来"，第二句的"春の風"略显冗长，因此，宜将其译为：

由来不是求名者由来是れ名を求むる者にあらず
唯待春风看牡丹唯だ春風を待ち牡丹を看るのみ。

这样，既能发挥"一斋点"的简洁优势，又能避免"道春点"在复文时的不足。

其次，准确性原则。"道春点"训读法符合日语语法规范，逐字翻译，补读词语较多，单词以训读为主，译文相当准确，但是烦琐复杂。"一斋点"断句较为随意，逐词翻译，补读词语偏少，单词以音读为主，译文较为粗糙，但是干净利落。③因此，在准确性方面也有必要调和"道春点"和"一斋点"，尽可能准确、简洁。例如：唐代温庭筠的牡丹词《菩萨蛮·蕊

---

① 例如，"一斋点"版《论语》"卷六·颜渊"关于"不得已"的译文是"已むを得ず"，动词连体形或终止形直接和"を"连用，有违日语的语法习惯。
② 例如，"道春点"版《论语》"卷六·颜渊"中的"不得已"的译文是"已むことを得ず"，动词连体形和宾格助词"を"之间加入形式体言"こと"使其体言化，完全符合日语的语法规范。
③ 例如，关于《论语》"卷七·宪问"中的"子曰邦有道危言危行"，"道春点"版的译文是"子曰く、邦道有るときは、言を危しふし行を危しふす"，而"一斋点"将其训读为"子曰く、邦、道有る、言を危ふし行を危ふす"。"道春点"版的翻译添加了"ときは"，使得整个句子流畅准确，但是复文时容易使读者误以为原文是"子曰邦有道则危言危行"。与此相反，"一斋点"版的译文简洁明了，复文时可避免额外单词的添加，但是动词的连体形后不添加任何助词或助动词而直接过渡到下一短句，不但使读者产生违和感，而且容易使其妄加猜测连体形后的省略内容，而产生具体理解上的错误。

黄无限当山额》的上阕"蕊黄无限当山额，宿妆隐笑纱窗隔。相见牡丹时，暂来还别离"可以译成：

蕊黃 限り無く山の額に当たる
宿妝して穏かに笑む紗窓の隔
相い見らるるは牡丹の時
暫来還た別離す。

将"相见"译为"相い見らるるは"而不用"相見するは"是"道春点"优点的体现，添加了可能态，使得句子的意思更加完整。以"紗窓の隔"这样的体言结句形式，把"别"和"离"两个单词合并成"別離す"一个单词，这些是活用"一斋点"简洁明了特点的结果，符合明治维新后现代日本人的汉语词汇使用习惯。

最后，音韵性原则。汉文训读法是按照日语的语法习惯对汉语的词序进行的重新排列，且无论是采用"訓読み"（训读）还是采用"音読み"（音读），其发音与汉语差异颇大，所以不能保证我国古典诗歌的格调和韵律的准确传达。这是汉文训读法的主要局限性之一。为了尽可能地保障汉诗词的韵律美的存在，汉文训读实际上有两个基本步骤：第一，"原文"就是将汉文原原本本地誊写下来，然后按照日语的语法规则添加上"训点"①；第二，"書き下し"就是把添加过训点的原文按照日语的词序写出来。例如：唐代王翰的《凉州词》在日本的高中国语教材中是这样的：

葡萄美酒夜光杯　　葡萄の美酒　夜光の杯
欲饮琵琶马上催　　飲まんと欲して琵琶馬上に催す
醉卧沙场君莫笑　　醉ひて沙場に臥す　君笑ふこと莫れ
古来征战几人回　　古来征戰幾人か回る②

虽然"書き下し"（"葡萄の美酒　夜光の杯"等）不能保证汉诗原文的韵律，但是"原文"部分的每个汉字的音读却可以最大限度地保留韵律。例

---

① 训点，包括"返り点"（返点）和"仮名"（假名）。返点，又包括"レ点""一二三……点""上中下点""甲乙丙……点"和"天地人点"等，假名包含"振り仮名"（振假名）和"送り仮名"（送假名）两种。
② 吉田凞生ほか：《国語Ⅰ古典編》，東京書籍2002年版，第104页。

如，第一、第二、第四句的最后一个字的读音分别是："はい［hai］""さい［sai］"和"かい［kai］"，尾音押［ai］韵，符合七言绝句的格律。潘钧认为："汉文训读，特别是佐藤一斋提出的'一斋点'，因其以便于还原汉文为目标，尽量音读、减少补读语等特点使训读文呈现出特有的节奏、韵律等形式特征。"① 虽然，训读文（"書き下し"）也能呈现出一种韵律美，但是在具体的训读过程中，我们还是应该适当斟酌变通，尽可能地保留原有诗歌的格律。例如，唐代徐凝的牡丹诗《题开元寺牡丹》的最后两句"惟有数苞红萼在，含芳只待舍人来"，一般情况下被翻译成"惟だ数苞の紅萼を有する（もの）在るのみ、芳しきを含みて只だ舎人の来たるを待つのみ"，如果将其译文修改为"惟だ数苞の紅萼を有する（もの）在り、芳しきを含みて只だ舎人の来たるを待つのみ"，则既可以避免句末"のみ"的重复，又可以以"り［ri］"和"み［mi］"共有的［i］为韵尾，符合原文的押韵规则。

三 诗词翻译的训读方法

"国学网"网站上有专题"中国历代牡丹诗365首"，温庭筠和李清照写过各种词牌的牡丹词。中国古典牡丹诗词数量巨大，类型多样，尽管每首诗词的具体翻译方法不尽相同，不过从"术语""文字"和"句子"三个方面入手，也可以总结出其普遍规律。

（一）术语的训读方法

关于牡丹诗词的术语有两种，一是牡丹的品种名，二是牡丹词的词牌。牡丹品种繁多，既有"白牡丹""红牡丹"这样的单纯以颜色命名的通俗名称，也有"魏紫""姚黄"等具有丰富文化内涵的高雅名称。对于比较通俗的品种名称，可以直接音读。例如，无论是白居易写的《白牡丹》、王维咏的《红牡丹》、吴巽赞的《绿牡丹》还是吴融叹的《红白牡丹》，都可以用颜色词的音读加牡丹的音读，将其译为"白牡丹（はくぼたん）""紅牡丹（こうぼたん）""綠牡丹（りょくぼたん）""紅白牡丹（こうはくぼたん）"。对于富含文化内涵的品种名，则宜采用音读加注释的办法。例如，魏

---

① 潘钧：《近世的"素读"文化与汉文训读》，载徐曙执行主编《日语教育与日本学》（第6辑），华东理工大学出版社有限公司2015年版。

紫可以译成"魏紫（ぎし）"，添加注释："牡丹の有名な品種の一つで、欧陽脩の「洛陽牡丹記・花釈名」によると、唐代の宰相魏仁溥の邸宅から出たが、魏氏が零落した後、その庭園が普明寺のものとなり、この花が世に知られるようになった。花王・姚黄と並んで花后と呼ばれている。"

牡丹诗的标题译法较为简单，宜采用与《论语》等汉文相同的训读法。较短的标题只有两三个字，例如，梅尧臣的《牡丹》只有一个单词，可以直译为"牡丹（ぼたん）"，李商隐的《花下醉》是一个短句，可以训读为"花下に酔ふ"。超过十个字的长标题也有，例如，张耒的《同李十二 醉饮王氏牡丹园二首》，按照汉文训读的一般规律可以译成"李十二と 同に王氏の牡丹園にて酔飲する二首"。与牡丹诗的标题相反，牡丹词的词牌名不仅是文字、音韵结构的一种定式，而且其本身也有丰富的文化内涵。例如：宋代以各种词牌为韵律的牡丹词数量众多，而宋代"部分词牌的来源与女性有着密切关系。它们或直接化用女性人名，或突出女性妆饰容貌，或反映女性游艺活动，或彰显女性地位与身份等"①。因此，关于牡丹词的词牌的翻译，也宜采用音读加注释的办法，例如："菩萨蛮"可以译成"菩薩蛮（ぼさつばん）"，然后解释其音律为"双調、四十四字、換韻"，进而可以借用日本学者关于唐末苏鹗的《杜阳杂编》的译文将其注释为："大中の初め、女蛮国が二頭の龍犀を朝貢した。…その国人は髪を高く結い上げて金の冠をつけ、玉や宝石の飾りを身体に巻き付けてい たので菩薩蛮とよんだ。当時の楽人は菩薩蛮曲を作り、文士もまた、あ わせて菩薩蛮詞を詠じた。"②

（二）文字的训读方法

首先，关于字体。在日本，汉字有旧字体和新字体之分，汉文训读时的字体使用情况有以下三种：第一，原文和"書き下し"都用旧字体；第二，原文和"書き下し"都用新字体；第三，原文用旧字体，"書き下し"用新字体。第一种情况多见于古文献的整理著作，能够保留原有文献的特色，但是不易于阅读。第二种情况多见于中学的汉文教材，为了让学生对汉文产生亲切感，编者需要把旧字体改成新字体。③第三种情况兼有前两种的优点，是目前较为常用的，《日本古典文学大系》（新装版）中的汉文著

---

① 谢稿：《宋代词牌来源的女性化意蕴》，《湖南社会科学》2012 年第 5 期。
② 越野美紀：《菩薩蛮考》，《お茶の水女子大学中国文学会報》1994 年，第 13 号，第 1—2 页。
③ 宮久保ひとみ、松川利広：《生徒が漢文に親しむための教材開発：ゲストティーチヤーと共に『日本書紀』を読む》，《奈良教育大学教育実践開発研究センター》2014 第 3 号，第 155—161 页。

作就属于这种情况。① 牡丹诗词的汉字字体理应采用第三种办法，既尊重原著，又符合接受美学的要求。例如：李清照的牡丹词《庆清朝慢》中的词句"待得群花过后，一番风露晓妆新"可以训读如下：

待得群花过后　　群花の過ぎし後を待ち得るに
一番风露晓妆新　　一番の風露に　暁の妝　新たなり。

其中，原文中的"曉"是旧字体，"書き下し"中的"暁"是相应的新字体。这样既可以保留原词的古典韵味，又不会使现代读者产生额外的阅读困难。需要注意的是新字体虽然总体上看比旧字体笔画少，但是也有个别例外。例如，根据《汉语林》，"回"就比它的旧字体"囘"多一画。② 因此，新字体并不完全等同于简体字。

其次，关于"置き字"（语气助词）。"置き字"指的是："漢字を和訓する時、読まざる漢字。焉・矣等の類（训读汉字时不用读出的汉字。如：焉、矣等）。"③《日中辞典》将其译为"语气助词"。④ 这种语气助词在以《论语》为代表的汉文中相当普遍，"焉"在《论语》中出现了 88 次，"矣"在《孟子》中至少有 100 个之多。除"焉"和"矣"，《诗经》中还广泛存在着"其""且""止""在""思""居""斯""尔"等汉文中不常见的特殊语气助词。但是，随着时代的变迁，汉文以及汉文诗词的文体和用词习惯也发生了变化，唐诗和宋词中已经很少使用语气助词了。上述语气助词在《唐诗三百首》和《宋词三百首》中已难觅踪迹。由于牡丹诗词基本上都是唐宋以后的作品，因此牡丹诗词中也几乎不存在上述语气助词。"中国历代牡丹诗 365 首"和《古代咏花诗词鉴赏辞典》收录的牡丹诗词中均不含语气助词。因此，语气助词虽然是汉文训读时的难点之一，但是在牡丹诗词的翻译方面却并非必要注意对象。

最后，关于"再読文字"（再读文字）。训读时，与语气助词相反，再读文字不仅要读出，而且要两次读出。这些文字包括"未""将""且""当""应""宜""须""犹""盍"9 个。再读文字在古典文献中的使用

---

① 坂本太郎ほか校注：《日本書紀日本古典文学大系》，岩波書店 1993 年新装版（上、下）。
② 鎌田正、米山寅太郎：《新版漢語林》，大修館書店 2001 年版，第 221 页。
③ 上田萬年、松井简治修訂：《大日本国語辞典》，冨山房 1952 年版，第 238 页。
④ 对外经济贸易大学、商務印書館、小学館：《日中辞典》，小学館 2002 年版，第 231 页。

频率颇高，仅"未"字在《论语》中出现60次，在《唐诗三百首》和《宋词三百首》中分别出现24次和73次。再读文字同样广泛应用于牡丹诗词中，李益、徐凝、韦庄、白居易、温庭筠、王安石、苏轼、陆游和李清照等的牡丹诗词中便不乏再读文字的影子。不过，由于汉字词性和意思的多样性，导致一个汉字多个读音现象的产生。例如：作为再读文字"且"的读音的"まさに……す"仅仅是该文字9种读音中的一种而已，其他8种均非再读。① 因此，根据上下文判断这些文字的词性和意思，进而确定是否需要再读是十分必要的。例如：韦庄和杨轩的牡丹诗中的"须"。

  陌上须惭傅粉郎 陌上須（すべか）らく慚じしむ傅粉の郎
  白牡丹を詠ず 唐·韦庄
  须知松柏尊 須（すべか）らく知るべし 松柏尊きを
  牡丹 宋·杨轩。

前者无须再读，后者必须再读（すべからく……べし）。又如：温庭筠和李清照的牡丹词中的"须"也属于此种情况。

  此情须问天 此の情 須らく天に問う 更漏子 唐·温庭筠
  何须更忆 何ぞ須らく更に憶ふべし 多麗 宋·李清照。

翻译时，除判断这些文字是否属于再读文字，还须注意再读文字的固定搭配。例如，"将（まさに……す）"的"す"前面要加"んと"，"猶（なほ……ごとし）"的"ごとし"要与其前部要素"名詞 の"或"動詞連体形が"搭配，等等。

（三）句子的训读方法

首先，牡丹诗词中复句的基本构造要保留。汉语句子基本是"主—谓—宾"结构，而日语是"主—宾—谓"，因此，在汉文训读时往往要把汉文的结构改成日语的结构，将谓语后置。不过，翻译诗词的复句时，应该尽量保持原汉文的句子构造，也就是保持主句谓语在句子的前部。例如：唐代张若虚的《春江花月夜》中的"不知江月待何人，但见长江送流水"

---

① 中澤希男、澁谷玲子：《漢文訓読の基礎》，教育出版第2014年版。

的训读是：

不知江月照何人　知らず　江月何人をか照らす
但见长江送流水　ただ見る　長江の流水を送るを①。

该译文中的主句谓语"知らず"和"見る"几乎和原句中的位置一样，都位于句首，保持了原文的特色。更有甚者，连从句中的谓语都前置，例如王维的《送元二使安西》中的：

劝君更尽一杯酒　君に勧む　更に尽くせ　一杯の酒。②

如果按照日语的词序习惯应该译成：

劝君更尽一杯酒　君に更に一杯の酒を尽くせを勧む。

不仅是宾语从句，状语从句也存在这种情况。杜甫的《饮中八仙歌》中关于李白的名句的翻译是：

自称臣是酒中仙　自ら称す　臣は是れ酒中の仙と。③

句中的"臣は是れ酒中の仙と"是谓语"称す"的内容，作为状语从句出现。因此，在牡丹诗词的复句的翻译时，虽然未必非要如"劝君更尽一杯酒"般极端，但必须遵守主句谓语前置的一般规律。例如韩愈的牡丹诗《戏题牡丹》的第二句"何须相倚斗轻盈"应该译为：

何须相倚斗轻盈　　何ぞ須いむ　相い倚って軽盈と闘はすを。

又如，李清照的牡丹词《多丽》里的"天教憔悴度芳姿"的正确训读应该是：

---

① 中澤希男、澁谷玲子：《漢文訓読の基礎》，教育出版社 2014 年版。
② 天野成之、安斎久美子ほか：《新古典講読 説話 随筆 故事・小話 漢詩》，右文書院 2002 年版。
③ 中洌正堯ほか：《新詳説国語便覧》，東京書籍 2002 年改訂八版。

天教憔悴度芳姿　　天は教ふ憔悴てて痩しに芳しき姿を。

前者是宾语从句，后者是定语从句，两者的主句谓语的位置与原文一致。

其次，训点可以省略。牡丹诗词的句子都不长，最多也就7个字，而且也不复杂，顶多也就是双重复句，只使用"レ点"和"一二……点"即可，"上中下点""甲乙丙……点"和"天地人点"根本用不上。这种短小简单的句子，即使不使用训点也能顺利训读。另外，训点只适合竖版排列的文字，不适合横版。因为，竖版时，振假名、送假名和助词、助动词添加在汉字的右边，返点和再读文字的再读添加在汉字的左边，这样可以一目了然（见图1）。当然，也有横版的训点资料，不过这仅仅是汉字不能竖版排列时的权宜之计。① 由于横版的训点缺乏层次，假名和返点拥挤在一处，反而增加了训读的难度（见图2）。无论是中文还是日文，现在的书写习惯都是横写，所以，牡丹诗词训读时可以省略掉训点的添加这一环节。

图1　日本書紀　卷二十二推古紀（京都国立博物館蔵）

资料来源：冲森卓也：《資料日本語史》，おうふう2004年版，第10页。

孔子ハ問（二）フ禮ヲ於老子（一）ニ。

王ハ施（二）ス仁政ヲ於民（一）ニ。

我ハ浮（二）フ舟ヲ于洞庭湖（一）ニ。

图2　出自《漢文訓読の色葉》

---

① 中林史郎：《漢文訓読の色葉》，http://www.ic.daito.ac.jp/~oukodou/kuzukago/kundoku，1.html，2015。

最后，牡丹诗词翻译时应该尽量限制时态助动词的使用频率。日语中表示时态的助动词有很多，大体上可以分成两大类。第一，过去完了助动词，包括"き""けり""つ""ぬ""たり"和"り"6个；第二，推量助动词，包括"む""むず""らむ""けむ""めり""らし""べし"和"まし"8个。在汉文训读时，精简时态助动词是其特点之一。《关于汉文教授的调查报告》认为，在区别时态时应该使用"り""たり""き"和由"たり""き"组成的"たりき"以及"む"的音变形"ん"。[①] 14 个时态助动词在汉文训读时仅仅有 4 个被使用。除此之外，控制时态助动词的使用频率是汉文训读的第二个特点。权田直助（幕末、明治初期国学家，1809—1887）认为，当时汉文训读的普遍现象是把将来时"信有ラバ"说成现在时"信有ル"，应该说过去时"学ビタリ"时，也说成现在时"学ブ"。[②] 近代以来，表示时态的助动词的数量和使用频率都大幅度减少。因此，牡丹诗词翻译时，应该遵守这个传统趋势，尽可能使用现在时。在必须使用过去完了助动词时只使用"り""たり"和"き"，必须添加推量助动词时只使用"む（ん）"。例如，王维的牡丹诗《红牡丹》中的"春色岂知心"要译成：

春色岂知心　　春色豈に心を知らんや。

之所以使用推量助动词"む（ん）"是因为"豈に"必须与其呼应。

李清照的牡丹词《庆清朝慢》的第二句"雕栏巧护"明显是完了时态，译成现代日语应该是"懇ろに囲われた垣の中"，不过在训读时依然只使用现在时，宜将其译成：

雕栏巧护　　雕欄 巧みに護りて。

结　语

汉文对日语的影响颇大。山田孝雄（国语学家、国文学家，1873—1958）认为现代日语一方面以平安时代的用言的种类及活用为语法的主要

---

① 文部省：《漢文教授ニ関スル調査報告》，《官報》1912 年 3 月 29 日第 17 版。
② 権田直助：《漢文和訓例》，近藤活版所 1903 年版，第 39 页。

内容，另一方面广泛使用由汉文的训读所产生的语法，这两个方面是现代日语语法的主干。① 时枝诚记（国语学家，1900—1967）则从"型"的角度肯定了汉文对日语的巨大作用，"今日の漢字仮名交り文の形式は、漢文訓読形式を型とし、それからの脱化の過程において成立したものである"（现代日语的形式是以汉文训读形式为型，在其后的蜕变过程中形成的）②。由于汉文的广泛而又深刻的影响力，日本自奈良时代以来就有很多汉学家、汉诗人，并且有丰富的汉诗作品流传至今。以汉文训读法为基本翻译方法进行我国古典牡丹诗词的古日语翻译，同时辅以5音、7音句式的现代日语翻译，在当今日语词汇（如宅、萌、治愈系、壁咚等）源源不断地进入中国的背景下，有利于中华优秀传统文化的对外输出和传播。另外，在接受美学视阈下，尊重读者的第一位性，发挥译者的主体性，实践并研究古典牡丹诗词的日译有助于了解汉语强大的历史生命力，有利于明了两种语言的历史交流，进而有利于探究两种语言的内在联系。

虽然汉文训读法历史悠久，影响巨大，是传统的、理想的古汉语文献的日译方法，但是在诗歌的翻译方面，不能有效地保留诗歌原文的韵律美依然是其短板之一。尽管日语固有的"5·7·5·7·7"调短歌诗型本身就是一种"有律无韵"的诗③，因此我们在翻译古典诗词时可以不拘泥于韵律的保留，且汉文原文的音读也能体现一定的韵律，甚至在具体的训读和现代语译过程中，我们通过适当的斟酌变通，也能够部分地保留或体现原有诗歌的格律，但是如何在译文中完美地体现出古汉语诗词的韵律美依然是未能有效解决的重要问题。也就是说，古典牡丹诗词的训读文和5音、7音句式现代日语译文，虽然能够达到"意美"和"形美"，但在"音美"方面仍然存在一定的缺陷。这依然是今后研究中国古典诗词日译以及汉文训读法的重要课题之一。

A Study on the Japanese Translation of Classical Chinese Poetry from the Perspective of Reception Aesthetics

Xiao Chuanguo, Rong Xichao

Abstract：Chinese classical peony culture as a kind of Chinese classical

---

① 山田孝雄：《漢文の訓讀によりて傳へられたる語法》，宝文館出版1970年版。
② 時枝誠記：《文章研究序説》，山田書院1960年版，第344页。
③ 严绍璗：《日本古代短歌诗型中的汉文学形态》，《北京大学学报》（哲学社会科学版）1982年第5期。

poetry culture which plays an important role among the well known foreign cultures in Japan. Studying for Japanese language interpretation of Chinese classical peony culture is conducive to know the long history and internal relationship between Chinese and Japanese language. Under the reception of receptive aesthetics theory and based on Kanbun kundoku interpretative system and combine the advantage of "Doushunten" and "Issaiten", be faithful to the original literature and observe Japanese grammar rules, at the same time assure to reflect the original beauty of rhyme scheme expression for interpretation, we take the way of Kanbun ondoku with annotations for peony varieties and poetry title translation, using Kyujitai for original literature, Shinjitai for "Kakikudasi", and chinese modal particles can be neglected in interpretation. In regard to Saidokumoji, it is necessary to determine whether to reread according to linguistic context meanings and pay attention to collocations as well. The predicate of main clause in complex sentence should be ahead of subject, Kundoku point can be omitted and limit the use of tenses auxiliary. In the modern language translation, the translator's subjectivity can be fully developed on the basis of the 5 tones and 7 tones sentences translation.

Keywords: Classical Poetry; Reception Aesthetics; Japanese Language

"地球村"多元文化教育教学具身认知模式研究*

禚 军**

摘　要：多元文化教育起源于民族多元文化教育，发展至全球多元文化教育。多元文化教育理念推动高等教育教学改革，不断探索新的教育实践路径，培养学生国际理解能力、跨文化交际能力和国际竞争力。吉林外国语大学创建了世界多元文化教育环境"地球村"，为学习者创设了沉浸式、体验式、情景式的多元文化学习环境，并在具身认知理论指导下积极探索多元文化空间建设与全球多元文化教育的新理念、新路径、新方法。具身认知理论强调环境在认知过程中的重要作用，这个环境包括物理环境和个体社会文化环境两个方面。本文以具身认知理论为指导，阐释"地球村"多元文化教育教学的实践体系和模式，即双"四位一体"教育教学体系和模式，进而揭示文化空间建设对于开发多元文化教育教学模式的理论与实践价值。

关键词：多元文化教育；具身认知；"地球村"

兴起于20世纪末的"具身认知理论"突破了传统认知科学心智与身体的二元对立与分离的观点，强调心智与身体一体化，即"在身"学习，身体和环境在学习者的认知过程中发挥着重要的作用。之后，教育领域开始以具身认知理论为指导，开展沉浸式、体验式教学的研究和实践，更加重视教学环境的建设和教学情境的构建。吉林外国语大学"地球村"为学习

---

* 基金项目：本文系2024年度教育部高校思想政治工作质量提升综合改革与精品建设项目"会通中外，协同育人——'地球村'多元文化教育教学模式的探索与实践"（教思政厅涵〔2024〕6号）的阶段性成果。

** 作者简介：禚军（1963— ），男，吉林省辽源市人，吉林外国语大学国际语言文化实践教学中心（地球村）主任，教授，研究方向为外语教育。

者体悟多元文化、提高跨文化能力、推动文明交流互鉴创设了优质的教学环境和育人环境，也为在具身认知理论指导下创新多元文化教育教学模式创造了条件。

一　环境在具身认知理论中的独特地位

具身认知（Embodied Cognition）理论产生于20世纪80年代，其代表性著作是Lakoff和Johnson于1980年发表的《我们赖以生存的隐喻》（*Metaphors we live by*）。该理论主张认知是在身体、大脑、情境与环境的共同参与下完成的，强调身体的体验活动对于认知效果的重要作用，"心智的体验性""认知的无意识性"和"思维的隐喻性"是其基本原则。① "身体的体验"需要身体与环境的交互，没有"环境"何谈体验。所以"环境"在具身学习中具有不可或缺的地位。也就是说，学习者的认知是基于身体通过各种方式的感知活动与环境产生互动而形成的。为什么要与环境产生互动呢？是因为环境中某一事物的属性对于学习者有认知的价值，值得学习者去探究。事物的价值对于学习者具有不同程度的价值，为学习者具身认知提供机会和载体。为此，美国生态心理学家吉布森（James J. Gibson）提出Affordance概念。对此，中国学者给予了不同的翻译，如动允性②、给养性③、供给量④。由此看来，环境的Affordance是人与环境交互的基础和条件。在具身认知过程中，除环境中事物所具有的Affordance属性这一外部条件，还包括学习者已有的知识经验以及认知的需要和期望，对于认知效果极其重要。因此，具身学习环境包括物理环境和个体社会文化环境两个方面。

学习者与周围环境之间不断地交互作用是一种体验式学习，这种学习方式有利于激发学习者的兴趣和加深对学习内容的理解。在具身学习环境中，不同学习者对环境Affordance的感知能力不同，即上述的人与环境交互

---

① 鲁忠义、高志华：《具身认知理论背景下汉语否定句的心理加工研究》，中国社会出版社2021年版，第3页。
② 鲁忠义、高志华：《具身认知理论背景下汉语否定句的心理加工研究》，中国社会出版社2021年版，第5页。
③ 黄国文、王红阳：《给养理论与生态语言学研究》，《外语与外语教学》2018年第5期。
④ 王辞晓：《具身认知的理论落地：技术支持下的情境交互》，《电化教育研究》2018年第7期。

作用的第二个方面（个体社会文化环境），因而获得不同的学习效果，体现了学习者的个体差异性。"地球村"首先是一个物理空间，是一个汇集众多文化元素的学习环境，为学习者提供丰富的具身认知机会。在"地球村"里进行体验式学习，学生先前的文化知识积累程度和语言表达能力水平构成了其社会文化环境，是影响学习效果的重要因素，需要在多元文化教育教学活动设计中充分考虑。

二 "地球村"的多元文化教育环境

吉林外国语大学创建了世界多元文化教育环境"地球村"，为具身学习理论的研究和实践提供了物理环境，也为创新外语教育模式、探索多元文化教育路径搭建了平台。

（一）"地球村"多元文化环境框架

走进"地球村"，首先映入眼帘的是大厅墙壁上，用多种语言镌刻的秦和校长的话"学好外国语，做好中国人"。作为外国语大学，这一理念既是"地球村"环境建设的指导思想，也赋予新时代应用型外语人才培养目标新内涵，即对外语有熟练掌握、对中外文化有辩证理解、对中国文化有充分自信、对专业实践有应用本领，实现家国情怀和全球视野、语言工具性与人文性、语言学习与专业知识的融合。

目前，"地球村"由中国村、英语村、阿拉伯语村、法语村、俄语村等25个场馆构成。各场馆在设计上，结合外语专业教学需求，设置历史、经济、艺术、政治、科技、教育、民俗、服饰等不同文化主题，并以造型、雕塑、实物、展板、声像等媒介形式，展示各个文化主题中具有代表性的文化符号，为学习者打造静动结合、生动直观的学习环境。"地球村"为多元文化教育教学具身认知模式的研究和实践提供了平台，为学生进行情境体验提供了空间，这种环境具有普通教室没有的优势和特色。

（二）"地球村"里的 Affordance 作用

从整体来看，"地球村"构建了"天下大同""和而不同"的多元文化空间，为学习者提供了体验世界多元文化和拓宽国际视野的环境，为培养具有家国情怀和较强的专业能力、跨文化能力、国际传播能力的新时代外语人才，提供了重要的战略平台支撑。2013年，该项目被教育部遴选为国家级实验教学示范中心，被联合国教科文组织命名为"世界多元文化教育中心"。"地球村"中的每一个场馆展示了目标语国家具有代表性的文化元素，构成了语言文化学习的物理环境。这一环境中的每一个文化元素（以不同形式展示）对于学习者都具有感知和引发探究的价值，即Affordance，通过学习者的身心体验和与文化元素的交互生成新的知识和能力。这个"交互"包括感知、探究、表达等过程。

例如，法语村环境展现了丰富的文化元素，包括雕塑"思想者""胜利女神""维纳斯"，以及"制陶工艺"、埃菲尔铁塔模型、法国街边服装店场景、法国巴洛克风格服饰、体现法国红酒文化的酒吧、法国经典的甜点和面包、各种飞机模型和汽车模型、法国香水品牌、皮包品牌、法国艺术家画像及其作品等，使学习者能够感知到法国的文化氛围，激发探究文化内涵意义的动力。又如，德语村构建了德语国家文化学习的环境，丰富多彩的文化符号期待着与学习者的互动。门口的柏林熊热情迎接来访者，它是柏林的象征。场馆内的雕塑作品"不来梅的音乐家"由下至上的四个动物形象驴、狗、猫、鸡，引发学习者去讲述《格林童话》里的一个大家协力作战赶跑强盗的故事。此外，体现新古典主义风格建筑的勃兰登堡门、德国古典主义风格的餐厅、"啤酒角"、汽车模型群等场景对于学习者体验德国文化和进行德语语言实践都具有重要的价值，成为语言文化学习的Affordance。

三 多元文化教育的理解及内涵

多元文化教育是一个比较宽泛的概念。不同环境的多元文化教育会有其独特性。"地球村"作为"世界多元文化教育中心"，为多元文化教育创建了独特的环境。本部分将阐释对多元文化教育的理解及"地球村"多元文化教育的特点。

（一）多元文化教育的发展

多元文化教育（Multicultural Education）起源于20世纪60年代，倡导者希望通过学校教育教学改革实现国家内部的种族平等、人人有平等的受教育机会，各民族的文化能够得以尊重和发展，这是一种"民族多元文化教育"。① 美国学者詹姆斯·班克斯（J. A. Banks）认为，多元文化教育有三重含义：一种理念、一场教育改革运动和一个过程。② 作为一种理念，其可以指导任何国家和文化情境开展多元文化教育，引导教育思想和观念的改变。此外，多元文化教育也是一种实践行动，体现在教育内容和方式方法等的改变，推动教育综合改革。班克斯构建的多元文化教育的五个维度③要求在课程和教学中融入多元文化教育的关键思想和概念，创新课程体系和教学内容体系，并通过具体的教学内容和实践活动落实。

随着全球化时代的到来，不同国家和民族的交往日益频繁，民族多元文化教育的局限性已经不适应全球化的需要。在全球化时代不同文化背景的人共同生活和工作的机会增多，各种文化相互碰撞，也相互渗透、相互融合，人们需要用国际视野和全球意识思考和处理各种问题，并以全球化的眼光去看待色彩斑斓的世界。基于这样的背景，英国著名多元文化教育专家詹姆斯·林奇（James Lynch）提出了全球多元文化教育的理念④，以适应时代发展的需求。该理念主张多元文化教育不仅仅是通过教育促进文化差异性的理解，它同样支撑全球公民教育、国际理解教育、跨文化教育、全球胜任力培养等，因而具有更广泛的意义和应用范围。

全球化下的多元文化具有共同性和多元化的双重属性。因此，全球多元文化教育既要认识到文化的多元生态，也要认识到文化的统一性，使学习者了解和认同全球共同的价值。2015年9月28日，习近平主席在联合国大会发表的《携手构建合作共赢新伙伴 同心打造人类命运共同体》的重要讲话中指出，和平、发展、公平、正义、民主、自由是全人类的共同价值。⑤ 多元文化教育实践旨在帮助学生形成相关的知识、技能和态度，促进国际理解能力、跨文化交际能力和国际竞争力的提升。全球多元文化教育包括相互联系的三个方面内容：本国、本民族的文化教育，他国、他民族

---

① 冯建军：《全球公民社会与全球公民教育》，《高等教育研究》2014年第3期。
② 王涛、郑梦萍：《多元文化教育的当代挑战、研究边界及本土实践——访"多元文化教育之义"詹姆斯·班克斯》，《全球教育展望》2019年第11期。
③ 王涛、郑梦萍：《多元文化教育的当代挑战、研究边界及本土实践——访"多元文化教育之义"詹姆斯·班克斯》，《全球教育展望》2019年第11期。
④ 廖明艳：《詹姆斯·林奇多元文化教育思想及评析》，《教育与教学研究》2016年第4期。
⑤ 习近平：《携手构建合作共赢新伙伴 同心打造人类命运共同体》，《人民日报》2015年9月29日第2版。

文化的教育，跨文化的共生教育。① 这一观点为"地球村"多元文化教育教学内容和方式的创新与实践提供了借鉴。

（二）"地球村"多元文化教育

"地球村"丰富多彩的文化环境为体悟、学习和研究世界多元文化搭建了平台。联合国教科文组织协会世界联合会前任副主席陶西平先生在"世界多元文化教育中心"揭牌仪式上致辞时寄语："地球村必将成为展示多元文化的舞台、沟通多元文化的桥梁、研究多元文化的基地和培养国际化人才的摇篮。"② 所以，"地球村"承载着多元文化教育的使命，通过教育促进学生对全球多元文化社会的思考，拓宽国际视野。秦和校长提出"学好外国语，做好中国人"这一理念，为"地球村"多元文化教育确定了培养目标和基本原则。"会通中外，协同育人——'地球村'多元文化教育教学模式的探索与实践"获批 2024 年度教育部高校思想政治工作质量提升综合改革与精品建设项目（场馆育人作用开发），为"地球村"多元文化教育起到了积极的推动作用。

"地球村"多元文化教育是全球视野下的多元文化教育，旨在引导学生加深理解"文明交流互鉴"和"构建人类命运共同体"的思想内涵，在世界文明百花园中学习和体悟世界先进文化，增强中华文化认同度，增强文化自信。多元文化教育也是学生理想信念教育的重要内容，通过教育活动拓宽学生的全球视野，促进其发奋学习，为未来参与"一带一路"人文交流、推动构建人类命运共同体做好充分的准备。

通过多元文化教育，一是引导学生将"学好外国语，做好中国人"理念内化于心，熟知中华优秀传统文化和当代社会主义先进文化，养成坚定的中国立场和文化自信；二是培养学生熟知不同国家文化知识，增强对文化多样性的认识，了解国际上共同关注的热点话题，形成较强的国际理解能力和参与全球性共同挑战的能力；三是培养学生具备与不同文化背景的人进行有效沟通的能力，包括对外国文化的认知能力、对中外文化差异的分析理解能力、对中国文化的传播能力等。此外，"地球村"也是中小学研学教育基地，为中小学生体悟世界多元文化提供服务，促进中小学多元文化教育。

---

① 冯建军：《全球公民社会与全球公民教育》，《高等教育研究》2014 年第 3 期。
② 秦和：《"地球村"跨文化外语教育研究与实践》，吉林大学出版社 2022 年版，第 192 页。

四 双"四位一体"多元文化教育模式

多元文化教育实践的方式多种多样,"地球村"多元文化教育基于"具身认知理论"和沉浸式多元文化环境,构建了思政教育、课程思政、实践育人、研学体验的"四位一体"多元文化教育教学体系,形成了"体验+探究+表达+评价"的"四位一体"多元文化教育教学方式,贯穿于第一课堂、第二课堂和第三课堂实践活动中。

(一)"四位一体"多元文化教育教学体系

"地球村"多元文化教育实践蕴含在学校的思政课、专业课、第二课堂以及研学等各个维度、各个层次中,形成了立体化和多样化交错发展的多元文化教育教学体系。

1. 思政教育

学校马克思主义学院致力于打造场馆育人思政课品牌,创新思政课实践育人形式。"思想道德与法治""毛泽东思想和中国特色社会主义理论体系概论""形势与政策"等思政课针对不同专业学生,结合课程教学和"地球村"育人环境,开展大学生讲思政课活动,深化对"中华民族一家亲,同心共筑中国梦"的领悟和理解,在文化的借鉴交流中加深对中华文明传承的深刻认知,培养文化自信心和自豪感。

围绕打造实践教学特色优势和体系,构筑"场馆应用、体验教学、观摩交流"等教学环节,把"地球村"场馆育人成效纳入实践学分,夯实实践教学效果。加入全国高校数字化实践教学平台,将"数字思政"与"地球村"网络化育人实践一体抓建,不断丰富资源平台载体。组织"地球村"沉浸式体验教学活动,强化环境育人;培育大学生讲解员团队,服务中小学研学活动;定期举办专业论坛和研讨会、学术交流活动,拓宽学生国际视野;坚持理论研究与实践探索、平台建设与资源建设协同推进,提升思政育人成效。

2. 课程思政

依托"地球村",构建了包括通识课、专业课、"理论+实验"课的多元文化教育课程体系。以"中华文明与文化传承""多元文化与国际视野"为主题,建设融合多元文化的通识课程体系,培养学生全球视野和文化素养。面向全校学生开设的通识课程，包括"中国传统文化专题""西方六国文学经典导读""拉丁美洲国家社会与文化""俄语国家社会与文化"等10余门。依托中国村，创新开设"中国文化外语说"系列课程，包括"中国文化英语说""中国文化德语说""中国文化韩语说"等9门课程，着力培养学生在世界多元文化交流的舞台上传播中国文化的能力。"地球村"课程体系还包括跨文化交际类、目标语国家概况类、外语会话类等专业课程，突出语言与文化的结合。综合外语类课程设计"文化体验与情景交际"的课程实践环节，每学期在"地球村"上课8次左右，创新了这类课程的结构和教学模式，加深了学生对文化的理解。

学校建立了融知识传授、能力培养与价值塑造于一体的"地球村"课程思政教学原则，并贯穿于课程设置、课程大纲设计、实验教学项目设计、教材（讲义）编写、课堂教学、实践活动等环节。在教学方法上注重中外文化关联对比，指导学生分析中外文化异同，增强人类共同价值意识；通过基于文化间性理解的思辨式教学，培养学生跨文化态度和批判意识。2023年，"地球村"课程"中国文化德语说""跨文化交际"2门课程获得吉林省高校课程思政教学典范案例；"中国文化西语说""中国文化英语说""英语国家社会与文化"获得吉林省高校课程思政教学优秀案例。

3. 实践育人

"地球村"通过开展第二课堂文化体验和实践活动，促进多元文化学习和交流。文化交流和实践活动突出跨文化知识的学习、多元文化意识的培养、跨文化情感态度和交流技能的培养，活动形式主要包括专业社团、学科竞赛、文化交流活动、场馆多语讲解等。

专业社团强化语言与文化融合的专业训练，打造了一批品牌社团，如模拟联合国、德语辩论社、意大利语歌唱社、韩国四物社、国际中文教学组织社等。创设了一批独具特色的学科竞赛项目，如跨文化能力大赛、莎士比亚戏剧大赛、多语种演讲比赛、多语种场馆讲解大赛等。文化交流活动，如"地球村"开放日、场馆纪念日、多元文化交流会（中文和英文）等丰富多彩，彰显国际化特色。同时，还举办各种国际文化交流活动，为学生创设多元文化体验和学习的沉浸式环境。

4. 研学体验

"地球村"是长春市中小学生研学实践教育基地，被评为2024年吉林省中小学研学实践教育精品线路。研学活动也为学生专业实践和志愿服务搭建了平台。学校成立了180多人的"地球村"研学志愿服务团队。学生们通过参与接待工作，锻炼了协调组织、沟通交流、项目管理等能力；通过场馆讲解丰富了多元文化知识，拓宽了国际视野，提升了语言表达、沟通交流等能力。研学的同学们在中国村可以感知博大精深的中华优秀传统文化，开展剪纸、书法、学唱京剧等文化体验实践活动。在其他场馆里，同学们可以领略世界丰富多彩的语言和文化，开展文明互学互鉴和多元文化交流实践活动。"我最喜欢中国村，中华民族的优秀传统文化让我感到特别震撼。"吉林省德惠三中一年级的安芊羽激动地说，"这次吉外（'地球村'）之行，让我看到了世界各国文化风情，更感受到了中国文化的博大精深，我也要努力学习，像吉外的哥哥姐姐一样，学好外国语、做好中国人"。①

（二）"四位一体"多元文化教育教学方式

"地球村"多元文化教育各个维度、各个环节在具身认知理论指导下，通过体验环节驱动学习意愿、通过探究活动理解文化蕴意、通过表达过程反馈理解程度、通过评价活动提升学习效果，形成了"体验+探究+表达+评价"的"四位一体"多元文化教育教学方式，呈螺旋式循环发展。

1. 体验：探索沉浸式教学方式

沉浸式教学以其深度的沉浸性、交互性和优质的体验性，成为一种新型的教学形态。这种教学方式能够激发学习者的参与性和积极性，在与教学情境的交互过程中全身心地投入，形成较强的学习内驱力，达到"心智的体验性""认知的无意识性"状态。教师始终处于教学的主导地位，学生的沉浸状态和学习效果的达成需要科学和精心的教学设计去引导和促成。教师在各个教学环节的设计和实施上精心谋划，包括沉浸式学习目标和任务的设计、学习动机的激发、学习材料的选择和输入、学习效果的评价与反馈等。沉浸式学习理论中特别强调的是学生的主体体验，体验式学习是沉浸式教学的过程，这是使学习者达到沉浸状态的基础。学习者在体悟过程中，感知"地球村"文化元素的 Affordance 作用。沉浸式体验教学能够提高学习者学习的参与性与积极性，较好地促进学习者的深度学习。

2. 探究：探索文化符号表征的方式

"地球村"作为一个语言文化学习的物理性空间，由代表目标语国家文

---

① 吉林外国语大学新闻中心：《吉外地球村迎来德惠"小志愿者"研学团》，http://www.jisu.edu.cn/info/1034/6838.htm，2024年。

化的场景模型、实物、雕塑、图片、文字、声像等符号媒介形式构成，多彩多样的文化符号蕴含着丰富的文化内涵及象征意义，使各个场馆成为具有文化表征意义的概念化空间或文化符号系统。关于知识表征尤其是抽象概念，具身认知理论提出概念隐喻理论和知觉符号理论，即"思维的隐喻性"。对于文化符号抽象意义的认知经由语言的表征来实现，因而表征实践活动是"地球村"教学主要的途径。学习者在感知体验的基础上，借助各种资料和方式挖掘文化符号的象征意义，充分发挥学习者与环境的交互作用和学习者的主观能动性。

3. 表述：探索实验教学模式

"地球村"是国家级实验教学示范中心，构建外语实验教学模式是其重要使命，也是学校应用型外语人才培养路径的探索。相对于理论教学而言，实验教学突出学生的具身体验和实践；对于外语学习来说，实验教学重视语言输出，强化听说能力。通过外语实验教学，实现学习者身体、环境、心智共同参与的学习方式，在文化体验的基础上，加深对文化知识的理解。

实验项目是实验教学开展的依据，也是实验教学的主要特征，是实验教材或讲义的核心内容。"地球村"实验项目分为三种类型：技能训练型、综合应用型和探究创新型。实验项目的目标、任务、要求等体现层次性，以满足不同年级、不同语言水平的学习者的需求。对高年级的学生设立更高更深的目标要求，与之相匹配的实验方式有利于目标的达成，如讨论、演讲、辩论等；对低年级的学生设立的目标和要求符合学生的语言实际水平，实验方式可以是对话、角色表演、模仿等。实验教学是"地球村"多元文化教育教学模式的一个重要组成部分。

4. 评价：探索产出导向法与教学的结合

尽管具身认知理论重视身体经验对认知的作用，但是在"地球村"多元文化教育教学实践中，仅仅依靠身体感知达到对文化意义的深层次释义和语言能力的提升是不够的，还需要夯实学习者的文化知识储备和语言能力。根据具身认知的 Affordance 观点，学习者对于"地球村"场馆里的文化符号的感知和互动与其自身的文化知识、语言水平、学习动力等因素有着重要的联系，在实践中表现为学习者的差异性。产出导向法（Production-oriented Approach，POA）以学习中心说、学用一体说、全人教育说为核心理念，驱动、促成和评价三个阶段的教学流程是其核心内容。[①] 产出导向法

---

① 文秋芳：《"产出导向法"的中国特色》，《现代外语》2017 年第 5 期。

不仅仅提出驱动任务，还注重可理解性材料的选择和学习，促成学习者有效达成学习目标，并将评价作为学习过程中的一个环节，强调师生合作评价，做到以评促学，评改结合，通过多元评价促进学习效果的提升。

"地球村"教学评价内容包括语言、文化和实践能力三个维度，体现基础、提高、熟练等不同的等级。依托实验教学，将学生的实验项目完成情况作为平时成绩评定或期末考核的一部分。学生的实验报告和实验作品（包括文本、手工作品、短视频等）也可作为平时成绩中的一项。通过档案袋评价等方式，引导学生记录、描述、反思和分析知识积累和技能提升的成长过程。终结性评价提高学生文化素养和实践能力增值的考核比重。

5. 教学方式方法

在"地球村"教学中，现场教学、情景教学、讨论式教学等是常用的教学方式方法，符合"地球村"教学环境和应用型人才培养的要求。

（1）现场教学

"地球村"现场教学是指教师和学生沉浸在场馆的文化环境中，借助场馆的文化元素，通过现场察看体验、现场讲解、现场答问、现场讨论等形式实现教学目标。具体而言，教师以场馆内各类文化元素为媒介和教具，引导学生在体验的基础上，挖掘文化符合的蕴含意义，使教学更加直观和生动，学生产生一种沉浸状态。例如，在"中国文化英语说"课程中，借助中国村茶楼场景中的茶叶、茶桌、茶台、茶具、茶室环境布置等，讲解中国的茶文化，介绍中国茶的类别，茶具的特点，烹茶、饮茶的流程，使学生能够近距离观察或沉浸式体验，多角度了解和感知茶文化。

（2）情景教学

"地球村"情景教学中的情景既可以是语言村已经呈现出的、客观存在的，也可以是任课教师结合语言村静态和动态文化元素创设出来的，必要时可将实物与影音资源共同使用，营造更逼真的氛围。情景教学可以在教室里创设一个描述性场景实施，而（"地球村"）情景教学仿真性更强，因为有物理文化空间支撑，所以在"地球村"场馆里设计情景教学活动会增强教学效果。教学活动可以是情景对话、角色扮演等。

例如，"朝鲜半岛概况"课中的一个主题：韩国的春节。教师利用韩语村的文化场景及文化道具设计情景，让学生身临其境般地感知韩国春节文化。情景：中国留学生王娜在春节这一天来到韩国朋友金仲基家做客。王娜进门时，仲基一家刚刚结束祭祀活动，仲基向王娜介绍了韩国春节的祭祀文化以及祭祀餐桌的摆放习俗；了解韩国春节的祭祀文化后，仲基妈妈让王娜喝年糕汤，并介绍了这一习俗的寓意；喝过年糕汤后，王娜提出要给长辈拜年问候，仲基叫来妹妹向王娜介绍韩国春节拜年的礼节和做法；拜年结束后，仲基和王娜还有家中的亲朋好友们一起玩游戏，仲基弟弟教王娜韩国春节最具代表性的传统民俗游戏——掷栖游戏。以上情景教学活动加深了学生对韩国春节文化的体悟，同时相关的语言词语、句式也得到了训练。

（3）讨论式教学

在"地球村"里教学，教师可借助各文化符号开展讨论式教学，组织学生对其所代表的意义进行阐释和交流，实现语言与文化的融合、与价值观塑造和引领的结合，提升多元文化素养。讨论式教学更适合高阶思维能力的培养，提高课堂教学的挑战度。教师课前要精心设计讨论话题，课上启发学生发表自己的见解，并对学生的结论进行总结、点评和升华，有效发挥教师的主导作用。

"地球村"教学模式的核心要求是有别于传统课堂教学，是在具身认知理论指导下的沉浸式体验教学活动，其优势在于能够有效激发和保持学生的学习兴趣，进而提高学习效果。在"地球村"里教学，即使是讲授法，也应是现场教学式的讲授，要与场馆里的文化环境产生互动。上述教学方法可以叠加使用，比如在实验教学中采用情景教学、讨论式教学、现场教学（学生讲解）。在一次课中，既可以运用现场教学，也可以设计情景教学活动、讨论式教学活动等。

具身认知理论为探究"地球村"多元文化教育教学模式提供了理论支持，彰显了学习者与环境之间的交互作用在外语学习中的优势。双"四位一体"教学体系和模式勾勒出"地球村"多元文化教育教学的轮廓，这张图需要更多的人参与绘制，通过研究和实践增添内涵和光彩。未来，"地球村"多元文化教育模式一定能为世界多元文化教育增添浓浓的一笔。

Research on the Embodied Cognition Model of Multicultural Education in the "Global Village"

Zhuo Jun

Abstract：Multicultural education originated from ethnic multicultural education and developed into global multicultural education. The concept of multicultural education promotes the teaching reform of higher education, which constantly explores new educational practice paths, and cultivates students' ability of international understanding, cross-cultural communication and global competence. Jilin International Studies University has created the "Global Village", an immersive, experiential and situational multicultural learning environment for learners, and has actively been exploring new ideas, new paths and new methods for the construction of multicultural space and global multicultural education, based on Embodied Cognition Theory. The theory emphasizes the important role of environment in cognitive process, including physical environment and individual social and cultural environment. Guided by Embodied Cognition Theory, this paper explains the practice system and mode of multi-cultural education and teaching in the "Global Village", that is, the dual "four-in-one" education and teaching system and mode, and tries to reveal the theoretical and practical value of cultural space construction for developing multicultural education and teaching mode.

Keywords: Multicultural Education; Embodied Cognition; "Global Village"

父权规训下的女性困境

——韩江《素食者》的一种解读*

宋学清　刘之钰**

摘　要：近年来，韩国女性主义运动再次兴起，承载着韩国女性政治文化诉求的女性文学也引起社会普遍关注。韩江的作品是"质问人间的复杂格斗"，是我们了解韩国女性生存现状，认识韩国性别政治的重要文本。韩江的《素食者》描写了父权制压迫下女性的异化与消亡，凸显了韩国社会的历史遗留问题与女性困境。本文基于韩国的父权制文化与女性主义发展现状，以福柯的规训与惩罚理论为基础，从父权制对英惠的审视与规训出发，剖析韩江《素食者》的荒诞情节，解读父权制对女性的运作机制，展现父权规训下女性的生存困境，探讨女性的社会悲剧，思考韩江的文化批判意识。

关键词：韩江；《素食者》；父权制；规训；女性

自朝鲜王朝建立以来，历代统治者为维持社会秩序和权力稳定，大力推崇儒家文化。儒家文化与韩国传统文化相融合，渗透进社会的各个层面，形成了韩国关于男性与女性的性别政治。女性在道德上从属于男性，被剥夺了道德的自主性，女性被束缚于狭隘的家族关系角色，比如作为女儿、妻子、母亲或者儿媳等角色的存在。这种道德从属地位集中体现在韩国传

---

* 基金项目：本文系吉林省教育厅人文社科研究项目（JJKH20241519SK）、吉林省哲学社会科学规划项目（2023B115）的阶段性成果。

** 作者简介：宋学清（1979—　），男，吉林省集安市人，文学博士，吉林外国语大学中外文化研究院院长，硕士生导师，教授，研究方向为乡土文学、比较文学；刘之钰（2002—　），女，江西省赣州人，吉林外国语大学本科生，研究方向为汉语国际教育。

统社会针对女性的三从四德概念中：妇女未出嫁从父，出嫁从夫，夫死从子。① 男子作为主体在家庭中拥有绝对的权力，女子则处在附属的客体地位，生活在严苛尊卑制度和男性主导的环境里。《素食者》中的女主人公英惠有一个大男子主义的父亲：他固执己见，顽固不化，讲话从不顾及他人的感受。英惠从小笼罩在父亲酗酒和家暴的阴影下，急于逃离原生家庭的英惠选择了婚姻，试图以婚姻解决自己的精神困境，不幸的是英惠从父亲的牢笼"越狱"到丈夫的牢笼，笼罩在她头上的父权制压迫并未得到根本解决。奥古斯特·倍倍尔认为，资本主义制度下的婚姻是一种强迫婚姻，在这样的环境中构建起来的婚姻关系容易成为一种交易行为。英惠的婚姻就是一种"交易行为"，她和丈夫的婚姻并非出于爱情，作为被剥削的一方她对来自丈夫的压迫无权反击。福柯在《性经验史》中指出："结婚后，人就受制于一些'私人义务'：烧热锅中的水，送孩子们上学……初看上去，它只涉及一长串的义务名单，它们充斥于哲人的心中，阻止他关注自己。"② 结婚后的英惠承担下这些"私人义务"，服从她在家庭中的角色定位，成为一具被权力规训后驯顺的肉体，丧失了女性的主体性。作为女性的英惠如何在家庭中被丈夫规训、韩国男权社会对女性规训的运行机制是什么、女性的反抗应该从何处开始——这些都是韩江在《素食者》中思考的问题。

一　女性的规训模式：全景敞式系统下的权力运作

全景敞式主义的规训—机制是指"一种通过使权力运作变得更轻便、迅速、有效来改善权力运作的功能机制，一种为了实现某种社会而进行巧妙强制的设计"③。全景敞式主义的规训—机制以一种非直接肉体惩罚的规训手段进行权力运作，使被规训者时刻处在被监视与自我检视的处境中，最终实现对被规训者的精神控制和思想影响。《素食者》中的英惠始终被笼罩在监视与自我监视中，那种来自父亲、丈夫和整个男权社会的监视。这种长期监

---

① 金荷淑、李红霞：《韩国语境中的儒家思想与女性主义》，《第欧根尼》2017 年第 2 期。
② ［法］米歇尔·福柯：《性经验史（第三卷：关注自我）》，佘碧平译，世纪出版集团、上海人民出版社 2016 年版，第 212 页。
③ ［法］米歇尔·福柯：《规训与惩罚》，刘北成、杨远婴译，生活·读书·新知三联书店 1999 年版，第 235 页。

视最终影响到英惠的女性认同——她开始以男性的视角进行自我监视和自我规训,努力将自己塑造成迎合男性喜好的女性角色。被规训的英惠以贤妻良母的形象出现,生活得既平静又安逸,却在一次反抗后被家人驱逐至精神病院,英惠被视为男权社会的"脱序者",脱离社会期望的英惠被划为边缘人。

在丈夫的眼中,英惠缺乏女性性魅力,却胜在踏实尽职,完全胜任了"平凡的妻子"的职责。平庸的丈夫在美丽聪慧的优秀女性面前感到自卑,于是带有"阿Q精神"式的自我宽慰:"那些用漂亮、聪明、娇艳和富家千金来形容的女子,只会让我感到不自在。"[1] 客体化理论认为,大众媒体对女性身体的刻画导致男人们将女性价值等同于她们在性方面的吸引力。[2] 因此,缺乏性魅力的英惠必然拉低了她的女性价值,这也导致丈夫在面对英惠时感到自在。在丈夫眼里英惠是一个被物化的商品,最显著的观赏价值乏善可陈,便以歧视的态度来看待英惠,自然难以给平庸的男人带来压力,这样的英惠正是适合自己的结婚对象。

在全景敞式主义的规训—机制中,审视者与被审视者时刻处于不平等的位置,每一个失权者都是被时刻审视的一方,但其并不能判断出自己是否正在被审视。[3] 可以说,审视即是权力,他人的审视所带来的不是对于主体的认识,而是一种对于主体的规训,是权力的压迫。在父权制社会男人总是以居高临下的姿态审视女人。英惠因其并不出众的外貌在男人眼中被解构成低价值之物,她的性格伴随与主流审美背道而驰的长相,在男性的审视下被归化为驯顺的身体。

英惠与丈夫以不平等模式共处,在婚姻中彻底丧失主体地位,成为性工具和为家庭洗衣做饭、打扫房间的奴隶。在等级严苛的韩国家庭关系里,英惠失去了身为家庭成员的权利,而掌握话语权的丈夫却可以毫无道德底线地觊觎着大姨子仁惠,认为她比英惠更有女人味:漂亮的双眼皮、总能激起欲望的鼻音、精湛的厨艺、独自操办买房的经济能力……在姐姐性感伶俐的对比下,英惠显得尤其平庸怪异。一次公司夫妻聚会上,英惠不穿内衣的举动使丈夫感到尴尬,她的沉默与对食肉者的凝视更是让众人扫兴,在人们的语

---

[1] [韩] 韩江:《素食者》,胡椒筒译,四川文艺出版社2021年版,第3页。
[2] Fredrickson, B. L., Roberts, T. A. (1997), "Objectification Theory: Toward Understanding Women's Live Experiences and Mental Health Risks", *Psychology of Women Quarterly*, 21 (2), 173-206.
[3] [法] 米歇尔·福柯:《规训与惩罚》,刘北成、杨远婴译,生活·读书·新知三联书店1999年版,第226页。

言羞辱下,丈夫却毫不关心妻子的处境。丈夫从未想过是自己的冷落导致妻子的寡言性格,只为丢失了丈夫对妻子的绝对控制权而愤怒,从此彻底唾弃英惠。丈夫对自己的平庸、冷漠、暴躁,向来只是轻描淡写,却时刻强调妻子的荒谬与怪异,不断"PUA"妻子,并为其加上莫须有的罪名。即使英惠通过求职面试打算去百货公司上班,但是在丈夫眼里她只是"疯疯癫癫要靠精神科开的药,一辈子寄生在老公身上的女人"①。在不平等的夫妻关系中,婚姻并没有成为英惠幸福生活的保障,只是把她推向更加绝望的深渊。

与丈夫不同,姐夫看似是家庭中唯一尊重英惠的男性,表面上欣赏并同情英惠,实则却是因为英惠的胎记而产生了非分之想。姐夫的关心只是短暂的同情,和英惠完成绘画活动后,听着英惠讲食素的原因,他却只"把她前言不搭后语的胡话当作安眠曲,陷进深深的睡眠之中"②。比起父亲、丈夫直接粗暴的压迫,姐夫似乎带有"关爱"的伤害对英惠的影响更大。也正是在姐夫的引导下,英惠顺理成章地日渐将自身植物化,于她而言这是更为沉重的压迫。③

在英惠第一次坚定反抗父权的压迫后,她被贴上了精神病患者的标签。在家庭聚会上,英惠抗拒父亲的强迫喂肉,并在父亲又一次家暴后寻求死亡,被遵规守矩的亲人们排斥在道德的对立面,成为他们眼里的疯女人。亲人们无视英惠的痛苦与压抑,只把她从家庭推向精神病院,将本属于自己的责任交付给医生,他们"把死亡变成了一个笑柄,把他们变成了一种日常的平淡形式,把他们分散在一切的罪恶,苦难和荒唐之中"④。正如福柯提出的愚人船概念:愚人船载着精神错乱的乘客远离城镇被逐放。⑤ 在父母眼中,被放逐的英惠无疑是大逆不道的女儿;在医生眼里,她则是违抗医嘱难以制服的顽固患者,他们并不知晓英惠的创伤,仅仅以骄傲的姿态俯视着"失智"的英惠。家暴后导致女儿自杀的父亲、冷暴力后离婚的丈夫、诱奸后消失的姐夫,趋利避害的男人们只把可怜的英惠当成疯子。疯女人形象在文学作品中的出现,背后则是不究其成因和意志细节的规训制

---

① [韩] 韩江:《素食者》,胡椒筒译,四川文艺出版社2021年版,第75页。
② [韩] 韩江:《素食者》,胡椒筒译,四川文艺出版社2021年版,第119页。
③ 于智雯:《韩江小说中的植物意象隐喻——以〈素食主义者〉为主例》,《吉林省教育学院学报》2020年第9期。
④ [法] 米歇尔·福柯:《疯癫与文明》(第2版),刘北成、杨远婴译,生活·读书·新知三联书店2003年版,第12页。
⑤ [法] 米歇尔·福柯:《疯癫与文明》(第2版),刘北成、杨远婴译,生活·读书·新知三联书店2003年版,第10页。

度：监狱和精神病院。

古典时代用一种特殊的强制行为使疯癫归为沉寂，现代社会用禁闭代替了驱逐，精神病人被送入医院与他人隔绝。① 福柯指出疯癫是被话语构建出来的一种社会性疾病，由话语权掌握者进行判断。英惠在家庭中作为失权者，被以父亲为代表的家人判定为精神病患者，住进医院后又成为病人，必须无条件地服从医生的治疗。即使在英惠的举止已经逐渐正常后，人们却"依旧把不肯吃肉这件事当成了她没有恢复正常的证据"②。在精神病院中，医者化身为理性的、科学权威的代言人，以一种相对文明的规范使疯癫重归理性：当医院的工作人员看见在墙边倒立的英惠时会立马把她扶起来，当英惠从医院出逃至山上时会把她抓回去。这些看似科学的手段加剧了英惠的精神崩溃。掌握话语权的父母和丈夫将英惠判作精神病患者驱逐至医院并断绝来往，以彰显自己的理智与高洁——"突然变得年迈体虚的父母再也不愿见到二女儿了，就连大女儿也断了联系，因为看到她就会想起那个禽兽不如的女婿"③。

二 生命权利的生产性

美国人类学家盖尔·鲁宾最早提出了社会性别这一概念，社会性别作为一种文化构成物，关注的是男女双方在社会文化的建构下形成的性别气质、性别规范和性别角色。社会性别并非基于男女生理的性别，而是通过社会的规训后天形成的性别特征。孩童自幼便受到相应的性别角色观念塑造，最终形成权力期待下的社会性别。在父权制度与家庭关系中，在女性中培养一种有利于父权运作的性别意识，这种权利主要体现为对女性特征的定义，女性被赋予一种更加适合家庭的性别特征：勤俭持家、相夫教子。因此"传统意义上的女性特征，并非自给自足的，以自我为中心的女性特征，而应该是以男性为取向的，令男人喜欢的、为男人服务，补充男人的"④，而这种社会性

---

① ［法］米歇尔·福柯：《疯癫与文明》（第2版），刘北成、杨远婴译，生活·读书·新知三联书店2003年版，第41—65页。
② ［韩］韩江：《素食者》，胡椒筒译，四川文艺出版社2021年版，第68页。
③ ［韩］韩江：《素食者》，胡椒筒译，四川文艺出版社2021年版，第141页。
④ ［德］西美尔：《金钱、性别、现代生活风格》，刘小枫选编，顾仁明译，华东师范大学出版社2010年版，第147页。

别的定位一直延续到现代韩国。

在《树火》篇中,我们从姐姐仁惠的口中得知,童年时期的英惠常常是父亲家庭暴力的对象,因为姐姐承担着为父亲煮醒酒汤等家庭工作,从而免予挨打。正如西蒙娜·德·波伏瓦在《第二性Ⅱ》中所说:女人并不是生就的,而宁可说是逐渐形成的。① 服从和避免冲突的观念促使英惠在成长过程中将自己塑造成一个沉默勤劳的贤惠女子,最终成为丈夫眼中尽职却无趣的保姆,在一定程度上导致了她的婚姻悲剧。英惠的女性形象是在家庭和社会的父亲制规训下养成的,在"维持家庭制度和社会礼仪的名义下,妇女被歇斯底里化了,为此,要对她们的身体和性进行细致的诊断和治疗……必须是以个体的规训需要为支点的"诊断和治疗。② 然而这种诊断和治疗又是以男性为评判者,因此在英惠决心不再做父权制度的奴隶,以坚决的食素意向与违背父亲的命令作为反抗后,她便不再符合男性想象,被众人视为疯癫之人,父母唾弃她、丈夫远离她、情人背弃她……

相反,姐姐仁惠在家庭与社会的规训下成为男性期待中的女性形象:"她从小就拥有着白手起家的人所具备的坚韧性格和与生俱来的诚实品性,这让她懂得必须独自承担生命里发生的一切。"③ 然而就是这样一位女性,也得不到男性的认同。姐夫作为一个情感充沛的艺术家,瞧不起稳重持家但不懂艺术的妻子。他能够敏锐地察觉到妻子的情绪,却仍旧有违伦理地出轨自己的小姨子英惠,对自己的妻子与家庭毫无责任可言。被家庭困住的仁惠作为长女要顾念父母、照顾妹妹,作为妻子要照顾丈夫、忍受丈夫的遗弃,作为母亲要独自抚养孩子。仁惠在沉重的社会角色中逐渐麻木,完全失去了作为女性的自我意识,放弃了自己的生活。在妹妹生病后仁惠不断进行自我反省:"无法阻止那天动手的父亲吗?无法夺下英惠手中的水果刀吗?……真的无法阻止那些围绕在自己周围的、所有人的人生都像空中楼阁一样轰然倒塌吗?"④ 不同于撒手不管的父母、一走了之的丈夫、逃避责任的妹夫,仁惠把所有责任都归咎在自己身上,在不断地自我审视中

---

① [法]西蒙娜·德·波伏瓦:《第二性Ⅱ》,郑克鲁译,上海世纪出版股份有限公司、译文出版社2011年版,第9页。
② [法]米歇尔·福柯:《性经验史》,佘碧平译,世纪出版集团、上海人民出版社2016年版,第194页。
③ [韩]韩江:《素食者》,胡椒筒译,四川文艺出版社2021年版,第142页。
④ [韩]韩江:《素食者》,胡椒筒译,四川文艺出版社2021年版,第139页。

否定自我，完成了男权审视后的自我审视。在仁惠和英惠的自我规范背后，隐藏着父权制更为强大的权力支配系统。

"长期以来，最高权力的典型特权之一就是生杀大权。无疑，它形式上源自古老的'patria potestas'（父权），它赋予罗马家庭的父亲以'操持'子女和奴隶生死的大权。他'给予了'他们生命，也可以收回它。"不同于古典时代绝对的杀生大权，"我们可以说'让'人死或'让'人活的古老权利已经被'让'人活或'不让'人死的权力取代了"①。生命权利的一种是规训权利，将自身运用于当下的日常生活中，凭借个体的自我理解进行规范运作，通过一系列温和的调控得到驯顺有用的个体。"规训关系的另一面是惩罚，是一种既细致入微又连续不断的惩罚压力。"②残暴地杀害并吃掉宠物狗、持续到成年的巴掌……英惠在大男子主义的父亲的暴力规训下成长为低眉顺眼的女子："少言寡语，很少开口向我提什么要求。即使我下班回来晚了，她也不会抱怨。有时难得周末两个人都在家，她也不会提议出门走走。"③夫妻关系中，她顺应了传统上"男主外女主内"模式中的妻子角色为丈夫洗衣做饭，却仍然需要工作以补贴家用。与之对立的丈夫，即使在周末空余时间也只是独自打游戏，从不顾及家务琐事，更不关心英惠在房间里做什么。在习惯丈夫的冷暴力与逃避责任后，英惠变得麻木，并未因自己独自操劳守护着家庭而反思，甚是在丈夫的要求下在酷热的暑天穿上了背心，她知道"自己难以忍受胸罩紧勒着乳房"，但不奢求从未被内衣问题困扰的丈夫能够理解自己的处境，以至于在丈夫的认知里"其他女人都没有像她这样讨厌穿胸罩"④，因此"对她的过激行为感到很诧异"⑤。在此基础上，丈夫的规训范畴进一步扩大，在英惠做饭时无情催促、在英惠受伤后对她怒吼……这种渐进的规训具有温和而稳定的特性，是对生命活动的持续性微观控制⑥，以看似人道的惩罚隐蔽地作用于灵魂。这一过程使得英惠在无意识的过程中奴化。不同于监狱下的强制性监禁与刑罚，

---

① ［法］米歇尔·福柯：《性经验史》，佘碧平译，世纪出版集团、上海人民出版社2016年版，第182页。
② 张一兵：《小事情和细节支配：资本主义规训的微观控制论——福柯〈规训与惩罚〉解读》，《东岳论丛》2015年第5期。
③ ［韩］韩江：《素食者》，胡椒筒译，四川文艺出版社2021年版，第3页。
④ ［韩］韩江：《素食者》，胡椒筒译，四川文艺出版社2021年版，第4页。
⑤ ［韩］韩江：《素食者》，胡椒筒译，四川文艺出版社2021年版，第4页。
⑥ Foucault M., *Psychiatric Power*, Translated by Burchell G., New York: Palgrave MacMillan, 2006: p.51.

丈夫以深入灵魂、思想、意志和欲求的惩罚规训着英惠。这种规训权利并非作为一种物被占有，而是作为一种机制在发挥作用。

三　走向消亡的反抗

做那场梦的前一天早上，我切了冷冻的肉。你气急败坏地催促我：
"妈的，怎么这么磨蹭啊？"

你知道的，每当你要着急出门时，我就会手忙脚乱。我越是想快点，事情越是会变得乱七八糟，我慌张得仿佛变成了另外一个人。快，再快点，我握着刀的手忙个不停，后颈变得越来越烫。突然切菜板往前滑了一下，刀切到了手指。瞬间，刀刃掉了一块碴。

我举起食指，一滴血绽放开来，圆了，更圆了。我把食指含在口中，鲜红的颜色伴随着奇特而甜滋滋的味道让我镇定了下来。

你夹起第二块烤肉放进嘴里咀嚼，但很快就吐了出来。你挑出那块闪闪发光的东西，暴跳如雷地喊道：
"这是什么？这不是刀齿吗？"

我愣愣地看着一脸狰狞、大发雷霆的你。
"我要是吞下去了可怎么办？你差点害死我！"

不知道为什么，当时我一点也不吃惊，反而变得更沉着冷静了，就像有一只冰冷的手放在了我的额头上。周围的一切如同退潮般离我而去，餐桌、你、厨房里的所有家具。只有我和我坐的椅子留在了无限的空间里。

隔天凌晨，我第一次见到了仓库里的血泊和映在上面的那张脸。①

法国后现代主义哲学家德勒兹将身体分成摩尔线、分子线与逃逸线，用以形容人的生存方式和社会制度形态，当身体的去机体化强度由低向高上升到一定值时，会出现身体被过度的强度毁灭的情况。② 英惠经历了丈夫突如其来的暴力，在事件发生后的隔天凌晨，第一次遭受到噩梦的困扰。乔治·莱考夫和马克·约翰逊在《我们赖以生存的隐喻》中指出，隐喻构

---

① [韩] 韩江：《素食者》，胡椒筒译，四川文艺出版社2021年版，第17—18页。
② 李震、钟芝红：《无器官身体：论德勒兹身体美学的生成》，《文艺争鸣》2019年第4期。

建了我们日常生活中的概念。在梦境中,血腥的肉块不单是梦魇的源头,也映射英惠童年所受家庭暴力与受到男权社会下的束缚与压迫。在噩梦过后,英惠决定成为一名"素食者",开始对自己的身份进行深刻的反思和探索。她拒绝吃肉,不仅表示对家庭的抵抗,更象征着她对整个父权社会的反抗。

食肉者身为动物,利用自身的权力对低等动物进行压迫,在弱者身上寻找利益,英惠不忍心进行如此杀戮,即不愿身为女性却做父权的帮凶残害他人。她本质善良。她喜欢自己的乳房,认为它没有杀伤力,不会成为伤害人的凶器。这也暗示了英惠的结局:成为一棵树,不靠压榨与剥夺,只需阳光和水分便能进行光合作用自己给足。在韩江的小说中,女性的身体书写有着非常重要的意义,她们的病态与异常行为,都展现出了女性在家庭和社会中所受的压迫。[①]《素食者》并非韩江笔下的第一例人物异化,早在其姊妹篇《植物妻子》中便曾出现过人变成植物的写法,这可追溯到韩国的巫术文化中。在朝鲜半岛从中国引进的佛教和儒教之前,盛行的是本土宗教巫教。巫教属于萨满教的一种,而萨满教最大的特点就是崇尚万物有灵论,植物因其旺盛的生命力和繁殖能力,成为萨满教的崇拜对象。[②]正如作者所说,对英惠而言,这是抗议人类生活和认为理所当然的暴力的一种方式,其选择素食主义的原因是,它可以被视为一种完美主义的纯洁方式,因为它没有犯下任何暴力。

韩国自朝鲜王朝时期开始推崇儒家文化"未嫁从父、既嫁从夫、夫死从子"的思想,即使到了现代社会,现行制度仍是造成女性主体地位丧失的原因。韩国的户主制规定,男女结婚后,女子把自己的户口迁入男子户主的户籍内,即称"入夫婚"(民法第826条第3款);离婚后即使子女的养育权划归为母亲,也不得把子女的户口迁入母亲的户籍内(民法第781条第1款)……此外,女工被作为首选的减员对象,其理由是,男的是家长,应该有工作。[③]糟粕的观念与文化,控制着韩国女性的一生。她们的主体地位在无处不在的非主体意识里消散。两性地位历史地、长久地处于不平等之中,女性成为独立于主体的第二性,在传统父权制的影响下,被赋

---

① 赵新宇:《迟子建与韩江小说的生态女性主义比较研究》,硕士学位论文,黑龙江大学,2022年。
② 何佳容:《韩江小说中的暴力主题研究》,硕士学位论文,河北大学,2024年。
③ 李淑仁:《从女性主义观点审视韩国的家族观念》,《当代韩国》2004年第1期。

予了一种极具男性喜好特色的女性气质。① 在资本主义洪流的推动下，男性对女性的要求逐渐向新式贤妻良母靠齐，在承担家庭中重担的同时还需要走出家庭外出劳作生产。虽不同于以往妻子完全依赖丈夫的经济支持，在韩国社会中大多数的男性在家庭中仍拥有绝对权力。

作为性别不平等问题最严重的国家之一，韩国女性运动从开化时期至今已有一百多年进程，在进入 21 世纪后运动形式变得多样化。当下的韩国社会中，性别问题仍是绕不开的议题。近年来韩国娱乐圈不断爆出的性丑闻，从 2016 年首尔发生的江南随机杀害女性事件、后来的 N 号房事件，再到最近的韩国男性用 DeepFake 技术将熟人女性换脸，做成色情影像在"电报"群组传播的事件……② 在当前的韩国女性运动中，文学成了女性发声的主要阵地。韩江的文字是其中最响亮与特别的声音之一。2016 年，韩江的小说《素食者》，从大江健三郎、奥尔罕·帕慕克和埃莱娜·费兰特等 154 名竞争对手的作品中脱颖而出，获得了布克国际文学奖。她成为首位获得该奖项的亚洲作家。同年，赵南柱作品《82 年生的金智英》登上韩国的畅销书榜首。韩国社会普遍存在的厌女问题热度迅猛上升，女性运动如火如荼地进行着。韩国将 2016 年称为"女性主义元年"③。在韩江作为韩国作家首次获得诺贝尔文学奖后，韩国文学、出版界欢呼道，"这是向世界宣传韩国文学地位的一大壮举"。

韩国有分析认为，韩江既是亚洲作家，又是女性作家，她的作品直面历史悲剧，同时又富有诗意的文风，是其获得诺贝尔文学奖的主要原因。文学村编辑局局长李贤子（音）表示，"在世界各地发生战争和矛盾的悲剧中，韩江的作品唤起了人们的共鸣，诺贝尔文学奖委员会也给予了高度评价"。他还称，作家韩江获得诺贝尔文学奖将成为引起读者对文学作品关注的契机。④ 然而，韩江的获奖并没有受到所有人的欢迎：《韩国时报》10 月 23 日发布，韩国家长协会联合会呼吁学校下架诺贝尔奖获得者韩江的《素食者》，认为该书对未成年人有害；一些极右翼人士和媒体指责她是"左翼

---

① 朱玲：《马克思主义妇女观视域下建党以来中国女性主体意识研究》，硕士学位论文，陕西理工大学，2024 年。
② 王云月：《韩国妇女运动史小考》，《大众文艺》2021 年第 18 期。
③ ［韩］全智妮：《女性主义重启后韩国女性电影的一面——电影〈82 年生的金智英〉论》，《现代电影研究》2020 年第 3 期。
④ hani.co.kr 한강의 기적，2024.10.11，https：//www.hani.co.kr/arti/culture/culture_ general/1162021.html.

女权主义环保主义者",试图通过对作品的扭曲解释来贬低她的成就。由此看来,韩国女性主义运动还有很长的路要走。

结　语

《素食者》描写的是誓死不愿加入人类群体的女性的消亡史,对作品的解读能够让读者更加深刻地认识它。正如亚里士多德所指出的,悲剧的作用不仅仅是为了娱乐,悲剧的主要作用在于唤起人们的怜悯和恐惧之情,并通过这种情感达到净化心灵的效果。① 然而在今天的韩国社会中,即使韩江成了韩国历史上第一位获得诺贝尔文学奖的人,她的作品仍不被一些群体正视。这正体现出规训与微观权力的联系——在更强的权力中,对生命和话语的干预和控制力量将更加强大。他们或许也需要"打倒孔家店,救出孔夫子",或许只有一切坚固的东西都烟消云散了,一切神圣的东西都被亵渎了,我们才终于不得不冷静地直面他们生活的真实状况和他们的相互关系。

Women's Dilemma under the Discipline of Patriarchy:
An Interpretation of Han Jiang's "Vegetarian"
Song Xueqing, Liu Zhiyu

Abstract: In recent years, the Korean feminist movement has risen again, and the female literature carrying the political and cultural demands of Korean women has also aroused widespread concern in the society. Han Jiang's works are "complex fighting between human beings", which is an important text for us to understand the current situation of Korean women's survival and understand Korean gender politics. Han Jiang's "vegetarian" describes the alienation and demise of women under the oppression of patriarchy, highlighting the historical problems and female dilemmas of Korean society. Based on the development of patriarchal culture and feminism in South Korea, this paper takes Foucault's discipline and punishment theory as the basis, starting from the examination and discipline of pa-

---

① [古希腊]亚里士多德:《诗学》,陈中梅译注,商务印书馆1996年版,第97页。

triarchy to Ying Hui, analyzes the absurd plot of Han Jiang's "vegetarian", interprets the operation mechanism of patriarchy to women, shows the survival dilemma of women under patriarchy discipline, discusses women's social tragedy, and thinks about Han Jiang's cultural critical consciousness.

Keywords: Hanjiang; *Vegetarians*; Patriarchy; Discipline; Women

高校思政与红色文化研究

论构建民办高校思想政治工作治理体系[*]

张会军[**]

摘　要：民办高校落实立德树人根本任务，必须适应新时代发展要求，着眼"五育并举""三全育人"，从思想政治工作全局出发，整体谋划、系统抓建、综合治理，积极构建思想政治工作治理体系。结合民办高校发展要求，从完善"治理体系"的要素构成和彰显"教育、科技、人才"的支撑作用出发，探索由组织领导体系、法规制度体系、运行机制体系、管理服务体系和督导评价体系等构成的相对独立、彼此协调、有机衔接的民办高校思想政治工作治理体系，对于加强和改进民办高校思想政治工作、推进治理体系和治理能力现代化具有重要的现实意义。

关键词：民办高校；思想政治工作；治理体系

党的二十届三中全会强调，"完善思想政治工作体系"[①]。这是赢得推进国家治理体系和治理能力现代化历史主动的必然要求，也是 2035 年基本实现社会主义现代化的题中应有之义。"思想政治工作是学校各项工作的生命线"[②]，民办高校思想政治工作是民办高校各项工作的生命线。站在新的历

---

[*] 基金项目：本文系吉林省高等教育教学改革研究课题"民办高校思想政治工作治理体系研究"（20213F24843009S）研究成果。

[**] 作者简介：张会军（1978—　），男，辽宁省沈阳市人，博士，吉林外国语大学马克思主义学院副教授，硕士生导师，研究方向为思想政治教育。

[①]《中共中央关于进一步全面深化改革　推进中国式现代化的决定》，人民出版社 2024 年版，第 32 页。

[②]《习近平在全国教育大会上强调　坚持中国特色社会主义教育发展道路　培养德智体美劳全面发展的社会主义建设者和接班人》，《人民日报》2018 年 9 月 11 第 1 版。

史起点上，实现民办高校高质量发展，必须坚持以习近平新时代中国特色社会主义思想为指导，全面落实习近平总书记关于教育的重要论述，扎实贯彻各项政策和文件精神，推进民办高校治理体系和治理能力现代化。为此，必须增强认识、系统谋划，主动谋划和适应"大思政"工作格局，积极构建民办高校思想政治工作治理体系。

一　构建民办高校思想政治工作治理体系的现实意义

抓好民办高校思想政治工作，对于全面落实立德树人根本任务、提升人才培养的质量效益、确保办学治校的正确方向，具有重要的现实意义。随着高校教育教学的信息化、智能化、数字化发展，针对民办高校思想政治工作面临的挑战和机遇，必须实现从静态的丰富"内容要素"到动态的多元"治理要素"的转变，实现从健全"内容体系"到完善"治理体系"的转变。

（一）这是落实政策文件的现实举措

党和国家政策文件明确了民办高校思想政治工作所遵循的行动原则和任务要求。2020年4月22日发布的《教育部等八部门关于加快构建高校思想政治工作体系的意见》，2021年4月28日发布的《中共中央　国务院关于加强基层治理体系和治理能力现代化建设的意见》，2021年7月12日中共中央、国务院印发的《关于新时代加强和改进思想政治工作的意见》，2022年7月25日教育部等十部门印发的《全面推进"大思政课"建设的工作方案》，2022年10月党的二十大报告强调，"用社会主义核心价值观铸魂育人，完善思想政治工作体系，推进大中小学思想政治教育一体化建设"[1]。这些文件、指示精神，从党领导加强思想政治工作到完善思想政治工作体系、从加强和改进基层治理到打造现代化的基层治理新格局，为新时代加强和改进高校思想政治工作指明了正确方向和清晰思路，使得构建高校思想政治工作体系及其治理体系，更具必要性、紧迫性和现实针对性。

---

[1] 习近平：《高举中国特色社会主义伟大旗帜　为全面建设社会主义现代化国家而团结奋斗——在中国共产党第二十次全国代表大会上的报告》，人民出版社2022年版，第44页。

新时代民办高校深入落实立德树人根本任务，事关培养大批中国特色社会主义事业建设者和接班人的历史重任，事关坚持社会主义办学方向、推动持续健康发展的长远大计，必须抓紧抓好。这就要求我们要落实政策文件精神，激发"新质生产力"，解决民办高校思想政治工作建设的瓶颈问题，努力构建和完善民办高校思想政治工作治理体系。

（二）这是解决实际问题的客观需要

问题是时代的声音，回答并指导解决问题是理论的根本任务。问题也是创新的起点，发现问题、研究问题、解决问题，始终是推动民办高校创新发展的不竭动力。当前，民办高校思想政治工作在思想认识、治理结构、工作队伍等方面还存在比较突出的问题，如"对民办高校办学定位、育人目标存在认识偏差""民办高校党组织领导的政治责任没有落实到位""思想政治工作人员数量不足、素质不高"[①] 等；同时，民办高校实行董事会或理事会领导下的校长负责制，这与公办高校在领导体制上具有现实的差异性；部分民办高校落实2006年出台的《关于加强民办高校党的建设工作的若干意见（试行）》还不到位，党组织发挥政治核心和监督保证作用还不够深入。调研情况表明，思想政治工作体系还不健全、主体责任不够清晰，"思政育人"各环节衔接不够连贯，在日常教育、思政课堂、实践教学、教师队伍、课程思政、网络思政等方面缺乏有效的协同机制，都是制约民办高校思想政治工作高质量发展的因素。因此，必须坚持问题导向，探索构建彰显民办高校特色、具备系统治理效能、具有现实可操作性的思想政治工作治理体系，大力推进民办高校内涵式、高质量发展。

（三）这是适应时代发展的必然选择

进入新时代以来，随着教育教学方式、方法的不断变革，民办高校思想政治工作更趋于网络化、体系化、数字化——这是适应高校治理模式现代化进程的必然要求。当前，如何彰显党组织和党员骨干的辐射带动效应，切实发挥党组织政治核心引领作用；如何强化党的创新理论武装，深入推进习近平新时代中国特色社会主义思想进教材、进课堂、进学生头脑；如何做好宣传思想文化工作，激励师生践行社会主义核心价值观；如何发挥"思政课程"与"课程思政"的协同效应，助力提升"大思政"育人成

---

① 丘文苑：《民办高校党建与思想政治工作存在的问题及对策》，《活力》2022年第4期。

效……成为民办高校思想政治工作创新发展必须面对的现实课题。为此，从厘清组织结构、内容要素、工作体系、建设标准入手，科学构建和完善有利于民办高校思想政治工作高效运行的治理体系，就成为增强其时代感、针对性和实效性的基本逻辑和行动起点。因此，必须顺应时代要求、强化政治定位、夯实思想引领、探索方法路径，科学构建民办高校思想政治工作治理体系。

二　构建民办高校思想政治工作治理体系的原则遵循

构建民办高校思想政治工作治理体系是一项系统工程。从实际调研情况来看，民办高校思想政治工作体系及其治理体系的模式并非千篇一律，而应当结合各自的鲜明特色和发展优势，遵循相应的构建原则，切实落实立德树人根本任务、恪守当代马克思主义世界观和方法论、有机融合"大思政课"建设要求，助力实现思想政治工作的目标任务。

（一）落实立德树人根本任务

构建民办高校思想政治工作治理体系，首先必须有利于落实立德树人根本任务。从提出"要坚持育人为本、德育为先，把立德树人作为教育的根本任务"① 到党的十七大首次确立"育人为本、德育为先"教育理念，再到重申"落实立德树人根本任务"②，以及党的二十大再次强调"全面贯彻党的教育方针，落实立德树人根本任务，培养德智体美劳全面发展的社会主义建设者和接班人"③，都表明"立德树人"是我们党的一贯主张。因此，民办高校坚持社会主义办学方向，必须"实施新时代立德树人工程"④，在丰富的教育教学实践中，从党建引领、日常教育、思政课程建设、课程思政育人等方面，积极构建思想政治工作治理体系，大力促进"人的全面

---

① 胡锦涛：《在全国优秀教师代表座谈会上的讲话》，《人民日报》2007年9月1日第1版。
② 习近平：《决胜全面建成小康社会 夺取新时代中国特色社会主义伟大胜利——在中国共产党第十九次全国代表大会上的报告》，人民出版社2017年版，第45页。
③ 习近平：《高举中国特色社会主义伟大旗帜 为全面建设社会主义现代化国家而团结奋斗——在中国共产党第二十次全国代表大会上的报告》，人民出版社2022年版，第34页。
④ 陈宝生：《认真学习贯彻全国教育大会精神 开启加快教育现代化、建设教育强国新征程》，《人民教育》2018年第19期。

发展",全面推动"立德树人"。

(二) 恪守"六个必须坚持"

构建民办高校思想政治工作治理体系,必须坚持运用当代中国马克思主义的世界观和方法论,也必须做到"六个坚持"。坚持"人民至上",就是要围绕学生、关照学生、服务学生,充分发挥学生主体地位,努力培养新时代好青年,这是构建思想政治工作治理体系的根本立场;坚持"自信自立",就是更加注重举旗帜、聚民心、育新人,用党的创新理论铸魂育人,激励学生增强"四个自信",这是优化思想政治工作治理体系的政治引领;坚持"守正创新",就是敢于突破旧有观念,围绕民办高校思想政治工作发展趋势和本质要求,遵循高校思想政治工作规律、教书育人规律、学生成长规律,切实保证思想政治工作高质量发展;坚持"问题导向",就是要抓住影响民办高校思想政治工作建设发展的突出矛盾和问题,把控风险隐患、着力解决顽瘴痼疾,以强烈的责任意识推动解决各类现实问题;坚持"系统观念",就是要将"三全育人"与"课程育人、科研育人、实践育人、文化育人、网络育人、心理育人、管理育人、服务育人、资助育人、组织育人"这十大育人体系融合建设、系统抓建、协调推进;坚持"胸怀天下",就是在把握"两个大局"、坚守教育"三个面向"中做好民办高校思想政治工作,扩展"大视野"、塑造"大格局"、构建"大体系"。

(三) 融合"大思政课"建设

"大思政课"建设是伴随思政课建设、日常思想政治工作、课程思政的全面推进和彼此融合而展开的。调动各类资源、开门办思政课、重视实践教学、坚强思政教师队伍,这与构建思想政治工作治理体系有异曲同工之处,二者高度融合于"促进全面发展、培育时代新人"。强调构建民办高校思想政治工作体系,实际上也是以构建"大思政"育人格局、落实"大思政课"建设要求为基础,更强调主体责任、建设标准、目标要求等内容。换言之,融合"大思政课"建设是构建治理体系的题中应有之义,有利于推动构建民办高校思想政治工作运行新模式。不同体制类型、不同专业设置、不同培养目标的民办高校,可以采取适合自身发展和建设特点的思想政治工作治理体系或治理模式。构建治理体系要融合"大思政课"建设,聚焦落实立德树人根本任务,把握提高学生思想素养这条主线;要融合实现"体系目标"和"育人目标",科学把握其内容要素、关键环节、重点任务,不断完善制度机制、建强师资队伍、落实培养目标,加快构建特色鲜明、彼此衔接、务实高效的思想政治工作治理体系。

三 构建民办高校思想政治工作治理体系的总体设想

构建民办高校思想政治工作治理体系,其关键在于理顺领导管理体制,完善董事会或理事会领导下的校长负责制,明晰监事会监督职能,突出党组织政治核心和监督保证作用。在工作内容上,要明晰思想政治工作自身的体系要素及其关系,即涵盖党建引领、理论武装、队伍建设,包括学科教学、网络思政、文化建设、心理服务等在内的内容体系及其制度机制;在主体责任上,要明确工作体系对应的责任主体及其职能,在组织领导、法规制度、体系运行、管理服务、督导评价等运行体系中建构起全方位、立体化的治理体系。

(一)把握民办高校思想政治工作治理体系的功能定位

构建民办高校思想政治工作治理体系,必须着眼提升思想政治工作系统性、整体性、协同性,加强顶层设计、完善体系要素、协调一体推进,积极构建"目标明确、内容完善、标准健全、运行科学、保障有力、成效显著"的思想政治工作体系,推动落实理论武装、学科教学、日常教育、管理服务、安全稳定、队伍建设、评估督导等方面工作。为提升治理效能,要坚定政治方向,做到显性教育与隐性教育相统一、思想引导和解决问题相结合、广泛覆盖与分类指导相衔接;要变"各自为政"为"协同联动",充分发挥"大思政"工作格局的合力效应;要注重系统治理,统筹协调、连通平台、科学评价,以期实现建设过程和建设效果的双向治理。

需要强调的是,民办高校思想政治工作治理体系是建立在其工作体系上的组织领导、法规制度、运行机制、管理服务以及督导评价等方面的建设系统,其所追求的并非千篇一律的僵化模式,而是彰显特色和个性、突出重点环节、动态发展的开放体系,体现了其推动系统化治理、高质量发展、兼具可操作性的方法措施。探索构建合理有效的治理体系,旨在更好地落实立德树人根本任务、担负起培育时代新人的历史重任，更好地融合"大思政"格局、完善民办高校人才培养体系，更好地完善思想政治工作体系、实现铸魂育人的预期成效。

（二）探索民办高校思想政治工作治理体系的逻辑架构

如图1所示，着眼提升民办高校思想政治工作治理效能，应从构建"组织领导体系、法规制度体系、运行机制体系、管理服务体系、督导评价体系"这五大治理体系入手。组织领导体系是思想政治工作的领导主体，法规制度体系是思想政治工作的根本依据，运行机制体系是思想政治工作的实现路径，管理服务体系提供了做好思想政治工作的有力支撑，督导评价体系是判断思想政治工作成效的质量标准。这些体系协同有序，彼此交叉融合，共同形成了民办高校思想政治工作的要素结构和运行机制。"五大治理体系"落实在具体操作层面，体现为"党建引领、理论武装、日常教育、学科教学、队伍建设、安全防范"六个方面的体系组合。

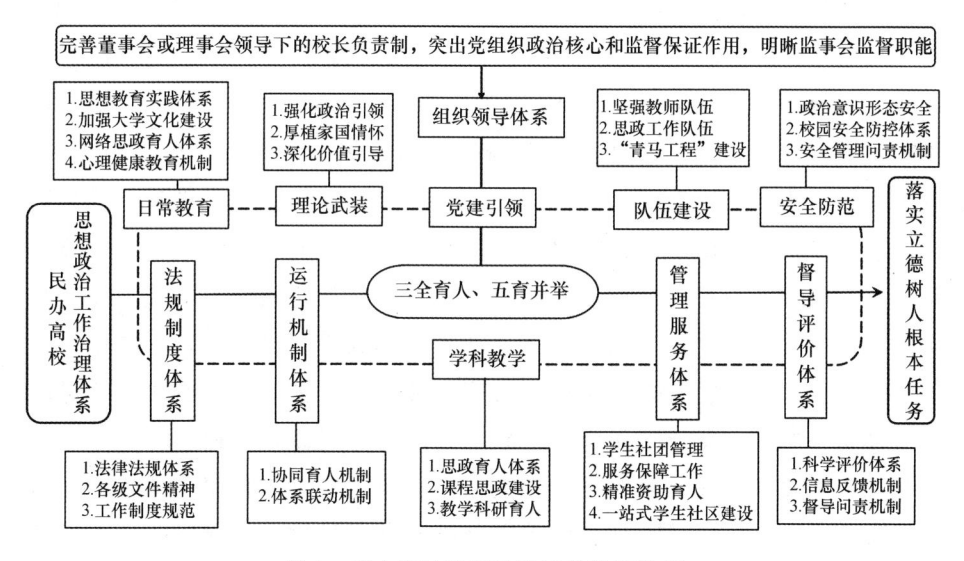

图1 民办高校思想政治工作治理体系

从宏观体系构成来看。组织领导体系要适应民办高校领导管理体制的制度安排，民办高校党委发挥着政治核心和监督保证作用，同时是思想政治工作的领导主体，党委书记（督导专员）应是主抓思想政治工作的第一责任人，党委宣传、组织、群联等机构是思想政治工作的主体机关；其主要职责在于党建引领作用，通过鲜明的党性教育、严格的组织生活、正确的思想引领、扎实的理论武装来确保思想政治工作建设的正确方向。法规制度体系，主要涵盖中央及相关部委等各级文件精神，以及包括法律法规在内的高校思想政治工作的制度规范；这需要民办高校职能部门彼此协调、齐心协力、共建共管，通过严格落实法规制度来确保思想政治工作的效能发挥。运行机制体系，就是恪守协同育人理念，使得思想政治工作各体系要素、制度机制之间相互协同，实现体系要素的彼此联动，形成处处体现思想政治工作效能的良好局面；区分级别层次，其主责在于党委班子、党团组织、学工队伍和各行政单位的负责人等。管理服务体系，涉及学生社团管理、相关服务保障、实施精准资助育人、一站式学生社区建设等工作；其责任主体为具体工作的组织者和负责人，包括一切为思想政治工作提供指导、支持、场地和设施等保障的管理队伍和学生骨干。督导评价体系，涉及对思想政治工作的监督考评、信息反馈和科学评价，也包括信息反馈和督导问责机制等，主体责任在各级党组织及其负责人、马克思主义学院或思政部门，以及教学管理、质量评价、学工组织和就业创业等职能部门。

从基本体系要素看。党建引领强调发挥党团组织功能，协调统揽思想政治工作全局，积极推动构建"大思政"格局、建好"大思政课"、搭建数字思政平台等；其责任主体在民办高校党团组织，即通过严格组织生活，教育引导党团员发挥模范带头作用，以点带面促进师生思想进步。理论武装强调加强创新理论学习，深化爱国主义教育、厚植家国情怀，引导践行社会主义核心价值观；这是各级组织、师生骨干尤其是党员干部和思政教师的职责所系。日常教育强调深化日常实践养成、完善实践育人体系，持续强化大学文化的感召力，加强网络信息管理、构建健康向上的网络思政育人体系，加强心理疏导和危机防御、完善心理健康教育机制等。学科教学强调充分发挥思政元素的育人效能，积极构建思政课程育人体系、强化课程思政的育人功能，同时发挥教学科研的牵引和激励作用。队伍建设涉及高水平师资队伍、思想政治工作队伍以及"青马工程"学生骨干等队伍建设，强调合力做好学生日常思想教育的重要性，引导发挥典型激励的示范效应和引领作用。安全防范突出强调校园总体安全，包括防范政治性问题、确保意识形态领域安全等；应强化第一责任人意识，加强校园安全联防联控，落实安全管理工作责任，宣传部门、人事部门、保卫部门、后勤部门等均为主管安全的责任部门。

(三) 推进民办高校思想政治工作治理体系的优化发展

确保民办高校思想政治工作治理体系的有效运转，需要在明确工作内容、目标原则、治理模式、方法措施的基础上，确保各体系要素之间管理顺畅、内容衔接、运行协调、彼此促进。结合当前民办高校思想政治工作现状，为发挥其"生命线"作用，助力民办高校现代化治理效能，需要在不断发展中完善制度、创新机制，促进不同治理模式的功能优化。新时代民办高校要善于总结思想政治工作的典型经验做法，着力解决普遍性的共性问题，构建可复制的治理体系结构模型，推动治理体系的实践转化与应用；要在实践中推动思想政治工作内容的贯通和衔接，优化日常思想教育、思政课程和课程思政效能等各方面工作的具体措施；要持续强化体系化建设的观念，把加强体系建设作为提升民办高校思想政治工作效能的关键。

为此，需要重点关注和治理的对象，概括起来至少包括三个方面。一要落实党组织政治核心的领导权，切实发挥党组织政治核心作用，把握政治方向、强化政治功能、履行政治责任，助力民办高校高质量发展。二要强化协同育人的工作导向，完善思想政治工作体系运行的制度机制，坚持责任分工与通力合作的有机统一，做到党建引领与日常教育、理论武装与实践育人、思政课程与课程思政之间的融会贯通、同向同行。三要从优化总体布局、完善工作格局与提升治理实效上抓党建思想政治工作，把思想政治工作目标与师生健康成长、素质提升和未来发展紧密结合起来，把思想政治工作成效与人才培养、社会担当和发展目标紧密结合起来，从而持续激励，知行合一、行稳致远。

On Building a Governance System for Ideological and Political Work in Private Universities
Zhang Huijun

Abstract：To implement the fundamental task of cultivating morality and talents in private universities, it is necessary to adapt to the development requirements of the new era and focus on the "Developing Five Types of Education Simultaneously" and "Three Whole Education", Starting from the overall situation of ideological and political work, Strengthening overall planning, system construction and comprehensive governance, and we must undertake an action building a governance system for ideological and political work actively. Based on the development requirements of private universities, starting from the elements of improving the "Governance System" and highlighting the supporting role of "education, technology, and talent", this study explores a relatively independent, coordinated, and organically connected governance system for ideological and political work in private universities, which is composed of organizational leadership system, regulatory system, operational mechanism system, management service system, and supervision and evaluation system. This has significant practical significance for strengthening and improving ideological and political work in private universities, promoting the modernization of governance system and governance capacity.

Keywords: Private University; Ideological and Political Work; Governance System

新时代法治教育融入青少年成长的实践路径*

时万青　柳禹同**

摘　要：青少年的成长关系到国家未来发展的质量。加强对青少年的法治教育毫无疑问是中国教育未来发展的重点。学校是青少年进行法治知识学习与关键能力养成的主要渠道，而道德与法治课在学校的法治教育中发挥了不可忽视的作用。因此只有正确运用道德与法治课这一法治教育平台，才能使法治教育的效果达到最优。

关键词：法治教育；中学生；路径研究

一　法治教育的必要性

（一）促进法治社会的建设，培养社会主义合格公民

随着新一轮的课程改革将"法治观念"确定为初中思想政治学科核心素养之一，使得法治观念的培育成为广大教师教育工作者热议的话题。同时，"依法治国"理念的提出，也使法治教育上升到了越来越重要的高度。法律是人类公平正义的象征，法治是现代政治文明的核心。

全体公民需要持续提升法治素养，将法治观念内化为生活中的行为方式，加强青少年法治观念，培养青少年的规则意识，才能促进法治社会的建设。青少年是社会主义未来的建设者和接班人，其法治观念时刻影响着

---

*　研究项目：本文系2021年吉林省教育学会"十四五"科研规划课题"新教材背景下初中法治教学改革与发展研究"（G217516）的阶段性成果。
**　作者简介：时万青（1954—　），女，吉林省长春市人，吉林外国语大学国际关系学院院长，研究方向为思想政治教育；柳禹同（2001—　），女，吉林省白山市人，吉林外国语大学马克思主义学院研究生，研究方向为思想政治教育。

法治社会的建设。学校是青少年培养法治观念的主要场所。在初中的道德和法治课程中，强调对于学生的法治意识的教育，这是为了加速推进我国的法治发展需求，它对于提升全社会的法治水平、促进社会主义国家的法治建设具有深远的影响。要充分利用道德和法治课程的教育功能，指导学生形成法治意识，增强他们的法治信念，并把他们塑造成符合社会主义标准的公民。

（二）改变传统教学方式，增强学生法治素养

由于法治的概念被纳入手册，因此在学校课程明确要求将法治教育纳入中学阶段的课程，教师更加注重使用手册中的法治概念，在此基础上教师对于法治教育的理念也随之增强。教师充分认识到对中学生进行相关的法治教育的必要性和重要性。有的教师在备课阶段就准备好法治教育内容的实例，同时在课前组织政治新闻信息交流，强调了引领学生留意法律政治热门话题的重要性，以培育他们有意识地观察社会并关切国家的良好习惯。这不但可以给学生带来大量间接的生活体验，还能激发他们的思索能力，让他们建立起正确的法治认知。还可以利用实际生活中的场景、情景模拟及角色扮演等手段来提升法治教育的乐趣与魅力。通过改良并扩展这些教导方式，使学生更深入地领会到法律的重要性及其价值观，进而推动学生对于法律的认识和运用。作为一名教师，需要全面指导学生的学习过程，协助他们在人生的第一步就打好基础，树立起正确而合法治意识，增强他们的法律素质。

（三）提高学生学法、懂法、守法意识，促进全面发展

大多数中学生缺乏对道德和法治的认识，导致了对法治精神无效培养。因此，必须改变学生对法治教育的看法，使他们承认和接受法律，感受法治的力量，并提高对法治的认识，以鼓励他们对教育和动机的兴趣，使他们能够积极和有意识地进行法治学习。青少年学习法律法规并理解它们的含义和遵守它们的重要性不仅是当今时代的实际需求，也符合现行教育体系中提升个人综合能力的新标准。假如他们的法治意识有缺陷的话，那么他们无论如何都无法获得真正的成功——即便他们在其他领域取得了卓越的成绩。因此，强化年轻人的依法思维方式及增强他们的合规行为习惯是非常必要的，这不仅满足于个人的全方位发展所需条件，同时也在推动校

园整体教学质量进步的过程中起到了关键作用。让法治观念内化于心，外化于行。学生的法治心理素养得到了发展。通过行动过程，学生更加认可法律在生活中的重要性，更加愿意使用法律保护自身利益，同时能够认识到中学生法治教育的重要作用，并且在日常生活中增强法治意识，更好地依法维权。学生的法治行为能力得到相应地提高，提升了学生的基础能力水平和探究学习能力等，如解读法律文献、获取知识信息、判断违法行为等，可促进学生的全面发展。

二 法治教育的可行性

（一）法治教育与初中生成长需求相符

近年来，初中生误入歧途，走上违法犯罪的道路的事件时有发生，成为当前我国面临的一个社会问题。初中生走上违法犯罪道路的主要原因在于他们的法律意识不强，再加上初中道德与法治教育不够充分，缺乏科学引导。由于初中生的辨别能力较差，所以其容易受到不良因素的影响，最终走向犯罪。加强对初中生法治意识的培养对于预防和减少青少年犯罪有很大帮助。当前社会环境复杂，信息技术迅速发展，青少年在网络上接触的信息时好时坏，有可能接触到暴力、色情等不良信息。部分青少年难以抵御诱惑，走上违法犯罪的道路，带来巨大影响。因此，加强初中生的法治意识培养是学校迫切需要做的事情。通过全面推行初中道德与法治教育，可以有效强化初中生的法治意识，以助其形成正确的人生观。对于初中生来说，其人格意识和自我意识都还尚未形成，并且正处于身体和心理成长与发展的黄金阶段，加强法治教育正当其时。

（二）法治教育与初中《道德与法治》课程标准切合

2022年3月，教育部发布2022年版新课标，在结合我国基本国情和学生发展的现实需要的基础上，立足本学科特性，凝练出"政治认同、道德修养、法治观念、健全人格、责任意识"五大核心素养，既相互交融，又各有侧重，涵盖《道德与法治》课程的所有内容，突出了学生的自主发展、创新实践以及合作参与能力，并与高中《思想政治》学科核心素养相衔接，层层递进从而落实立德树人的终极目标，体现了思政课育人方式的循序渐进和培养目标的螺旋上升。根据初中新课程标准对第四学段（7—9 年级）学生的法治观念的学段目标描述，学生需要掌握的法治知识主要是有关国家、公民和自身的法律规范，包括了解宪法的地位、作用，知道公民的基本权利和义务以及参与社会生活所必需的行为规范等。故以此要求为依据来检验学生是否掌握了一些法治知识。新课标中核心素养要求培养学生的法治观念，使尊法学法守法用法成为共同追求和自觉行为。总目标要求学生能够具有基本的规则意识和安全意识，理解宪法的意义，知道与学生生活密切相关的法律，养成自觉守法、遇事找法、解决问题靠法的思维习惯和行为方式。

（三）法治教育与初中《道德与法治》教材内容联通

2016 年，随着初中《思想品德》课程的更名，历时五年编写的《道德与法治》教材面世。教材是教师开展法治教育的重要载体，教师必须要立足于道德与法治课程教材，深入挖掘、充分利用教材中的法治教育资源，发挥教材在法治教育中的载体作用。起始单元为七年级上册第四单元，八年级下册为法治教育专册，在九年级上册对法治内容进行整合与加强。比如说，八年级下学期使用的专门为法治教育设计的教材，以宪法为主线，旨在培养学生的公民意识和国家意识。第一单元"坚持宪法至上"在引导学生认识宪法地位、作用等基本知识的基础上，帮助学生理解宪法精神，提高宪法意识，在生活中自觉宣传宪法、捍卫宪法。第二单元"理解权利和义务"旨在让学生掌握作为公民所应具备的基础权利与义务。在此过程中，需要特别关注的是如何培养他们的法律底线观念及流程认知，这有助于增强他们遵守法规的能力。第三单元"人民当家作主"引导学生认识我国的国家制度和国家机构。第四单元"崇尚法治精神"以宪法为视角，引导学生以实际行动践行自由平等，维护公平正义，树立尊崇法治和崇尚法治权威的意识。八年级下册从第一单元介绍宪法的基础知识入手，到第四单元上升为理念层面，引导学生逐渐领悟到背后的宪法精神，真正树立宪法意识。"道德"和"法治"在新教科书中被融合在一起，自初中孩子们丰富的多元化的生活出发，根据其身体和心智的发展历程，紧扣《青少年法治教育大纲》的内容，重点在于启发他们的思维方式和价值观塑造，旨在培养适应中国特色社会主义要求的合格公民，整合了包括道德观念、心理学原理、法律法规和国家情势等方面的知识，展现了国家对中小学生法治意识的深切重视，实现了依法治国和以德治国的结合，以及时更新公民和青少年的思想道德修养，持续扩展德育的新领域。

三 法治教育融入中学生成长的实践路径

（一）丰富教学内容，合理安排教材

教学内容在初中道德与法治课堂教学中扮演着重要角色。其包括课程标准、教材和课程等内容，有助于学生掌握基础学科知识和基本技能，帮助学生建立本课程的学习框架，引导学生学习和运用法律知识，并形成自我思考的学习思维和技能，为构建高效课堂创建条件。教师还应该注重教学内容要与时俱进，与实践统一、与学生的个性化发展统一。教师应该加强教学内容的更新力度，完善之前长时间积累的陈旧的教学内容，加强教学内容与最新教学理念的结合，挖掘能够促进学生个性化发展的教学内容，帮助学生将学习内容进行转化，从而将所学内容与实践相结合。鉴于道德与法治课程的知识内容相当抽象，许多概念和定义可能会给初中生带来较高的学习难度，为了推动学生在道德与法治课程中的知识吸收，提升他们的知识运用技巧，教师应该合理使用教材。教师应该优化整合教材、课程标准和课程之间的关系，建立系统的初中道德与法治的教学内容框架，改善教学内容的单一和零散性，以此使教学内容更具系统性，帮助学生构建并增强逻辑性、长久记忆性和迁移性等。教师还需要增强教学内容与各类学生能力的匹配度，为各种学习水平的学生提供适合的教学材料，减少他们的学习压力，激发他们的学习热情，推动高效课堂的构建。除此以外，教师还应该加强教学内容与学生生活的关联性，帮助学生在生活实践中巩固知识，培养其他技能，提高课堂知识传递的有效性，让学生理解课堂传递知识的作用。

（二）优化评价机制，灵活引导学生

教学评价是根据教学目标对教学过程和结果进行评估，并为教学决策提供服务的一种活动，它是对教学活动真实或潜在价值的评估过程，具有诊断、激励和调整的功能。教学评价反馈有助于学生及时了解自身的学习情况，从而改变学习方式，取得良好的学习效果。大部分学校对于培养法

律意识的方式主要依赖于最终的结果评估和只看中考生的成绩来衡量其表现情况。这样的评判模式既过于简单又无法有效地促使学生自我反省并增强他们的法治素质能力。因此学校要进一步优化法学教育的成果及促进学生对法律法规认识程度的发展。为了更好地提升法治教育的效果，培育学生的法治观念，评价体系可以从评价主体、评价内容、评价方法三方面进行完善。

学生法治观念的培养是一个持续发展的过程，所以评价也应该贯穿教学的全过程和各个教学环节。评价在教学中扮演着重要的导向作用，有效的评价能够客观地反映学生的学习效果，帮助教师获取学生学习动态的信息，形成相对准确的评价结果，及时对学生进行反馈以激励其学习。基于核心素养的评价体系强调以学生为中心，尊重学生的主体地位。学生作为受教育者对法治观念培育的效果深有体会。法治教学是否做到以学生为中心、是否关注到学生法治情感的培养、是否有助于学生树立法治观念和意识，学生最有发言权。在评估学生的过程中，教师有能力引导他们全面、系统地评估自己在法治观念培育中的学习态度、课堂表现、作业完成的专注程度和学习成果等。学生也可以依据一定的评价标准进行同学之间的互评，在相互评价中进行自我反思，相互学习，完成共同成长。在评估学生的法治观念培养成果时，我们不能仅限于书面考试。相反，应采用多元化的评价方式，强调表现性评价，全面地对学生的学习态度和行为表现进行评估。因此，教师应该改进评价方法，避免过去的机械式教学和以考试为中心的教学方式，转而关注学生整体的法治素质评估，多角度对学生的学法情况进行评价，充分利用评价的诊断、激励和改善功能，调动学生学习的积极性，提升法治观念的培育效果。例如，在法治课堂上，应关注学生的学识掌握情况、互动水平、对于法治实践活动的热忱度及是否遵循学校规定与班级规则等方面，为他们提供充足的机会展示自己并参与其中，赞扬那些优秀的学生并对他们的努力予以肯定，同时根据每位学生的具体状况做出个性化的评估，防止笼统地对待所有学生，用鼓励的话语来表达我们的观点，以实现公平公正的交流，让每一个孩子都能感觉到自己的重要性，从而激发出学习热情。

（三）创新教学方法，打造高效课堂

教师基本上都是依据教材进行教学。教材是主要的教学资源。由于网

络的迅速发展，学生获取法治资讯、树立法治观念并不再仅仅依赖于课本。学习晦涩难懂的法治知识对于初中生来说有一定的挑战，因此，教师可以法治内容为依据，设置富有探究性的议题，活跃学生思维，激发学生学习的积极性，有利于学生在法治教学内容与实际生活之间建立联系，从而作出科学的价值判断，实现价值引领。基于教材内容并充分利用网络中的法治相关内容作为教学补充，既能够弥补教材中法治案例过时的不足，又能够开阔学生的眼界，紧跟时事，体现法治观念培育的时代性。在网络信息时代，教学过程中融入网络上的生动案例和生活资讯，同时也不可或缺的是举办各种有趣且实用的实践活动。通过把现实生活中的情境与道德与法制课的内容紧密联系起来，可以有效地减少学生对于抽象知识点的认知困难，提升他们应用所学知识的能力，并进一步增强他们的道德修养和法律意识。例如，教师可以组织一些现实性的活动，或将时政热点代入课堂。使学生在参与活动的过程中理解知识、运用知识、内化知识。教师在尊重学生自身发展规律的基础上，要对学生的精神和心灵发展给予更多的关注，在帮助学生掌握科学知识、提高综合素质的过程中，采用学生感兴趣、易接受的方式进行教育教学。教师还应把握学生的学习需求，充分发掘并整合各类教学资源，使其更好地为教育教学服务传授法律知识，树立初中生法治观念。在做好传授法律知识的同时，充分重视对学生法治观念的渗透。在布置课后任务或进行课堂测验时，教师有可能选择一些真实的生活案例或者经过适当改编的案例。这需要学生运用所掌握的知识点去分析和解决问题，以此来提升教学效果并增强他们对法治的理解与认识。

实践教育是将理论与实际相结合的关键步骤，同时也决定了中学生能否将法治理论知识转化为对法治的认识和信仰。因此，要达成法治教育的目标，除传授必要的知识点，更重要的是教师需要引导学生走出课堂。教师应当有效地选择适合法治教学的各种实践活动，让学生在理解知识的基础上参与到法治进程中。道德与法治教育机构组织的法治课外实践活动形式多样，可以通过观看电影普法、举办模拟审判、组织学生到真实法庭学习、邀请法律相关人员进校园进行现场培训、利用校园网等平台进行法律宣传等方式。

（四）家长、学校、社会三方联动，促进知行合一

学校既是学生学习法律知识的重要渠道，同时也是培养学生法治观念

的重要场所，因此不仅要充分利用课堂教学帮助学生解决法治学习中遇到的困惑，更要重视法治文化氛围浓厚的校园环境对学生学习、成长带来的重要影响。推进法治观念培育要健全协同育人工作机制，打造多主体共同参与的法治教育新格局。构建学生法治观念培育的协同机制，需要不仅依赖于学校和家庭的主导地位，还应得到社会的支持。家长们必须重视对孩子进行言传身教，塑造他们优秀的品格，以自己的实际行动为孩子树立典范，帮助孩子迈好人生的第一个台阶。但是有很多家长不重视子女的法治观念培养，缺乏法治知识，也没有意识到自己的行为举止对孩子的影响，在思想、行动中起不到良好的示范引领作用。道德与法治教师应多与家长进行交流，加强联系，发挥家校沟通的桥梁作用，实现家校合作。教师可以利用班级微信群等平台转载一些典型的、有教育意义的法治新闻、法治案例，促进家长认识到法治观念培育的必要性和紧迫性。基于核心素养的评价体系旨在建立多元化主体共同参与的评价机制，充分发挥教师、学校、学生、家长等不同评价主体或角色的作用。学生自评将学生从被动的评价对象，转变为既是评价对象也是评价主体，让学生在自评中反思自己的法治思想和法治行为，提高自身法治观念。家长作为对学生了解最为全面的人，对学生的评价会更加真实、全面，在生活中发现学生出现思想上的偏差，要及时纠正，对学生表现出来的良好的法治思想和行为要给予鼓励性的评价。

结　语

习近平总书记指出："法治是人类政治文明的重要成果，是现代社会治理的基本手段。"① 依法治国，建设社会主义法治国家是坚持和完善中国特色社会主义的内在要求。青少年一代是祖国的未来和希望，因此对他们实施法律教育、培养其法治意识不仅有益于他们的身心发展，也有助于他们在实践中遵守法律，从而推动中国法治社会的建立。初中阶段是青少年发展的关键期，结束了小学时期的懵懂，迎来了身心快速发展的阶段。在这个阶段，学生的自我认知正在飞速提升，对知识的渴望十分强烈，但是心

---

① 中共中央宣传部、中央全面依法治国委员会办公室编：《习近平法治思想学习纲要》，人民出版社、学习出版社2021年版，第122页。

智发展还不够完善,很容易受到外部环境的干扰。因此,抓住这一关键期,对初中生进行法治观念的培育,是培养法治建设接班人的重要一步。对学生的法律意识进行培养是一项全面性的任务,其重要性不言而喻,需要所有相关方共同付出努力。

Practical Pathways for Integrating Legal Education into the Growth of Young People in the New Era

Shi Wanqing, Liu Yutong

Abstract: The growth of adolescents is closely related to the quality of the country's future development. Undoubtedly, strengthening the legal education of adolescents is a key focus of China's educational future development. Schools are the main channels for adolescents to learn about legal knowledge and develop key skills. The moral and legal education course plays an indispensable role in the legal education of schools, so only by correctly using the legal education platform of the moral and legal education course can the effect of legal education be optimized.

Keywords: Legal Education; Middle School Students; Path Research

语料库建设与翻译数智化

Sora 文生视频
——优势、技术与挑战*

周婉婷**

摘　要：用深度神经网络进行视频生成是当前人工智能领域热门的研究方向。人工智能 OpenAI 于 2024 年 2 月提出了 Sora① 模型，可基于文字描述生成一分钟长度的高清晰视频。其技术报告标题为"作为世界模拟器的视频生成模型"。其提出该模型的目标是对物理世界进行模拟。尽管视频生成模型已经比较常见，但到目前为止，基于文字生成视频的模型比较少见，且在已知的基于文字生成视频的模型中，Sora 得到了最佳效果。它可生成多种不同类型的视频，试图对物理世界进行模拟，以激发使用者的创造力。但截至本文撰写完成，尚未提供开放测试。2024 年 4 月，Sora 开发团队接受了采访，透露了更多的信息，表示 Sora 仍然处于早期阶段。本文基于已有的技术文档对该模型进行讨论，介绍其功能，探讨应用前景与可能的局限，以帮助普通使用者增进对生成式人工智能（Artificial Intelligence Generated Content，AIGC）的理解，从而更好地利用此类技术进步的成果。

关键词：Sora；视频生成；AIGC；文生视频；扩散模型

近年来，计算机人工智能对多媒体内容的分析处理能力得到了大幅提

---

* 基金项目：本文系吉林省教育厅科学技术研究优秀青年基金项目"基于机器学习的恶意软件检测关键技术研究"（JJKH20241543KJ）的阶段性成果。
** 作者简介：周婉婷（1988— ），女，吉林省长春市人，博士，吉林外国语大学人工智能学院教师，副教授，研究方向为自然语言处理、文本数据挖掘。
① OpenAI，"Video Generation Models as World Simulators"，https：//openai.com/index/video-generation-models-as-world-simulators/，2024.

升，也可以自动生成内容。AIGC 即利用 AI 自动生成文字、图片、声音、影像等多媒体内容，目前已经是广受关注的领域。许多模型和方法在单独处理及生成媒体内容的任务上已经取得极佳效果，例如 ChatGPT[①] 可与人类进行文字上的智能问答，也可以进行多种不同语言之间的翻译。许多研究者开始关注多种不同媒体类型的综合处理与生成，如从文字生成图片、从图片生成视频，这被称为多模态任务。目前也已经有部分模型可以在一定程度上取得较好的效果。Sora 可以完成从文本生成视频的任务，无论是现实中的场景还是想象中的虚构场景，都可以呈现。同时，Sora 也支持从图片生成视频，完成一定的动态变化，还可以推理视频中更早或更晚的时间轴上的变化。将文字与视频内容建立对应关系是较为困难的任务，而 Sora 可以较好地理解并执行人类的文字指令。在人类用户描述他们想要的视频内容之后，Sora 可以借助 ChatGPT 扩写指令，提升描述的丰富性，进而在视频中得到更多细节。即使需求的场景的背景较复杂、前景角色较多，Sora 也可以生成。此外，Sora 能够生成长达一分钟的内容连贯的高保真视频，这不同于以往的半分钟或十余秒的短视频——在技术上，长视频意味着更大的长序列处理需求，模型需要能够对长时间序列的图像信息进行理解。

除接收文字，Sora 还可以从图像或视频生成视频，比如创建一个自循环的视频。这类视频的头和尾可以完全衔接，适合于需要循环播放固定内容的场合。如果需要将视频前后的内容进行补充，Sora 也可以进行推理生成，让视频时间加长、内容更完整。对两个视频的连接任务，Sora 可以添加过渡，使两个视频实现衔接。对静态图像，Sora 可以将其进行一定的动画化，示例网页展示了一个云朵中出现文字的变化效果。

在物理模拟方面，Sora 提升了动作上的互动性表达。尽管仍然存在更大的改进需求，但这方面的进步是巨大的飞跃。AI 应足够好地模拟物理世界的变化，才能使生成的视频真实可信，并且在故事性上有更丰富的表达。OpenAI 的研究者们试图将 Sora 训练为一种物理世界的模拟器，使其在此基础上顺利生成更多可信度较高的视频。

目前已有的资料可以帮助我们理解 Sora 的一些技术。根据官方给出的技术报告，Sora 的研究人员训练了基于文字条件的联合不同时长、分辨率

---

① OpenAI,"Chatgpt: Get Instant Answers, Find Creative Inspiration, Learn Something New", https://openai.com/chatgpt, 2022.

和长宽比例的视频和图像数据的扩散模型。他们利用了目前深度学习领域最先进的 Transformer 架构[1]，对视频和图像潜在编码提取时空块（Spacetime Patches）进行操作。扩散模型在工作中至关重要。官方给出了 32 篇参考文献，多为来自著名科技公司或大学的先进的工作。其中来自 Sora 核心成员 William Peebles 的一篇论文"Scalable diffusion models with transformers"[2] 被一些研究者[3]认为很可能是 Sora 的工作基础。该论文讨论了基于 Transformer 的图片生成任务上的一种扩散模型 Diffusion Transformers（DiTs），而视频可以看成是依时间轴排列的多幅连续图片，对连续图片进行处理即对视频的处理。

鉴于 Sora 取得了技术的显著进步，也可能在多个领域具有实用价值，本文将梳理 AI 生成视频的相关背景、简要介绍其原理，再讨论 Sora 可能涉及的技术与主要应用场景。由于 OpenAI 并没有完全公布 Sora 的技术细节，目前的很多研究者对这些不确定的技术细节提出了想法。这些研究者基于自己的理解的想法很有启发性，但本文将对这类技术细节仅做简单的探讨，更多关注目前众多研究者达成一致的意见，并且从使用者的角度讨论 Sora 的效果。

一　背景

图像和视频是由像素组成的，每个像素都有其特定的颜色和亮度值。在计算机中，这些像素值需要以某种方式被编码，以便计算机能够理解和处理它们。

图像编码的一种常见方式是使用基于光栅的编码方法，其中图像被分割成许多小的像素，并且每个像素的颜色和亮度值被表示为数字。视频则是由一系列连续的图像帧组成的。在视频编码中，为了缩小文件大小并实现更高的压缩率，通常会利用帧间压缩和运动补偿等技术。这些技术利用

---

[1] Vaswani A., et al., "Attention is All You Need", *Advances in Neural Information Processing Systems*, 30, 2017.

[2] Peebles W., and Xie S., "Scalable Diffusion Models with Transformers", Proceedings of the IEEE/CVF International Conference on Computer Vision, 2023.

[3] Liu Y., Zhang K., Li Y., et al., "Sora: A Review on Background, Technology, Limitations, and Opportunities of Large Vision Models", arXiv preprint arXiv: 2402.17177, 2024.

了视频中连续帧之间的相似性，只保存图像帧之间的差异信息，从而达到更高的压缩率。

单张图像一般可以得到一个三维的矩阵表示，而视频由多幅图像组成，所以将随时间轴得到多个三维矩阵表示。得到图片或视频的数字化表示之后，通常也可以进一步对其进行一种嵌入操作，使其转化为潜在编码。这个过程通常通过将图像划分成小的图像块，并将每个图像块转换成一个 token 来实现。这些 token 可以包含图像块的颜色信息、纹理信息等特征。

图 1　视频潜在编码过程

具体来说，图像被送入一个卷积神经网络（Convolutional Neural Network，CNN）[1] 中，CNN 负责提取图像的特征（见图 1）。然后，这些特征被送入一个 Transformer 模型中进行计算。

Transformer 是一种强大的神经网络架构，最初被用于自然语言处理任务，如机器翻译和文本生成。其核心思想是利用自注意力机制（Self-Attention Mechanism）来捕捉输入序列中不同位置之间的依赖关系，从而实现对输入序列的全局理解。由于人类写的文本可以看成或长或短的文字序列，而在序列较长时，传统的方法对于文字之间的关系就很难捕捉到信息，但 Transformer 使用的注意力机制和位置编码很好地解决了这个问题，使该领域的研究有了巨大的进展。通过大规模的预训练可以学习语言的表示。预训练过程需要海量的文本数据，例如维基百科、网络文本和书籍等。通过在这些数据上进行预训练，模型可以学习到丰富的语言知识和语言表征，使得它们能够在各种自然语言生成任务上表现出色，如机器翻译、文本摘要、对话系统、推荐系统等。

在 Sora 中，通常会对用户输入的文本指令进行扩写，使描述更加确切，

---

[1] Krizhevsky A., Sutskever I., Hinton G. E., "Imagenet Classification with Deep Convolutional Neural Networks", *Advances in Neural Information Processing Systems*, 1097-1105, 2012.

这里的扩写任务由自然语言处理领域的大语言模型 ChatGPT 4.0① 完成。ChatGPT 4.0 的基础即 Transformer。

近年来,视频生成任务也使用了 Transformer 模型,并在此基础上有了很多进展。生成对抗网络②和变分自动编码器(Variational Auto-Encoder, VAE)③的引入标志着一个新的起点。这两种技术的应用不仅在图像生成方面具有非凡的能力,在视频生成领域也展现出了巨大的潜力。随后涌现的流模型和扩散模型更进一步提升了视频生成的质量和细节,使得生成的视频更加逼真和具有吸引力。

扩散模型(Diffusion Model)④的出现也为图像和视频生成领域带来了新的可能性,通过 U-Nets⑤等技术有效地将噪声转换成图像,进一步提升了生成的视觉效果。另一个引人注目的例子是 Stable Diffusion⑥——它是一种多用途的从文本到图像的人工智能模型,以其适应性和易用性而著称。它采用 Transformer 架构和潜在扩散技术来解码文本输入并生成各种风格的图像,为多模态人工智能的进步作出了贡献。

随着 ChatGPT 在 2022 年 11 月的发布,以及商业化产品如 Midjourney⑦和 DALL-E 3⑧的出现,从文本到图像的自动生成已经成为现实。这些工具让用户通过简单的文字提示即可生成高分辨率和高质量的新图像,展示了人工智能在创意图像生成方面的巨大潜力。

---

① Achiam J., Adler S., Agarwal S., et al., "Gpt-4 Technical Report", Arxiv Preprint Arxiv: 2303.08774, 2023.

② Goodfellow I., Pouget-Abadie J., Mirza M., et al., "Generative Adversarial Nets", *Advances in Neural Information Processing Systems*, 27, 2014.

③ Kingma D. P., Welling M., "Auto-Encoding Variational Bayes", Arxiv Preprint Arxiv: 1312.6114, 2013.

④ Sohl-Dickstein J., Weiss E., Maheswaranathan N., et al., "Deep Unsupervised Learning Using Nonequilibrium Thermodynamics", International Conference on Machine Learning, PMLR, 2256-2265, 2015.

⑤ Ronneberger O., Fischer P., Brox T., "U-Net: Convolutional Networks for Biomedical Image Segmentation", Medical Image Computing and Computer-Assisted Intervention-Miccai 2015: 18th International Conference, Munich, Germany, October 5-9, 2015, proceedings, part III 18. Springer International Publishing, 234-241, 2015.

⑥ Rombach R., Blattmann A., Lorenz D., et al., "High-Resolution Image Synthesis with Latent Diffusion Models", Proceedings of the Ieee/Cvf Conference On Computer Vision and Pattern Recognition, 10684-10695, 2022.

⑦ M. AI, "Midjourney: Text to Image with Ai Art Generator", https://www.midjourneyai.ai/en, 2023.

⑧ Betker J., Goh G., Jing L., et al., "Improving Image Generation with better Captions", *Computer Science*, (2) 3, 2023.

然而，由于视频的时间复杂性，从文本到图像再到视频的过渡一直是一个具有挑战性的问题。尽管工业界和学术界已经做出了许多努力，但目前大多数视频生成工具仅限于生成几秒钟的短视频片段，而无法满足长视频的需求。

在这种情况下，Sora 的出现被认为是一项重大突破，类似于 ChatGPT 在 NLP 领域的影响。Sora 是第一个能够根据人类指令生成长达一分钟视频的模型，同时保持了高视觉质量和引人瞩目的视觉连贯性。这一里程碑事件将对生成式人工智能的研究和发展产生深远影响，为视频自动生成技术的未来打开了新的可能性。

二　技术探讨

目前 Sora 的技术报告没有给出该模型和其实现细节，但在技术层面仍然给出了一些关键信息。本文在这一部分将对这些与技术有关的内容进行探讨，也结合目前已有的一些观点，讨论研究者对 Sora 的推测。

（一）基本架构与编码策略

传统的视频生成经常使用 U-Net 框架，但是 Sora 使用了预训练扩散式 Transformer。鉴于 Sora 的突破性进展，未来的视频生成领域可能也会有更多的模型尝试采用 Transformer。基于"编码器—解码器"架构，Sora 也对视频进行了适用于此架构的转换。

在文本生成领域，Transformer 需要的输入是文字的潜在向量表示，而对图像和视频来说，可以使用像素空间表示，也可以使用潜在空间表示（隐空间表示，如本文第一部分介绍的做法）。目前的很多视频生成算法并不采用像素空间，Sora 也依此路线采用了时空潜码块（Spacetime Latent Patches）作为其基本构成单元（见图2）。即 Transformer 在大语言模型的领域可以将多种符号统一处理，Sora 利用了它的这种强大特性，将视频的隐空间表示也输入其中，获得了很好的效果。

Sora 的开发者表示，他们"先将视频压缩到一个低维度的潜在空间，然后将此表示分解为时域和空间的视频数据块"。这里明确提及了时域和空间，与"时空潜码块"的提法保持一致。在操作层面上，技术报告提及"将视觉数据转换为小数据块""视频压缩网络""时空潜在层视频数据块"

等关键信息及其描述，但没有提及具体的做法。于是，研究者们提出了一些对算法细节的推测，认为此处很可能使用了 VAE，先通过编码得到压缩后向量，再通过解码进行重构。这是大多数目前的图片或视频生成任务常用的方法。但具体而言，Sora 使用的是哪一种 VAE，则没有达成比较一致的意见。VAE 的变体较多，如 VQ-VAE（Vector Quantised-VAE）[①]、TECO（Temporally Consistent Transformers for Video Generation）[②]。这些模型的编码策略均可以在扩散模型中使用，效果有一定的差异。

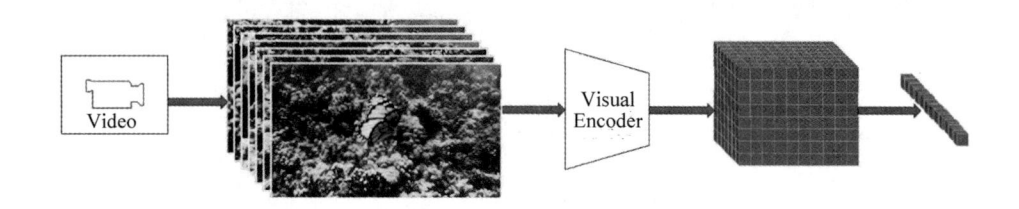

图 2　Spacetime Latent Patches 编码原理

资料来源：Liu Y.，Zhang K.，Li Y.，et al.，"Sora：A Review on Background, Technology, Limitations, and Opportunities of Large Vision Models"，arXiv preprint arXiv：2402.17177，2024。

由于 Sora 可以处理不同分辨率、不同清晰度和不同持续时间的视频，研究者们十分关注这部分工作的实现方法。在以往的模型中，经常采取的方法是将视频进行裁剪，使其适合固定维度的向量空间，但这种做法容易将原始视频切割成不完整的、残缺的画面，导致生成的实体也发生错误，看起来不完整或有其他问题。但如果能将完整的原始视频输入模型进行训练，则此类问题将得到极大改善。

Sora 成功地使用同一个模型对宽屏 1920×1080、垂直 1080×1920 等不同规格的视频进行采样。时空潜码块可以作为 Transformer 的 token，生成视频的大小也可以控制，以原始长宽比为不同设备创建内容。做法是在合适大小的网格中随机初始化时空块。但大小不同的数据映射到固定的潜在空间是比较困难的。研究者认为 Sora 的开发者可能使用空间压缩再按照时间排列的方法，也可能同时进行时空压缩，考虑静态帧和帧间变化来捕获动

[①] Van Den Oord A.，Vinyals O.，et al.，"Neural Discrete Representation Learning"，*Advances in Neural Information Processing Systems*，30，2017.

[②] Yan W.，Hafner D.，James S.，et al.，"Temporally Consistent Transformers for Video Generation"，International Conference on Machine Learning，PMLR，39062-39098，2023.

态信息，需要进行 3D 卷积操作，以此达到在生成完整分辨率的视频之前快速地在较低大小上原型化内容的目的。

（二）扩散模型

扩散模型是一种生成模型，其工作机制可以分为两个主要过程：加噪（noising process）和去噪（denoising process）。加噪过程模拟逐步添加噪声，从一个清晰的图像或视频帧开始，通过一系列步骤逐步添加越来越多的随机噪声，直至图像几乎完全被噪声掩盖。去噪过程相对加噪过程是逆向的，目的是从完全噪声化的图像中恢复原始数据。通过训练一个神经网络模型，在给定当前噪声图像及其对应的去噪步数时，预测并逐步去除图像中的噪声。模型在训练期间学习如何从完全噪声的图像中恢复出清晰的图像。这一过程是迭代进行的，每一步都能去除一部分噪声，直到最终生成清晰的图像或视频帧。

与传统的基于卷积神经网络的 U-Net 架构相比，扩散模型在视频生成中越来越多地采用 Transformer 架构，即 DiTs 模型，这是因为 Transformer 架构在处理序列数据和长范围依赖方面具有优势，这对于理解视频中的时间序列信息至关重要。近年来，扩散模型在生成式人工智能中取得了显著进展。特别是在图像和视频生成任务中展现出了强大的潜力，能够生成高保真、细节丰富的视觉内容。

由于 Sora 是一个扩散模型，其开发者曾推出过图片生成任务上的 DiTs，这一模型被许多研究者认为是 Sora 的工作基础。并且，Sora 的技术报告提及，模型训练时使用了图片，而不是从文字描述的扩展直接生成视频。通过增大 Transformer 的深度或宽度，或者增加输入 tokens 的数量，DiTs 能持续降低 FID 得分（Fréchet inception distance，一种衡量生成图像质量和真实数据分布之间相似性的指标）[1]，意味着模型的计算量与生成图像的质量呈正相关。

相较于传统扩散模型，DiTs 不仅展示了良好的可扩展性，而且在 512×256、256×256 分辨率下的 ImageNet[2] 图像生成任务上均实现了前所未有的性能水平，从而有力地推动了扩散模型在图像生成领域的发展前沿。同时，研究也揭示了扩散模型中模型参数规模与最终生成样本质量之间的紧密联

---

[1] Brownlee J., "How to Implement the Frechet Inception Distance (Fid) for Evaluating Gans", *Retrieved Dec*, 5, 2019.

[2] Deng J., Dong W., Socher R., et al., "Imagenet: A Large-Scale Hierarchical Image Database", 2009 Ieee Conference on Computer Vision and Pattern Recognition, 248-255, 2009.

系,强调了构建更大规模且计算高效模型的重要性。

但需要注意的是,DiTs是生成图片的模型,需要进行改造才能完成生成视频的任务。首先,需要设计一定的模型结构,用来支持不同长宽比和分辨率的视频;其次,需要把图片生成模型改成视频生成模型,形成"Video DiTs模型"。当然,同样需要注意的是,Sora技术报告开篇即指出,其研究者探索了在视频数据上进行大规模训练的可能性。这意味着Sora的关键可能是训练大量的、不同分辨率的数据。改进模型架构的真正目的也可能更多的是为了支持训练更大量、完整的数据。

Video DiTs为适应不同长宽比和分辨率的视频,同样需要支持变长的潜码块输入,确保输入的块可以根据视频帧的实际尺寸变化。研究者们也对改造的方法进行了一些构想。一些研究者参考Transformer结构的要求,认为其中引入注意力掩码机制,同时支持变长块的注意力机制,灵活处理不同长度的输入序列,使得Transformer能够有效处理视频帧中潜码块数量的变化。另外,Video DiTs模型还需要关注时间序列,在生成视频的每一帧时整合历史时间信息,确保视频序列的时间连贯性。所有的信息被整合到Transformer模型中,以进行训练。

另一些研究者认为,Video DiTs在Sora中的应用,集中体现在利用Transformer架构的灵活性来处理视频生成任务中的时空复杂性,通过时空潜在表示、扩散模型,以及对视频帧的特殊处理(如Patchify)等技术,解决了视频生成中的关键难题,如长时一致性维护、不同分辨率与长宽比的兼容性,以及从文本到视频的高质量生成。Sora通过这些技术实现了生成视频内容上的突破,为视频生成技术的发展设立了新标杆。

三 应用与讨论

(一)Sora的功能与特点

研究者给出了多个Sora生成的视频作为例子,示范其能力并对功能作出介绍。本文结合这些功能,对Sora有可能的使用场景进行探讨。

为了支撑从文字描述到视频生成的能力,Sora的研究者训练了标题模型,对视频生成文本形式的标题,同时利用GPT将用户的输入转换成描述更具体的文本,以其作为视频标题,有助于生成更真实的视频。这使Sora

有了一定的"语言理解"功能。这样的能力使完全不懂得制作图片和视频的人也可以通过语言描述来获得视频，从而更好地与他人沟通和交流，降低工作成本，提升表达能力。

同时，Sora 也可以接受图像或视频直接作为输入。如果是有一定的图像和视频处理能力的使用者，可以在有一定基础的情况下对视频进行改进，从而得到更好的表达效果。例如对图片简单添加动画，可以节省许多视频制作的工作。

在具体功能方面，Sora 还有以下的能力。第一，延长生成的视频。一些情况下，人们已有的视频长度不够，或前后内容不全。此时可以使用延长视频的功能。在很多需要固定时长视频的场合，使用这种功能加长视频可以很容易达成目标，而不一定需要补拍或人工补做视频。

第二，背景替换。部分情况下可能需要模拟主体在各种不同的环境下的视觉效果，如广告展示。Sora 提供的更换环境的功能非常适用于此类任务，其支撑汽车行驶在多种不同的环境中的视觉效果，在广告片或宣传片中均可能得到应用。

第三，连接视频。当用户需要把两个不同的视频进行连接，可以在视频软件中设置转场，以进行过渡。但这种转场可以看出是两个视频的连接，而非一个视频内的变化。Sora 的插值功能可以使两个视频间的连接形成动画效果，使两个视频中的不同内容完全无缝衔接。而且，在 Sora 中实现的是融合视频的效果，即花园村庄出现在古代遗迹中、无人机变成蝴蝶飞在水下。人工制作视频完成这类变化比较困难，AI 生成可以大幅节省这方面的工作时间和资源。

第四，图像生成能力。Sora 也具有生成图像的能力，且生成的图像大小可变，分辨率高达 2048×2048。

第五，新的模拟能力。Sora 的设计初衷是物理世界的模拟，最终形成的视频显示其确实具有一定的此方面的能力。在未经特殊设计的情况下，物理世界中的人、动物和环境可以在视频中有一定的互动。

（二）Sora 的亮点

整体而言，Sora 的亮点之一是其长程连贯性和物体持续性。以往的视频生成系统普遍面临一个重大挑战，即难以保证长时间的画面一致性。生成的视频可能约仅有四秒，新镜头与以往的镜头不连贯，效果不能投入使用。

但 Sora 在这方面有了很大的进步。当然，目前的效果仍然有很大的提升空间，但长达一分钟的视频生成能力是具有突破性的。

此外，Sora 试图模拟画面主体与世界的互动。这部分是 Sora 的物理模拟的目标，根据现有的实例，一位画家在画布上绘画，其绘制的笔触即使在时间不断推移后仍然会存在。

Sora 可以生成类似摄像机动态拍摄的运动的视频，保持 3D 一致性，其物理模拟能力也有助于生成数字世界，这些可在诸多领域发挥作用。根据 Sora 的能力，一些研究者探讨了其可能发挥作用的领域。对此，本文进行了一些总结。

1. 广告宣传与游戏

无论是背景替换还是延长视频，或生成可以自循环的视频，Sora 都可以增进广告片的制作效率。在电子游戏的领域也可以帮助设计者自动生成一些介绍视频，大大增强吸引力和创意表达。其生成的画面可以丰富各类宣传片的叙事手法和视觉震撼力。

2. 影视创作

在影视制作领域，Sora 为导演和后期团队提供了强大的辅助工具。面对视频长度不足或内容缺失的问题，Sora 的视频延长功能能够在保持原有视频风格和质量的同时，补充所需时长，减少了重新拍摄的成本与时间。此外，其物理模拟能力使得人物、动物与环境间的互动更加真实自然，无须复杂的特效制作就能达到逼真的视觉效果，为电影和电视剧集的创作提供了更高的效率和更多的创意空间。

3. 教育教学

无论是概念艺术、教学示例还是虚拟展览的筹备，都能借助 Sora 快速生成高质量图像，加速创意的实现过程。在教育领域，Sora 能够帮助教师和内容创作者构建生动、直观的教学材料，如通过动态模拟历史场景、科学实验等，使抽象知识具体化，提升学习的趣味性和效率。

4. 促进新应用

无论是营销人员还是游戏开发者，或者是影视创作者，都可以通过文字来生成视频。普通使用者也可以尝试生成属于自己的视频，这将为更多人带来更多传媒领域的机会，有可能产生新的应用并促进其发展。即使是视障人士等特殊人群，也可以使用 Sora 进行更丰富的表达，这将带来更丰富的交流途径。

综上所述，Sora 模型以其独特的视频编辑、图像生成以及物理模拟等功能，可以成为多个不同领域的创新工具，不仅推动内容创造的边界，还可以极大地优化创作流程，降低资源消耗，展现出 AI 技术在媒体艺术与教育传播中的巨大价值。

（三）可能的限制与不足

在取得诸多突破的同时，Sora 还存在一些限制与不足。在发布页上，官方展示了一些物理模拟的缺陷，比如玻璃杯在桌子上摔碎的模拟，并不十分准确，其他一些类似吃食物的生成，也不能准确改变形态。在长时间的视频生成中，也会有凭空出现物体的情况，均属于视频不连贯的情形。

Sora 项目领导者 Tim Brooks 认为，现在 Sora 的情况，类似于视觉模型新范式的 GPT-1 阶段[1]。根据 Patrick Cederberg 最近的采访，Sora 在视频生成中仍然需要大量的后期制作，而且每次生成的效果无法保证一致[2]。例如生成气球，每次颜色都不一样。研究团队曾经尝试生成"黄色气球人"，视频中的人的头部为黄色气球，模型有可能在生成的气球上生成人脸，或颜色不正确。因此，需要很多后期制作才能使视频符合需求。

由于 Sora 是通过输入文字的方式获得视频，没有实现多模态的输入，所以输入文字不同造成的生成视频差异很难使模型自行修改。目前尚没有办法匹配两次输出的视频。对于一些电影术语，模型也不能很好地"理解"，因此生成的动态视频，在推动镜头方面可能并不符合需要。这也使精细调整模型生成的视频比较困难。

另外，在测试中，Sora 生成的视频是没有声音的，需要后期进行配音。这意味着还没有实现完全意义上的多模态输出。无论是影片制作者还是教育工作者，想要制作可供自己直接使用的视频，仍然都需要精细的工作。

此外，为维护内容的公正性与安全性，防止不良视觉素材的产出，Sora 的开发者与研究者有许多不可忽视的伦理和法律考量。[3] OpenAI 致力于尊重版权，禁止产出可能触及版权或侵犯个人形象权利的内容。比如，假设用户提出的创作指示类似"在一架未来风格的宇宙飞船上，一名男子手持

---

[1] "OpenAI's Sora Leaders Aditya Ramesh, Tim Brooks and Bill Peebles", https://www.youtube.com/watch?v=reMnn6bV_fI, 2024.

[2] Fxguide, LLC., "Actually Using SORA", https://www.fxguide.com/fxfeatured/actually-using-sora/, 2024.

[3] OpenAI, "Sora: Creating Video from Text", https://openai.com/sora, 2024.

光剑前行，场景设定为 35 毫米胶片风格"，Sora 将不会完成要求，因为它过于贴近《星球大战》系列的特征。如果明确在指令中要求 Sora 生成与某个人或作品类似的视频，系统也会表示不能完成请求。可见 Sora 对于已经存在版权的品牌将尊重其版权，不接受可能侵权的用户请求。

总　结

　　Sora 为 AIGC 做出了突破性的进展，它证明了通过不断拓展视频生成模型的可行性，也提示研究者，逐步构建出更加高效且逼真的物理世界与数字世界的桥梁可以成为未来的方向。

　　目前来看，Sora 的核心优势在于模拟物体、动物乃至人类的行为，其对细节的捕捉与创造能力强于一般的 3D 软件所能达到的程度。对于复杂场景的构成要素，光照、纹理、动态效果等，Sora 也能够处理，并基于用户的描述性指令，生成具有高度视觉冲击力的画面。

　　这种能力不仅极大地拓宽了创意工作者的视野，使得他们能够在虚拟空间中自由实验，不受现实拍摄条件的限制，同时也为教育、娱乐、建筑设计等行业带来了革新性的内容创作手段。比如，在教育领域，Sora 可以生成难以在现实中重现的历史事件或科学实验场景，让学生获得更为直观的学习体验；在娱乐行业，它能够帮助电影制作者快速预览复杂的特效镜头，降低前期成本和风险。

　　然而，如同任何新兴技术一样，Sora 也面临挑战与不足。版权与原创性的问题是其首要面临的障碍。尽管 Sora 内置了版权保护机制，避免生成侵犯版权的内容，但这也限制了它在某些创作上的自由度，比如上述《星球大战》风格的场景就被系统自动规避。这要求用户在提出创作需求时必须避免潜在的版权雷区，可能导致用户在创作一些并不侵权的作品时被 Sora 拒绝服务。

　　此外，虽然 Sora 在视频生成方面展现出卓越才能，但缺乏声音的配合限制了其作品的完整性和沉浸感。虽然配音是一种解决方案，但这从侧面反映出 Sora 在整合音视频同步技术上的空白，而这正是实现更高质量、更接近真实电影体验的关键所在。

　　最后，尽管 Sora 在模拟和创作上取得了显著成就，但它距离成为电影制作等领域专业创作者的得力助手还有一定距离。精确度与自定义程度的提升，以及对特定艺术风格和导演手法的深入理解，是未来发展中需要重点攻克的难关。不过就目前的发展现状，随着算法的进步和数据集的丰富，可以期待 Sora 在未来进一步突破局限，真正成为连接想象与现实的桥梁。

Sora Text-to-Video：Advantages，Technologies and Challenges
Zhou Wanting

Abstract：Generating video using deep neural networks is a hot research topic in the current field of artificial intelligence. In February 2024, the artificial intelligence research lab OpenAI introduced Sora, a model capable of generating high-definition videos one minute in length based on textual descriptions. The technical report titled "Video Generation Models as World Simulators" posits that the goal of such models is to simulate the physical world. Although video generation models are already relatively common, text-to-video models have been less prevalent up to this point, and among known text-to-video models, Sora has achieved the best results. It can generate various types of videos, attempting to simulate the physical world in a way that inspires users' creativity. However, by the time this article was completed, open testing had not yet been made available. In April 2024, the development team behind Sora gave an interview, disclosing further information and noting that Sora is still in its early stages. This article discusses the model based on existing technical documentation, introduces its capabilities, explores its potential applications and limitations, with the aim of enhancing the general public's understanding of generative artificial intelligence (AI Generated Content, AIGC), thereby allowing better utilization of the advancements in this technology.

Keywords：Sora; Video Generation; AIGC; Text-to-Video; Diffusion Models

学术同人访谈

国内意大利语翻译界的铿锵玫瑰
——张密访谈录

张 密 梁爱中

· **受访专家简介**

张密，原名张宓，1950年6月生于天津。历任对外经济贸易大学意大利语教授、中国意大利语教学研究会会长等职。自2015年起，退休的她在吉林外国语大学任教，担任意大利语的学科带头人、系主任及硕士生导师。

作为国内首批将意大利文学巨匠伊塔洛·卡尔维诺的作品引入中国的翻译家之一，张密教授在过去的半个世纪里不懈努力，翻译并出版约40部作品，横跨文学、教育、科技、经济、法律等多个专业领域，加上11部教材和3部词典，作品字数近两千万。译作《宇宙奇趣》《看不见的城市》《命运交叉的城堡》等，因卓越的翻译质量获得意大利政府颁发的奖励，译作《看不见的城市》获得意大利使馆文化处首次颁发的"最佳意大利文学翻译奖"。此外，译作《国际营销学》一书也得到了意大利外贸协会的资助。

因其在意大利语语言教育和中意文化交流方面所作出的杰出贡献，张密教授于1999年、2005年和2013年三次荣获意大利共和国总统颁发的荣誉勋章。2019年张密教授获评"资深翻译家"。

· **访谈人**

梁爱中（1969— ），女，毕业于北京外国语大学，现任吉林外国语大学中东欧语学院捷克语专业带头人。

沟通中外文化，把握时代精神，以专业技能服务国家和社会，是每位翻译工作者的职责与责任。非通用语种的教育与翻译工作承载着"向世界展示中国,向中国介绍世界"的重要使命。张密教授是国内非通用语种翻译领域的杰出代表。历经岁月的洗礼,她始终坚守初心,勇往直前。我们期望通过这次访谈,能够梳理张密教授的学术历程,揭示一位翻译家的初衷与追求,更深刻地理解她的翻译理念,并以此启迪和帮助年轻翻译工作者的成长。

梁爱中(以下简称"梁"):张教授,您好!非常荣幸能有机会与您面对面进行访谈。您在意大利语教学和翻译领域的卓越成就广受认可。今天,我们想追溯一下您的经历。您能否先分享一下您是如何与意大利语结下不解之缘的呢?

张密(以下简称"张"):我这一生中的五十年,始终围绕着一个主题——意大利语,可以说我对它非常执着。1972年,作为高校恢复招生后的首批工农兵学员,我有幸被推荐进入了北京外贸学院(现对外经贸大学)并被指定学习了意大利语,1976年毕业后留校任教。1980年,我作为一家国企技术代表团的随团翻译访问意大利。那是我第一次亲耳听到地道的意大利语。我意识到自己所学的远远不够。当时我们学校缺乏正规的教材,这些都让我下定决心:我必须出国深造,回来更好地教授学生。1981年,我获得了出国进修两年的机会。那时,我的一对双胞胎女儿才两岁,我心中确实难以割舍。但我知道,我必须抓住这个机会。时不我待,语言的不足是显而易见的,我需要尽快去弥补。

梁:现在,许多孩子选择出国留学,但不少人在海外生活时感到不适应。您当年留学时,感觉如何呢?

张:我当时感到最难忍受的是对家人的思念。那个时代没有国际长途电话,与家人的联系只能依靠书信,从寄出一封信到收到回信,往往需要等待两个月。但也正因为深知自己为这次学习机会付出了多少代价,我更加努力地学习。每天在食堂、宿舍和图书馆之间往返,虽然枯燥和寂寞,但我从未有过一刻懈怠。上课时我都坐在第一排,跟老师积极互动,使自己学得比较扎实。

梁:在初步了解您的主要译作后,我注意到您的第一部译著是《一个分成两半的子爵》,同时也是您翻译的卡尔维诺的首部作品。您当初为何决定翻译这部作品呢?

张：那是我的老师刘善枪（刘碧星）拿给我的，是我第一次读到原作。初次阅读《一个分成两半的子爵》，我就被其引人入胜的情节深深吸引，同时，作者那独特的叙事手法和深邃的主题也激起了我极大的兴趣。我坚信这是一部值得向中国读者推荐的杰作。我也是因为这本书才接触到这位大师。

卡尔维诺无疑是20世纪意大利文学的杰出代表。他以创新的叙事技巧和结构形式对意大利文学产生了深远的影响。他的作品常常巧妙地将现实与幻想、科学与神话、历史与未来交织在一起，呈现出一种超越时空的文学境界。他的创作范围广泛，涵盖了小说、散文、评论等多种文体，但最令人称道的还是他的小说。例如，《树上的男爵》和《不存在的骑士》等作品，打破了传统的线性叙事模式，采用了多层次、多视角的叙事结构，使读者体验到一种全新的阅读感受。这些作品丰富了意大利文学的表现形式，并为后来的作家提供了新的创作灵感。

此外，卡尔维诺的作品蕴含着深邃的哲学思索和丰富的文化意蕴。他的小说经常涉及探讨人类存在的意义、时间与空间的相互作用，以及个体与社会之间的互动等核心主题。以《看不见的城市》为例，该书通过对虚构城市的描绘，深入探讨了现实与幻想、文明与野蛮、进步与停滞等多重对立面，揭示了他对现代社会的深刻反思。

卡尔维诺对语言的驾驭也达到了极高的境界。他的文笔简洁且充满韵律，洋溢着诗意与幽默。在《宇宙奇趣》等著作中，他巧妙地将科学知识与文学创作融合，孕育出一种独树一帜的科学幻想文学。这种语言和文体上的创新，赋予了他的作品独一无二的艺术魅力和深远的影响力。所以翻译《一个分成两半的子爵》的过程虽然充满挑战，但我却感到非常愉快，可以说是"痛并快乐着"。而且你知道吗？透露一个小秘密，那是我在生双胞胎的产假期间一气呵成的首部译作。

梁：感谢张教授对卡尔维诺的总结和介绍。您提及翻译过程，我们深知文字工作和翻译创作的艰辛，尤其是咱小语种的文字创作，往往是一段孤独的旅程。您拥有五十年的翻译实践经验，最深刻的感受是什么？

张：说起翻译，我常说的几句话是：做翻译，要挨得住内心的寂寞，耐得住外界的诱惑，受得了稿费低廉的报酬，担得起文责自负的风险。要说深刻的感受，第一位的无疑是辛苦。在没有互联网的年代，翻译工作是一项特别艰巨的任务。那时，我的教学职责异常繁重，因此翻译工作往往只能在假期进行。在寒假和暑假期间，我几乎足不出户，即便是在炎热的夏季，也坚持在室内埋头苦干。除用餐和睡眠，我的日常几乎全被翻译工作占据，只有连续工作直至完成，才会结束这段"闭关"。

第二个体会是翻译确实复杂而艰巨。翻译工作不仅仅是语言的简单转换，更是文化的深入传递。在翻译过程中，译者常常会遇到各种难以翻译的案例，比如涉及语言的深层结构、文化差异、语境依赖以及语言的隐含意义等方面。我必须在忠实于原文风格的基础上，确保中文读者能够体验到相同的情感和氛围。面对那些意蕴丰富却难以用中文精确表达的长句，我不得不反复阅读原文，在脑海中反复推敲斟酌；如果句子中还包含着大作家所用的生僻词，除多方查阅字典和文献资料以寻找其出处用法，我还需向具有深厚文化素养的意大利朋友求教以确认其确切含义。

我想说的第三个感受是：翻译是遗憾的艺术。我在文字的海洋中漂泊了数十载。如今，当我再次翻开那些泛黄的书页，我能清晰地感受到时间在我笔尖留下的印记。就像我的第一部译作和那些青涩而充满激情的岁月，那时的我，满怀着对文学的热爱和对语言的敬畏，逐字逐句地推敲每一个词句。但随着语言能力的提升和对意大利文化的深入理解，现在看来，其中不免有些许稚嫩和不足之处。比如参与翻译《意大利民法典》前后耗费三年的时间，即便是如此精心地打磨，出版后仔细审视，仍然发现一些不尽如人意之处。因此，翻译确实是一项充满遗憾的艺术。然而，岁月教会了我，翻译创作实际上是一个不断学习和进步的过程。每一个阶段的创作都是我成长的见证，每一个字句都承载着我曾经的努力和汗水，我愿意接受每一个阶段的自己。因为我将从中吸取经验，不断改进，不断探索和追求更高的境界。

梁：感谢您的分享。接下来，想向您请教一个令我困惑的问题。关于翻译作品，我注意到一些学者和专家主张应当尊重原著，而另一些则认为译者可以根据具体情况适度进行再创作。您对此有何看法，或者您能分享一下您在实践中是如何处理这一问题的吗？

张：关于这个问题，我个人认为尊重原著与译者适度地再创作之间并不存在不可调和的矛盾，关键在于寻找到二者之间的恰当平衡。尊重原著的核心在于译者须忠实地保留原文的内容与风格，力求最大限度地传达原作者的意图和情感。然而，鉴于语言与文化的差异，彻底的直译往往行不通，有时甚至会造成译文的晦涩难解，或丧失原文的独有魅力。我的具体做法如下。

深入理解原著：翻译工作开始之前，我会投入大量时间研究作品的历史背景、作者的创作意图以及文本的深层含义。这一过程有助于我在翻译时更准确地捕捉原文的核心精神。

灵活运用翻译策略：在确保忠实于原著的前提下，我会根据中文的特性以及中国读者的阅读习惯，灵活运用原文作者取向的异化和译文接受者取向的归化的翻译策略，采取直译、意译、增译、减译、分译、合译、套译、创译等多种翻译技巧。例如，在翻译文学作品时，我力求保留原文的文学风格和修辞手法，但在必要时，为了使译文更加流畅和自然，我也会适当调整句子结构或删减不必要的信息。

重视文化适应性：在翻译过程中，我致力于发掘中文与原著文中相对应的文化元素，以帮助读者更深入地理解和接受译文。例如，在处理俚语、俗语或特定文化背景下的表达时，我会努力寻找中文中具有相似含义和效果的对应表达。

不断审校与完善：翻译是一项需要持续精进的活动。初稿完成后，我会多次审校和修正译文，力求在内容和形式上尽可能地贴近原著。如有必要，我还会邀请其他翻译专家或熟悉意大利的学者参与审阅，以便发现并修正潜在的问题。

尊重并采纳读者意见：翻译作品的最终评判者是读者。我将认真考虑读者对译文的反馈，了解他们在阅读时可能遇到的困惑和不满，以便在未来的工作中不断优化和提升翻译质量。

综上，我认为翻译工作既要忠实于原著，也要兼顾中文及中国文化的特点。通过不懈学习和实践，我致力于找到恰当的平衡点，创作出既忠实于原著又符合中文表达习惯的高质量译文。

梁：张教授，目前计算机翻译在我们行业中备受关注。您认为利用 AI 技术是否能够创作出卓越的文学翻译作品？

张：这个问题我仍在深思和验证中。AI 翻译无疑能提升翻译的效率，特别是在处理大量文本资料时，AI 能在短时间内完成初步翻译，为我们提供一个可资参考的基础版本。这样一来，翻译家们便能将更多的时间和精力投入细节的打磨和文化背景的润色上，从而提升整体翻译质量。随着 AI 翻译通过学习大量文学作品，它有望逐渐掌握不同文体和风格的表达方式。随着训练数据的不断增多，AI 翻译在文学翻译方面的表现预期将会越来越好。然而，我并不认为 AI 翻译能够完全取代人类翻译家。例如，在处理文学作品中的隐喻、双关语等修辞手法时，AI 翻译仍存在一定的局限性。再举个例子，中医的"望闻问切"：那个"闻"不是"闻"，是"听"；"运气"不是"幸运"，而是"五运六气"；"生化不息"的"生化"不是"生物化学"；等等。这些 AI 一翻就错，只能靠人纠错。最关键的是，资深翻译者本身的文学素养以及对目标语言国文化、历史等文字背景的深刻理解，是 AI 无法替代和复制的。因此，目前我倾向于认为 AI 可以成为翻译工作中的有力辅助工具，帮助我们提高翻译的效率和质量，进而创作出更多优秀的文学翻译作品。

梁：张教授，我感到好奇，如果借助 AI 技术，您能够与原著作者进行对话，您最想与他们探讨哪些话题呢？

张：如果借助 AI 技术，能够与原著作者对话，我首先会表达对他们创作出杰出作品的感激之情。接着，我会怀着极大的荣幸告诉他们，作为一名翻译者，能够运用自己的专业技能将这些作品介绍给中国读者，我感到非常自豪。之后，我可能会急切地询问他们："在创作这部作品时，您的灵感源自何处？"因为了解作者的灵感来源，有助于我更深刻地理解作品背后的故事和情感。此外，我还会问："您希望读者从您的作品中得到哪些启示或感受？"因为每位作者在创作时都有自己的期望和目标，了解他们的初衷，能帮助我更准确地把握作品的核心思想，从而审视我的翻译是否真实地传达了他们的创作精髓。通过与原著作者的对话，我期望能更深入地洞察他们的内心世界，从而更全面地欣赏和理解他们的作品。这样的交流无疑将为我的阅读和思考提供无尽的启迪。

梁：您上面提到译者对目标语言国文化、历史等文字背景的深刻理解，那么作为进行意大利语翻译的背景，您是否可以简要介绍一下您对意大利文学、意大利文化等领域的认识？

张：当然可以。意大利文学和文化是一个丰富多彩、历史悠久的领域。它不仅影响了意大利本身，还对整个西方世界产生了深远的影响。例如，在古罗马时期，维吉尔的史诗《埃涅阿斯纪》不仅讲述了罗马的起源神话，还展示了古罗马人的价值观和世界观。他的作品对后世欧洲文学产生了深远的影响，成为文艺复兴时期人文主义者的经典读物。再比如但丁，他是意大利文学的巅峰人物之一，他的《神曲》不仅是中世纪基督教世界观的集大成之作，也是意大利语文学的奠基之作。但丁用通俗的托斯卡纳方言写成《神曲》，打破了拉丁语在文学创作中的垄断地位，使得意大利语成为一种文学语言，为意大利民族语言的统一奠定了基础。又如薄伽丘的《十日谈》则展现了文艺复兴初期的世俗精神和人文主义思潮。这部作品通过一系列生动的短篇故事，揭示了当时社会的风俗、道德观念以及宗教信仰。薄伽丘以幽默和讽刺的笔触，对教会的腐败和封建贵族的虚伪进行了批判，同时也表达了对人性和爱情的赞美。

进入现当代，意大利文学继续展现出多样性和创新性。除之前谈到的卡尔维诺，还有皮兰德娄，他的戏剧作品《六个寻找剧作家的角色》和小说《亨利四世》等，以其独特的表现主义风格和对人类存在状态的深刻探讨，影响了世界戏剧和文学的发展。

梁：张教授，中国和意大利都拥有悠久且历经多次变迁的文化历史。您认为两国文化之间存在哪些差异和相似之处？

张：中国和意大利作为东西方文明的典范，各自展现了独特的文化魅力。尽管在地理、语言、宗教等方面存在显著差异，但两国文化仍有许多相似之处。例如，中国和意大利都高度重视家庭价值、教育以及对艺术和美食的热爱。

从思想核心来看，中国传统文化深受儒家思想的影响，强调社会和谐、家庭伦理和道德修养。而罗马—意大利文化则深受古希腊哲学和基督教思想的影响，注重个人主义、法治精神和宗教信仰。尽管两者在核心价值观上存在差异，但都强调道德和伦理的重要性，只是侧重点有所不同。

在价值观方面，中国传统文化倡导"仁爱""中庸""礼义"，而罗马—意大利文化则强调"正义""勇敢""智慧"。这些价值观在各自的文化中扮演着重要的角色，影响着人们的行为和思维方式。尽管两者在具体价值观上有所区别，但都追求一种理想的人格和社会秩序。

在文化交流方面，中意两国有着悠久的历史。早在汉代，中国的丝绸和瓷器就通过丝绸之路传入欧洲，而古罗马的玻璃制品和金属工艺品也通过同样的路线传入中国。这些早期的物质文化交流促进了双方贸易往来，为两国人民带来了彼此的智慧和审美，加深了双方对彼此文化的认识和理解。例如，文艺复兴时期，中国的四大发明通过丝绸之路传入欧洲，对欧洲的科技进步和文化发展产生了深远的影响。这些技术的传播不仅改变了欧洲人的生活方式，也促进了思想解放和文化创新。

进入现代，文化交流更是频繁。例如，意大利的歌剧在中国享有盛誉，而中国的传统戏剧也在意大利找到了知音。中意两国在教育、科技、艺术等领域的合作，不仅促进了双方文化的传播，也为两国人民带来了实实在在的利益。然而，文化交流的过程中也存在一些值得反思的现象。例如，有时由于文化差异和语言障碍，一些文化元素在传播过程中可能会被误解或曲解。这就需要我们在推广和介绍本国文化时，更加注重文化的准确传达和相互理解。通过不断深化交流与合作，双方可以相互借鉴、取长补短，更好地理解彼此的文化。

梁： 特别感谢您谈了这么多。据我所知，近年来您一直坚守在意大利语教育教学的最前线，传承对于任何行业都至关重要。最后，请您向翻译界的后辈们提出一些建议和期望。

张： 好的。我认为资深翻译工作者应承担起历史赋予的使命，培养并引领新一代译者成长。因此，我担任翻译硕士专业学位（MTI）导师，致力确保每位学生至少能够完成一部译著的出版工作。在过去的五年里，在我的带领和帮助下，20名学生都成功出版了自己的译作。当然，除专业技能的传授，精神的传承同样至关重要。翻译之路充满挑战也蕴藏着无限机遇。作为在翻译领域长期耕耘的老同志，我愿意分享几点个人的心得体会。

首先，众所周知，翻译之路"道阻且长"，因此，心中必须怀有热爱和梦想，才能在这条孤独的创作之路上走得更远。其次，在选择翻译哪本书时，虽然可以从理性的角度分析作品的文学价值和市场需求，但最终的选择往往还是基于我们对它的感性共鸣。真正触动我们的作品，翻译起来会更有激情。此外，广泛阅读各类书籍，特别是经典作品，对于提升个人的文学素养和知识积累，进而提高翻译水平至关重要。团队合作在翻译工作中也扮演着重要角色。在翻译一本书的过程中，与作者、编辑、同行之间的沟通交流是不可或缺的。学会倾听他人的意见，尊重不同的观点，有助于我们拓宽视野，提高翻译质量。同时，团队合作也能让我们在面对困难时互相支持。随着科技的进步，翻译工具和资源变得越来越丰富，合理利用这些工具可以显著提高翻译效率。但我们必须注意，不能过分依赖技术而忽视了翻译的本质——人与人之间的沟通。

希望年轻的翻译工作者们能够持续学习，勇于实践，保持对翻译事业的热爱和敬畏之心。在未来的道路上，愿你们能够以更加成熟和自信的姿态，为世界文化的交流与传播贡献自己的力量。

梁：感谢您为我们年青一代的翻译工作者提出宝贵的建议，同时，我们也对您在中意文化交流领域所做出的卓越贡献和半个世纪的不懈坚守表示由衷的敬意。再次感谢您在百忙之中抽出宝贵时间接受我的访谈！

附录　　　　　　　　　　张密主要译著概览

书名	原作者	出版时间（年）	出版社	字数（千字）	译者
一个分成两半的子爵	卡尔维诺	1981	上海译文出版社	60	刘碧星、张宓（张密）
电话里的童话	罗大里	1982	外国文艺出版社	60	张密、张守靖
黑手党	—	1987	生活·读书·新知三联书店	160	李文田、张密
国际营销学	乔治·佩里切利	1993	对外经贸教育出版社	373	张宓（张密）
一个无政府主义者的意外死亡——达里奥·福戏剧作品集	—	1998	译林出版社	350	张密等
宇宙奇趣 看不见的城市 命运交叉的城堡	卡尔维诺	2001	译林出版社	250	张宓（张密）
服务营销学	G. 佩里切利	2000	对外经贸大学出版社	522	张密
电话里的童话	罗大里	2000	河北少年儿童出版社	120	张密、张守靖
从共同市场到单一货币	特留尔齐	2008	对外经济贸易大学出版社	556	张宓（张密）、刘儒庭
孤独的梦中人	格拉梅利尼	2014	湖南文艺出版社	120	张密、阮玉凤
爱的教育	亚米契斯	2018	浙江文艺出版社	200	张密、祁玉乐
十四岁的旅行	圭多·斯加尔多利	2018	江苏凤凰少年儿童出版社	—	张密
捣蛋爷爷	法布里齐奥·西莱伊	2020	云南出版集团晨光出版社	100	张密、姚雪倩
爱的小哲学	维托·曼库索	2021	中国友谊出版公司	185	杨姝睿、张密
意想不到！365个科学真相	卡梅理尼	2022	山东人民出版社	154.9	张密、田雨
陪伴式成长：走进孩子的内心	安娜·奥利维里奥·费拉里斯	2022	中国友谊出版公司	196	王柳、张密
天空观测的历史	达维德·塞纳德利	2023	广东人民出版社	235	张密、凌梦洁

续表

书名	原作者	出版时间（年）	出版社	字数（千字）	译者
天才闪耀时：改变世界的20位科学巨匠	皮耶尔乔治·奥迪弗雷迪	2024	人民邮电出版社	154	张密、马迪
拯救大猩猩	萨拉·拉塔罗	2024	青岛出版社	60	张密
鲸的秘密	萨拉·拉塔罗	2024	青岛出版社	60	张密、马语涵
狼群危机	萨拉·拉塔罗	2024	青岛出版社	57	张密、陈禹名

征稿启事

一 辑刊简介

吉林外国语大学于2025年公开发行《吉外学术》辑刊，以学术研究和问题意识为先导，聚焦民办高校特色，发扬吉外华桥精神，凝练学科主攻方向，助力科研高地建设，推动区域社会发展，致力于中华民族伟大复兴。《吉外学术》主要栏目：外语教学与多语翻译、中国文化遗产与传播、区域国别研究、民办高校教育与研究、比较文学与多元文化互鉴、高校思政与红色文化研究、语料库建设与翻译数智化等。

二 用稿细则

第一，论文稿件弘扬爱国爱党精神，勤奋科研，勇于实践，大胆创新，贡献地方经济社会建设发展，致力于中华民族伟大复兴。论文务必原创，突出问题导向，观点鲜明，论证严密，结构清晰，有创新价值和实用意义，语言文字规范。《吉外学术》公开发行，文责自负，勿一稿多投。编辑部在投稿两个月内告知用稿情况。

第二，论文稿件首先由学报编辑部前期整理，然后交由"吉林外国语大学《吉外学术》编委会"及外审专家审评，最后由编辑部统一审校排版。编委会、外审专家与编辑部有权对文稿进行技术性、常识性及其他方面的修改，如不同意请附加具体说明，如同意修改，需在三审稿件上签名确认。对投稿并发表于《吉外学术》的论文，《吉外学术》编辑部拥有最终解释权。

第三，投稿篇幅在8000—12000字为宜。论文经查重后，重复率（不含文献引用）超过15%，则不予刊用。

三 稿件格式

1. 论文题目不超过20字，如无必要，不加副标题。

2. 请在论文题目下标明作者，投稿论文最多由两名学者合撰，辑刊不设"通讯作者"。请在首页脚注中写明"基金项目"和"作者简介"。基金项目名称和编号信息务必翔实。在作者简介中请提供：姓名、生年、性别、××省××市人、学历学位、校院名称、职务、职称、研究方向等信息。未担任职务，可不填该项。

3. 中文摘要与关键词（论文首页）；英文摘要与关键词（论文尾页）。文内各级标题序号请依次采用一、（一）1.（1），请不要用①，2.1、2.2或A、B、C。

4. 字号、字体、行距等信息，请向编辑部索取范文。文中数字、英文请使用字体 Times New Roman。

5. 需引文或说明时使用脚注，脚注五号宋体，数字、英文使用字体 Times New Roman；请核对引文或说明的文字是否正确，语句是否完整，是否为索引图书的原话，建议参照索引文献资料的纸质原版书进行核对，网络上的电子版难免有错漏。脚注文献页码务必精准定位到某一页（个别情况是某两页），不能用页码集合。

6. 论文中的图、表，请用可修改的格式（Word 格式、Excel 格式、AI 格式、EPS 格式等），保证清晰、完整、准确。图、表请标清序号并作出相关说明，说明性文字请按照"表上""图下"原则标出。

四　投稿方式

微信或电话：18686647638、13578735052

邮箱并请致电告知：15543490362@163.com、309257850@qq.com

邮寄：吉林外国语大学　吉林省长春市净月大街3658号　邮编130117　丁卓　收

欢迎校内外专家、教师、研究生向辑刊投稿。